传播

故事与思维

刘畅 著

暨南大學出版社
JINAN UNIVERSITY PRESS

中国·广州

图书在版编目（CIP）数据

传播：故事与思维/刘畅著．—广州：暨南大学出版社，2012.11
ISBN 978－7－5668－0210－1

Ⅰ．①传…　Ⅱ．①刘…　Ⅲ．①传播学—研究　Ⅳ．①G206

中国版本图书馆 CIP 数据核字（2012）第 094500 号

………………………………………………………………………………………

传播：故事与思维
著　　者：刘　畅

责任编辑：李　艺　杨　溢
责任校对：苏倩欣

地　　址：中国广州暨南大学
电　　话：总编室（8620）85221601
营销部（8620）85225284　85228291　85228292（邮购）
传　　真：（8620）85221583（办公室）　85223774（营销部）
邮　　编：510630
网　　址：http：//www. jnupress. com　http：//press. jnu. edu. cn
排　　版：广海照排设计中心
印　　刷：佛山市浩文彩色印刷有限公司
开　　本：787mm×960mm　1/16
印　　张：17
字　　数：263 千
版　　次：2012 年 11 月第 1 版
印　　次：2012 年 11 月第 1 次
定　　价：36.00 元

序

刘畅先生新书《传播：故事与思维》欲付梓，嘱我作序。思之再三，竟不知从何说起。刘先生长我二十岁，因为众所周知的时代的荒谬与错厄，难免多走了一些弯路。比如“文革”，比如上山下乡。如今同在南开教书，我因此有机会多知道有关他的一些故事。这些故事有的是在我们平时交谈时得知的，有些则来自同院学生的转述。据说他现在还偶尔会梦见自己像当年一样被困乡下，再也回不了城。

这算不算是噩梦？对此我并不感兴趣。说到类似的梦，我宁愿将其视为一种心理创伤，而不仅仅是往日时光的梦中浮现。正如许多人会梦见自己做不完试卷、赶不上飞机，甚至走错男女厕所，这些日常的紧张偶尔也会像不速之客，跑到我们的梦里发号施令。

时至今日，虽然有很多人在美化“文革”前后的那段岁月，甚至喊出“青春无悔”的口号，但不得不承认的是，那个没有选择、只能服从的时代注定是残酷的。事实上，现在许多人关于过去的怀念，也不是真心想回到过去，而只是为了缅怀青春年少。他们需要一个熟悉的场景好让自己在记忆中返老还童，回到裙袂飘飘、满座衣冠似雪的年轻时代。“青春无悔”不为合理化过去，而在于平息一种酸辛。历史是沉重的，而回忆终究自由无拘，那些人为过去造梦的时候，宁愿忽略旧时代的不自由。

世界在变化，相较于过去那个时代的死气沉沉，现在的人们则困于另一种动荡。换电视、换房子、换工作、换情人、换国籍……选择太多的时代人们常常也会无所适从。有些选择，常常意味着你要割舍过去的一切。而生命中，能安顿人心的，多是那些能够一以贯之的东西，如老家具、旧庭院、持久的爱情等等。在这方面，刘畅先生又是幸运的。回城以后，他继续完成学业，并在大学任教，而且一教几十年。最初治史，后来又转专业研究起了传播学。虽然换了一个研究领域，但是价值观、思维取向以及研究方法并不需要完全从头再来。没有割裂过去的痛苦，却拥有一个新世界。事实证明，这的确是一个为他所热爱的新世界。

以上这些，算是我所了解的刘畅先生与传播的故事的一点缘起吧。

如今的大学，老师们各自为战，坐在一起交流的机会少之又少。相较而言，我和刘畅先生倒是没少坐在一起探讨问题，从刘泽华先生关于亦主亦奴的中国传统政治文化的思考，到韩国“恨文化”与“兴文化”，从囚徒困境、破窗理论到前喻文化和后喻文化，从古罗马的民主半径到闯入与射程。平生最喜智性交流，每次与刘畅先生聊天，我都能感受到他是如何沉浸于思维的乐趣里。尤其是在谈到一些经典论述或者概念时，他总是会眉飞色舞，赞叹不已，表现出极大的热忱与谦卑。

为什么推崇思维的乐趣？在我看来，知识分子最重要的若干品性或能力中，最重要的一项就是能够沉浸于思维的乐趣。知识分子一旦失去这一品性或能力，而只是做某个主义或者价值观的信徒，这便意味着他们已经走到了危险的边缘。事实上，这种危险倾向也正是朱利安·班达在《知识分子的背叛》（1927）一书中极力批判的。20世纪的人类为何充满苦难，若要寻根溯源，知识分子难辞其咎。回想那个臭名昭著的世纪，政治激情泛滥成灾，浪漫主义登峰造极，知识分子赖以安身立命的思维能力和精神操守都节节退让，甚至面临灭顶之辱。班达并不赞同知识分子完全脱离现实，但强调知识分子要和现实（准确地说是现实政治）保持适当的距离。知识分子既以思考为业，最需要尊崇的是事实与逻辑，而不应迁就任何主义与立场，更不应让理性被激情牵着鼻子走。知识分子必须站在时代的高处，以保持自己的宽阔格局与目光明亮。

几天前我在新加坡参加慧眼中国环球论坛，会后与《联合早报》的记者朋友们聊天。言及自己多年来的写作，虽然有救济国家、服务社会的热忱，但是更大的动力仍在于思维的乐趣本身。我庆幸自己很早便体会了思维的乐趣。还记得我读初中的时候，在某个除夕的傍晚，天突然下起了鹅毛大雪，当我从村中语文老师家里往自家走时，发现新落的白雪已经把整个村庄都映照得格外亮堂。回到家里，我便写了首绝句，其中一句是“长恨除夕无明月，此时银光何皦皦”。这是我写的第一首古体诗，我之所以至今仍记得它，也正是因为它贯穿了思维的乐趣。此前我知道这点科学常识，除夕晚上月亮在地球的另一面，站在地球这一面的人是看不到月亮的。

我无法断定这个社会有多少人乐意沉浸于思维的乐趣，但我相信能够享受思维的乐趣的人是有福的，反之人生则趋于无味。正如王小波在《思维的乐趣》一书中所写的一样，“假如一个人每天吃一样的饭，干一样的活，再加上把八个样板戏翻过来倒过去的看，看到听了上句知道下句的程度，就值得我最大的同情”。而不幸的是，“我们这个民族总是有很多的理由封锁知识、钳制思想、灌输善良，因此有许多才智之士在其一生中丧失了学习、交流、建树的机会，没有得到思想的乐趣就死掉了”。还记得早年我在乡下割成亩的稻子时的情景，当我像机械一般地重复劳作，我深觉这样的生活毫无乐趣。

曾经看到过一个笑话，话说某个国际班，有一天老师给大家提了这样一个问题——“请大家就粮食短缺发表自己的观点”。这时下面立即叽叽喳喳闹起来了。首先是朝鲜学生站起来说：“什么是粮食?”接着是美国学生站起来说：“什么是短缺?”再接下来是一群中国学生站起来了：“老师，什么是自己的观点?”言下之意，中国学生接受了太多填鸭式教育，只有记忆之学而无思维之学，缺少了独立思考的精神。

今天的中国人会给世界一个怎样的印象呢?说他们没有自己的观点，难免冤枉了他们。君不见现在解构之风盛行，什么样的话语不沾点“思维的乐趣”?然而，如果你是一个愿意思考的人，很快会发现这样一个世界同样有令人担忧的一面。当一切都可以被用来解构与消费的时候，我们的世界其实已经土崩瓦解了。事实上，即使是解构主义的标志性人物德里达也承认有些东西是不能够解构的，比如正义本身。而这涉及一个非常关键的问题，即是不是还有东西值得人类敬畏，值得人类相信与捍卫?

这方面，我和刘畅先生多有探讨。这也是为什么我们没有将日常的学术讨论局限于传播学或者思维的乐趣本身之原因所在。在我看来，如果只有思维的乐趣，而无其他一些神圣的东西，人类也会走向穷途末路。我的这个想法和我对人的理解有关。因为对灵魂的感知，我相信人是一种神性的存在。还记得一次午后茶叙，我们将话题转向了弗兰克尔和康德，直到转向了我对尼采和萨特的批判。人类雄心勃勃，不留余地，已经失去了对已知和未知事物的敬畏。康德曾经深刻地影响着这个世界，但自康德以后的哲学已经误入歧途。世界需要回到康德，需要重新出发。

最后，借着刘先生给我提供的这个机会，我也不妨表达一下自己对传播的理解。如果你打开视界，会发现人类文明史，包括各行各业的历史，都是一部传播史。正是这个原因，我强调通识教育，并且将传播学视为古代的哲学，希望学生们能够不拘泥于学科门类来做学问（坦率说，这些科目设置更多是为了管理需要，而非学习需要）。

谈到传播学，在信息之外，我更倾向于对意义的解读。人是意义的奴仆，作为一种意义动物，人际传播的关键还在于意义的传递。传播最本质的东西不是信息的传递，而是意义的控制。有意思的是，一方面，没有意义的世界是荒诞的，另一方面，人们又时常不可避免地生活在意义的荒诞里。

如上所述，我所理解的传播更倾向于古代哲学的概念。而就中文“传播”一词的理解，我也愿意将它理解为“传”与“播”的汇集，传是纵向的，面向时间，是一个时间概念；播是横向的，面向空间，是一个空间概念。合而为一，就是传播无远弗届，连通时空。

每个人都在这个时空之中收发信息、编解意义。著书立说者，更是以传播思想为业。不过，如果你了解传播的局限，就知道在很多时候著书立说只能是“只问耕耘，不问收获”。

传播学学者约翰·彼德斯在《交流的无奈——传播思想史》一书中写到两种传播方式，一种是对话，另一种是面向多数又似无目的的单向撒播。“对交流抱崇高的期望，可能会使我们看不到，单向撒播或者非及时的对话自有其精妙之处。在许多人的想象中，对话仍然占有压倒的优势，他们认为对话就可能是很好的交流，但是单向的撒播应该是我们更冷静的基本选择。”在彼德斯看来，“撒播不是遭难，而是我们的命运”。

人生的际遇就像撒播，成败得失并不完全在于我们自己。所以徐志摩在自己和命运之间媾和——“我将于茫茫人海寻我灵魂唯一之伴侣，得之我幸，不得我命”。真爱的确令人神往，但如果按柏拉图的说法，我们来到世界想找到自己的另一半灵魂，实是太过艰难。你不知道你的那一半灵魂是在中国，还是在外国，甚至可能根本不在这个时代。按多维空间的理论，也许你们根本不在一个时空里。

“人生到处知何似，应似飞鸿踏雪泥。泥上偶然留指爪，鸿飞那复计东西。”刘畅先生以苏东坡诗自况，自觉人生苦短，多有遗憾。而能够通过文字为自己的人生与思考留下一些记忆，也算是对流逝岁月的一种补偿吧。《传播：故事与思维》都是作者生活中的零星思考，其所展现的虽然不是麦克卢汉式的惊世预言，却有着一个诚恳求知者的理性跋涉和娓娓道来。

有思想、能够在文字中寄寓人生的人毕竟是幸福的。因为写作者不仅可以在文字里安顿自己，也可以在文字中赋予意义。真正的写作者心知肚明的是，写作首要完成的是自己与自己的对话。至于这些零星的思考，撒播何处，为谁所见，皆有因缘。尽管你不知道你的写作可能惠及谁，但你还是应该看到撒播的真相：任何一本书或者一篇文章，无人阅读时，它们就像是一封封死信，待有缘人慢慢拆解它，它便会像罗塞塔石碑一样死而复活，亘古如新。

很抱歉近月来经常出差，加上深受小恙干扰，使这篇短文写得拉拉杂杂，毫无章法，从开始到完成拖了较长时间，书中部分文章也看得匆忙。不过，凡事又若有天意。搁笔之日，正是我所喜爱的美国作家亨利·梭罗的诞辰。梭罗曾经说过，“心灵永远是缺乏经验的”。对于这句话，不同的人有不同的解读。我更愿意将其理解为“人心不死”——因为心若圣所，不积攒陈旧的观念和精明的世故。而且我一直认为写作应该沟通理性与心灵，思维的乐趣与人的神性更在于担起心灵的职责。与读者共勉。

熊培云

2012 年 7 月 12 日

前　言

读者朋友，随着轻轻掀动的纸页，在你面前缓缓展开的，是一本以讲故事的方式普及传播学知识的书。在本书中，笔者努力把传播学的很多学理一一生活化、故事化、趣味化，让你在相对轻松、活泼的氛围中走近传播学，进入她的学术殿堂，浏览她的丰富多彩，感受她的活泼灵动，品味她的内涵韵味。具体而言，这本《传播：故事与思维》兼顾了学理性、知识性、趣味性和日常性，写作中有这样几条基本思路：

一是注意观察生活，结合自己的经历和感受来写。如《爱丁堡寻房记》、《纸典蒙尘与视窗文明》、《读己与"人内传播"》等。2009 年应邀访问爱丁堡大学，在找房子的过程中正在讲授米尔格兰姆的"六度分隔"理论，自然就想到：何不将此次经历化作一次论证"陌生六人传播假设"的实践？于是处处留心，把在爱丁堡找房子的过程都详细记录下来，再对照米尔格兰姆的理论，没想到二者竟然多有契合之处，于是写成了《爱丁堡寻房记》。还有平时感觉所谓学术往往出于个人对自己感受和体验的"解读"，有时"读人"不如"读己"，或者说，"读人"多了之后，就应该开始"读己"了，否则很难有独立的见解和创新的冲动。在接触传播学之前，这只是一种想法、一种角度，读了传播学相关著作之后，才知道，原来传播学对此早有了一个概念——"人内传播"。按照米德的理论，"人内传播"是把一个人的自我分成"主我"和"客我"，二者之间会产生互动，我们人类的内省式思考，如反省、反思、思考等，都属于"人内传播"，这无疑为"读己"提供了一种新的观察视角，于是又有了《读己与"人内传播"》。这样，既结合了自己的感受和体验，又介绍了相关的学理。

二是追踪时代的脉搏，把有一定时代标志的传播现象纳入视野，尤其是网络崛起之后的传播现象，更值得注意。传播学是一门不断变化的学科，其中最活跃的因素就是传播媒介，在经历了口语传播、文字传播、印刷传播之后，人类迎来了电子传播的时代。而在电子传播时代，网络的普及是一重大事件，它改变了人们的生活、交际、娱乐习惯和工作方式。这些，都对传统的传播学理论构成了挑战。于是，就有了《“芙蓉现象”与“把关人”》、《“超女现象”与“同辈群体效应”》、《“人肉搜索”的是非曲直》、《网络时代：人杰地不“灵”》、《“网络同居”与“虚拟自我”》、《换客：在“苹果”和“思想”之间》、《“恶搞”：娱乐时代媒介权力的转移》等文章，这些文章有的写于2005、2006年，显得有些陈旧，但其长处是忠实地一一记录并分析了当时发生的传播现象，使其留下了文字痕迹。实际上，网络媒介的发展使得许多传播学原有的知识点和理论均受到了不同程度的挑战，如“沉默的螺旋”、“把关人”、“议程设置”等，这在本书中也有体现。

三是以故事带动学理，普及传播学知识。传播学是一门非常年轻的学科，它与现实生活联系紧密，覆盖领域职业范围较广，现实性、操作性也很强，有着旺盛的社会需求。不仅在校的本专业学生要掌握，社会其他群体，尤其是青年群体也需要了解。但是，根据笔者的经验，其知识体系和理论基础并不简单，其中有很多重要的知识点，如果单纯以学理的方式来讲，显得抽象而晦涩，而如以故事性、趣味性、通俗性来承载其知识点，则容易接受多了。于是就有了《“沉默的螺旋”与指鹿为马》、《春晚情结悖论与“想象的共同体”》、《“大卫综合征”与“灵晕”效应》、《〈有闲阶级论〉：富人的历史肖像》、《“职业枯竭”者遭遇“单面人”》、《裸风劲吹与“重新部落化”》、《陶渊明责子与“文化资本”》、《“鸡肋”型聪明与“高语境”文化》、《微博：与“瞬内容”共舞》等，都是试图通过讲故事的方式，把相关的传播学知识介绍给读者。这些理论，有些是原有的、已知的，有些是笔者自己摸索出来的，如对微博的分析——“相对传统博客而言，微博无疑具有革命性的突破。那么，它的革命性、突破性究竟何在呢？……所谓核心竞争力，就是指别人拿不走学不去的、专属于自己的那种产业竞争能力”。看了这本书，如果你知道了什么是“沉默的螺旋”，什么是“想象的共同体”，知道了什么是“重新部落化”，什么是“高语境文化”，理解了什么是“微内容”，什么是“瞬内容”……那么，就算是没有浪费时间。

还要多讲几句的是关于写作的时间，收进本书中最早的一篇文章《纸典蒙尘与视窗文明》，写于2001年3月，距今已有11个年头，因而本书可以视为近10年来笔者传播类文章的结集。写于10年前的文章在今天是否还有价值？会不会成为“奥特曼”（Out Man）？对此，我的看法是这样的：有些文章虽然写于几年前，甚至10年前，但其所揭示的道理并不过时，如《纸典蒙尘与视窗文明》所揭示的媒介平面转型的问题，至今仍在持续，新的“视窗”及视觉“平面”不断涌现，试图取代旧的，而传统的纸质媒介仍然在顽强地坚持着，也保有自己的一块领地。实际上，目前是纸质平面和电子平面“共存共荣”的局面，因为前者还未到被取代的程度——我们仍处在从纸质媒介向电子媒介的漫长转型过程之中，但电子媒介愈加显露出咄咄逼人之态——如英国首相戈登·布朗就曾于2010年3月22日宣布，英国政府将为每名公民开设个人专属网页，在未来4年内建成无纸化社会。

2012年3月23日，就在笔者修改本书之际，又获得一个消息：Flipboard创始人麦克·麦丘表示，“Flipboard就是要成为苹果iPad和iPhone的绝配应用”，其目标就是打造基于苹果平台的阅读应用。此前，3月7日，苹果发布了第三代苹果电脑，2048×1536分辨率的Retine显示屏是新iPad的最大亮点。麦克·麦丘认为，Retine显示屏的阅读体验优于其他任何电子设备，足以和传统的纸质书籍相媲美，在展示多媒体和色彩内容方面，新iPad遥遥领先。这标志着，Flipboard的目标是普及数码阅读，并在不远的将来使电子阅读取代纸质书籍；在数码照相之后，这个世界不得不面对的是，数字阅读，一场新的革命已经到来，而纸质书籍有可能成为被人们收藏的精美制品，成为博物馆中人们遥远的记忆。低碳、绿色、环保已经成为现代人的基本观念，而纸张的形成要浪费大量的林木资源；此外，数字阅读以其海量内容满足了读者对任何信息的需求，这比图书馆的固定信息来得迅速、及时。据悉，在欧美等国家，传统的书店受到网络书店的打击，美国的一家书店曾经在市场上占据第二的位置，但随着网络书店的出现，如今面临着倒闭的危险。数字阅读代替传统的书籍阅读将是社会发展的必然。分析人士认为，传统书籍以其不可代替的美感占据了如今的大半个市场，但是随着科技的进步，所有现在没解决的问题在未来将不再是问题。未来的人会选择数字阅读的原因将会是它现在所具有的缺点，未来的几年内数字阅读将会以更逼真的优势击退传统书籍。说实话，看到这几句话，笔者敲键盘的手不由有点发抖，因为我正在写作的无疑是一本纸版书。

又如《春晚情结悖论与“想象的共同体”》写于2005年，其中所探讨的问题在今天仍有意义——“年年难办年年办，年年不满年年看”

是春晚的基本舆论生态，本文引用了班纳迪克·安德森的“想象的共同体”理论来分析此种现象，指出：“在春晚直播的过程中，电视这一大众传播媒介，实际上起到了把抽象的民族这一‘想象的共同体’落实为可闻、可视、可观的具体形象的连接物的作用。如果说‘想象的共同体’是一种‘心理事实’的存在，那么电视等大众传播媒介就是这种存在的最好载体和平台。它所构建的‘拟态环境’，从一个感性的侧面，使国人真切地感受到‘中华民族’这一‘想象的共同体’的事实存在。基于这种原因，春晚的路还要走下去。因为它无可替代，而无可替代的东西永远不会消失，比如广播和信封。”时至今日，这种分析仍然是有效的，因为关于“春晚”的争论还在继续。

刘　畅

2012 年 4 月

目　录

传播：信息、符号与意义

信息过剩与感官剥夺

——对传播学研究基本范畴的一种思考

所谓“感官剥夺”，就是切断人的感官通道，使之处于零信息状态。

感官剥夺，是一个著名的心理实验。1950 年在加拿大蒙特利尔的海勃（Hebb）实验室进行。志愿受试者被关在恒温、密闭、隔音的暗室内，外界的声音刺激、光刺激、触觉刺激都被切断。受试者的眼、耳、鼻、舌、身等感觉器官接收不到外界的任何刺激信号。试验七天之后，出现了经典的病理心理现象：①出现错觉、幻觉、感知综合障碍及继发性情绪行为障碍；②对刺激过敏，紧张焦虑，情绪不稳；③思维迟钝；④ 消极暗示性增高；⑤体诉增多，出现各种神经病症状。此外，美国心理学者的“感觉剥夺试验”，也说明一个人在被剥夺所有感觉后，会出现许多病态心理现象：视错觉、视幻觉，听错觉、听幻觉；对外界刺激过于敏感，情绪不稳定，紧张焦虑；主动注意涣散；思维迟钝；暗示性增高；神经症征象等。

这说明，从某种意义上说，人是一种信息动物，他每时每刻都要从体外获取信息，与外界交换信息。信息对于人的重要性，如同水、空气、食物一样，是正常、健康生存的必要条件。从传播学、信息学的角度看，“感官剥夺”就是“零信息”。实验表明，人在“零信息”状态下，显然难以生存。当然，“感官剥夺”只是一种实验，除监禁、惩罚外，生活常态中并不存在这种视、听、触、味、嗅觉被全面绝对剥夺的“零信息”情境。历史上，经常出现的是信息匮乏，即一种广义上的相对“感官剥夺”。“信息匮乏”是指由于传播手段的限制，人不能及时接收到他想获知的信息。这主要发生在前电子时代，即 1844 年电报出现之前的口语、文字及印刷这三个传播时代。

这三个时代虽然呈现一种递进发展的进步趋势，如文字传播首次实现了语言传播的体外化，使人类的经验、文化得以一代代流传、积累，印刷传播使文字信息的机械化生产和大量复制普及成为可能。但如果从现代大众传媒的“即时同步”的要求来看，还处于“信息匮乏”即广义的“感官剥夺”状态。这是因为，无论是口语传播、文字传播还是印刷传播时代，信息流的速度与物流、人流的速度是均等的。从信息流通速度的角度看，这三个前电子传播时代并无本质区别。所谓“十里一走马，五里一扬鞭。都护军书至，匈奴围酒泉”（王维《陇西行》），杜牧《过华清宫绝句》云：“长安回望绣成堆，山顶千门次第开。一骑红尘妃子笑，无人知是荔枝来。”此时期，军书等文字信息与荔枝等实物的流通速度是一样的。试看岑参《逢入京使》：“故园东望路漫漫，双袖龙钟泪不干。马上相逢无纸笔，凭君传语报平安。”传语，即口信。口信是声音符号，其传播依赖人体的发声功能。入京使马到、人到，“报平安”的信息才能到。口信这样，书信亦然，如张籍《秋思》：“洛阳城里见秋风，欲做家书意万重。复恐匆匆说不尽，行人临发又开封。”送书的“行人”到，家书才到，这与“凭君传语报平安”的传播速度均等。信息匮乏时代，虽然传播速度缓慢，人际沟通困难，但“信息匮乏”又使书信成为珍稀之物，物以稀为贵。信息短缺，必然造成注意力丰富。古人对有用信息的珍惜态度，要大大超过现代人。杜甫《闻官军收河南河北》：“剑外忽闻收蓟北，初闻涕泪满衣裳。却看妻子愁何在？漫卷诗书喜欲狂。”在信息匮乏、传播不畅时代，书信几乎与黄金等价——“烽火连三月，家书抵万金”（杜甫《春望》）；李清照盼信而信不来，才写下了漂亮的《一剪梅》：“花自飘零水自流，一种相思，两处闲愁。此情无计可消愁，才下眉头，却上心头。”如果是现代青年，一条手机短信就解决问题了，不必如此缠绵缱绻。

电子时代来临，信息实现“即时同步”传播。信息匮乏同物质匮乏一样，已经成为昨天的故事。刘勰尝云：“故寂然疑虑，思接千载；悄焉动容，视通万里。吟咏之间，吐纳珠玉之声；眉睫之前，卷舒风云之色。”（《文心雕龙·神思》）他所描述可以达到光速的“神与物游”今天已经成为电子传播的现实，互联网、光纤电缆、卫星通信已经使信息之“神”达到“与物游”的光速。方便、快捷、简单使现代信息量成百倍地增加。于是，人类又必须面对另一种尴尬：信息过剩。

仅以视觉为例。无须仔细观察，就会发现我们处于一个信息超载的视觉世界，一个由电影、电视、广播、录像、广告、影碟、人体展示、多媒体电脑、互联网等大众传播媒介共同构成的图像世界。电视散文、MTV、F4 画面、泛滥的街头广告、T 形舞台上的模特、千奇百怪的“美女经济”、林林总总呵护人体的化妆品、雨后春笋般的美容店、形式花哨的书籍、图片化的杂志、大图像的彩色报纸以及搞笑与煽情结合的影视剧等，都像快餐一样满足着人的感官饥渴。新的视觉方式和产物正在不断被炮制出来，虚拟的图像、人造主题公园、MTV、互联网的虚拟世界……进而深刻地改变着我们对世界和自身的看法。在这一时代，人们消费的一部分已经不是满足实际物质需求的商品，而是满足视觉感官需求的各类图像。“图像”的载体大大增加，除大众媒体外，移动电话、服装、汽车等任何物质平面都可能成为“图”的载体，人们接触的图片种类不断增多，三维动画、视频录像、图片等不一而足。在人类传播史上，视像信息以前所未有的蔓延之势，占据了人们的感官。

信息过剩及信息烟尘已经构成对人的新的威胁，请看看美国学者的全面描述：

> 信息烟尘指的不仅是那些堆积如山、不请自来的商品目录，也不光是每天送到家里和电子邮箱里的“罐头肉”。它还包括我们日常购买的信息，我们渴求的信息——夺人耳目、眼花缭乱、快速剪接的电视广告和24小时的即时新闻。还有我们需要和不需要的传真，打错的电话，吃饭时不期而至的推销，每个月涌进家门的成堆杂志，以及只要有点空闲就翻来覆去浏览的成打电视频道。生命中的空闲时间和生活中的悠闲空间迅速地消失了。媒介无处不在，这也是我们自讨苦吃。电视、电话、广播、寻呼机，还有其他各式各样的现代通信和导航辅助设施，跟马路和球鞋一样无所不在，人类走到哪，各种媒介也就跟到哪：火车上、飞机上、汽车上、旅店浴室里、人行道边、山间小路上、自行车上、轮船上……①

传媒巨擘麦克卢汉早就提醒我们，精神可能会离开肉体，被加速运转到能够浮进电子虚空，他称之为“脱离肉体效应”。“今天，我们已经自我加速到一个超出我们生存本能的速度。”多伦多大学纳尔逊·塔尔教授也说：“今天，人们醒悟到，电子技术将人脑加速到一个异乎寻常的速度，而人的肉体却原地不动。这样形成的鸿沟造成了巨大的精神压力。人的大脑被赋予了能够浮出肉体、进入电子虚空的能力，它可以在一瞬间到达任何

---

① ［美］戴维·申克．信息烟尘：在信息爆炸中生存．黄锫坚等译．南昌：江西教育出版社，2001.

地方。于是你就不再只是血与肉了。”很不幸，这种情形已经发生。历史上，电子媒介第一次使生命超越了进化了数十万年的生理边界，生命本身也必然受到威胁。

从某种意义上来说，切断信息通道、信息匮乏是一种剥夺；而信息过多、信息过剩，也是一种剥夺。这正如同饥饿导致的骨瘦如柴对人是一种威胁，餍足之后的肥胖症也是一种威胁一样。前者剥夺的手段是“完全切断”，后者剥夺的手段是“完全占有”。区别只在于，“感觉剥夺”中的实验者是主动的，知道自己是实验者；而今天处于各种信息包围中的大众几乎是被动的、不自觉的实验者，身在其中而不知，最惨的是他们已经无路可逃。“信息过剩”的来源是当代大众传媒的高度发展和膨胀。“过犹不及”，生产不足造成短缺，生产过足必然过剩。古代信息短缺，但人们注意力集中；现代信息过剩，注意力却极度短缺。因为无论从理论上还是从实践上说，信息的制造力、生产力、传播力是无限的，而接受信息的“注意力”资源却是有限的。所谓有限，是说人对信息的承受有一个生理和心理的极限，一旦超过这一承受限度，根据“边际效益递减法则”，信息就不再对人有益处，反而会形成像“感官剥夺”那样的压力。

这是因为，人的生理系统负荷超载了。在信息资源的使用上，有一个资源使用过程中互为消耗的问题，即获得一种资源要付出其他资源，使用一种资源要消耗其他资源，占有一种资源要失去其他资源。诚如有学者所分析的：

> 人们把信息作为一种资源，似乎信息越多越好，但没有注意到事情的另一面，即信息作为资源来获取和使用却消耗着另一种更稀缺的资源——人的注意力。获取信息、处理信息都要消耗注意力；信息只有被有效利用才成为资源，不能被有效利用的信息不但不能成为资源，还会白白消耗其他资源，其中首先被消耗掉的就是人的注意力。所以，对特定的人、特定的任务来说，信息并不是越多越好。人们总是笼统地认为“信息闭塞”是不好的，其实，从注意力资源稀缺的角度来看，在某些次要的或无关的方面，“信息闭塞”是有好处的，它可以关闭我们的某些感知通道，排除干扰，使我们的注意力集中到重要的、该做的事情上，避免注意力资源的浪费，而过多的无关信息只会成为“噪音”，干扰人的感知和思维过程，浪费人的注意力。信息不足可以弥补、收

集，而注意力被浪费了却是无法弥补的，因为注意力资源是一次性资源。①

对于信息和注意力这两种资源的关系，美国著名学者西蒙也指出："在一个信息相对稀缺的社会中，在一个问题较少而又较为简单的社会中，信息几乎总是一种积极产品，而在一个注意力是主要稀缺资源的社会中，信息可能成为昂贵的奢侈品，因为它可能使我们的注意力从重要的事情上转移到不重要的事情上去。"②

在美国，已经出现了与此相关的几种新的病症：

（1）"注意力匮乏性紊乱"（Attention Deficit Disorder，简称 ADD），是一种越来越普遍的大脑失衡症，亦称"信息时代权威性的大脑综合征"。患者表现为烦躁不安，常常感到疲倦，精神无法集中。他们发现，想要在任何事情上稍微集中一会儿注意力都是极为困难的。他们经常走神，并发觉自己经常同时被几件事情困扰。如果你惊奇地发现，这些症状你都非常熟悉，那么，ADD 流行病恐怕已近在咫尺了。当上百万美国人被视为遗传性 ADD 患者时，专家们却发现，一个全新的、被称为"文化性 ADD"（Culturally Induced ADD）的症状也出现了。

（2）信息—生物学匮乏综合征（Information Biological Inadequacy Symptom），焦虑的一种形式，当一个人希望他或她能以更快的速度吸收信息，而这一速度超出早在旧石器时代就已经固化到 DNA 中的水平时，就会产生这种焦虑。

（3）碎片症（Fragment Symptom），一种新近出现的认知紊乱。如果你觉得自己被某种力量从一种整体感中割裂出来，那么你多半已经染上此病了。这种割裂是因为你接触到的事物和观念往往是不完整的片断。

研究表明，"注意力匮乏性紊乱"症状具体表现为：

（1）心血管压力增加。血压上升，导致心脏和其他器官紧张。

（2）视力下降。研究证明，从 20 世纪 70 年代到 90 年代，人们的视力出现了惊人的下降，这是人们越来越频繁地接触电视、视频终端和其他形式的"眼睛糖果"的后果。

---

① 李志昌. 信息资源和注意力资源的关系——信息社会中的一个重要问题. 中国社会科学，1998（2）.

② 李志昌. 信息资源和注意力资源的关系——信息社会中的一个重要问题. 中国社会科学，1998（2）.

（3）思维混乱。信息超载的大脑没有能力或无法高效地处理信息。

（4）常有挫折感。强噪音削弱了人们对挫折的承受能力和对复杂状况的认知能力。

（5）判断力下降。当信息量增多时，综合决策能力开始时是增强的，然后下降。

（6）助人为乐之心减弱。当人们从周围环境中接收到的轰击性的信息输入增大时，他们对陷入困难的人提供帮助的可能性会降低。

（7）过分封闭导致过分自信。当人们获得更多的信息时，他们对自己的判断力更有信心，但判断的准确性却并没有提高。①

当然，造成生活压力的原因有许多：经济焦虑、家庭压力、健康问题，诸如此类。不过，当越来越多的人用信息技术来定义这个社会，当我们全都被卷入一个崭新的电子信息环境中时，信息污染无疑也是生活压力的一个重要来源。快节奏、高刺激的社会使许多人抱怨，他们都要崩溃了。“看来人们正染上某种形式的后天‘注意力匮乏性紊乱’”，专门研究注意力过程紊乱的西奥多·格罗斯（Theodore Gross）医生说：“信息爆炸脱不了干系——传真、电子邮件和电话蜂拥而入，人们无法应付。”

无独有偶，这种威胁与“感官剥夺”实验对人的影响极为相似。若把这些症状与上文所提到的“感官剥夺”实验对人的影响一一对照，就会发现两者有着惊人的相似之处。这就说明：对人而言，信息超载也是一种感官剥夺。只不过换了一种方式。正像肥胖代替饥饿成为当代首屈一指的饮食问题一样，信息过剩也将代替信息匮乏，成为严重的心理、社会和政治问题。哥伦比亚大学传播学教授伊莱·诺姆说：“就未来的技术而言，真正的问题，看来不会是信息的生产，当然也不是传输。几乎任何人都可以增加信息。真正的问题是如何减少它。”信息匮乏、信息的绝对闭塞当然不利于人们的智力发展，不利于人们的思维活动、研究活动和各种决策活动。但是，信息的相对闭塞有利于人的创造性思维。当一个人排除了外界的过多的信息刺激和干扰后，处于相对隔离的状态中，头脑里就会想一些非常独特的问题，产生一些新异的想法。这对于思想的深化、创造性思维的激发是非常重要的。恰如周国平先生所说：“我需要一种内在的沉静，可以以逸待劳地接受和整理一切外来印象。这样，我才觉得自己具有一种连续性

---

① ［美］戴维·申克. 信息烟尘：在信息爆炸中生存. 黄锫坚等译. 南昌：江西教育出版社，2001.

和完整性。当我被过于纷繁的外部生活搅得不复安宁时，我就断裂了，破碎了，因而也就失去了吸收消化外来印象的能力。”①于是，就有了这样的名言：“我所梦想的幸福，就是没有任何信息”、“头脑中塞满东西和头脑中空空如也同样糟糕”。②

总之，信息是一种资源，注意力也是一种资源。获得、使用信息不是无偿的，而是要消耗人的注意力资源，两者恰成反比。信息资源过剩，必然造成注意力资源的短缺。无限扩张的信息与人有限的注意力，构成我们时代的一个基本矛盾。从个人角度来看，这一事实警示我们：“在信息汹涌的情况下，人们接收、感知的信息很多，但没有时间思考和分析；知道得很多，但思想很贫乏；信息丰富，思想肤浅；了解很多事实，知道很多事情，但没有深刻的理论，没有独立的思想。……如果人们不善于控制自己的注意力、不善于利用自己的智力资源，‘信息爆炸’将会产生感性知识丰富而思想贫乏肤浅的一代人。”③。

（原刊于《今晚报》副刊，2003年12月27日，现有增改）

---

① 周国平．周国平散文．北京：中国广播电视出版社，1997．

② ［美］戴维·申克．信息烟尘：在信息爆炸中生存．黄锫坚等译．南昌：江西教育出版社，2001．

③ 李志昌．信息资源和注意力资源的关系——信息社会中的一个重要问题．中国社会科学，1998（2）．

“奢侈”的视觉

据心理学家统计，人类每天获得的信息约90%以上来自眼睛。眼睛是一部结构精巧复杂的光学仪器。在我们看来一次性完成的视觉运动，实际是一个极其复杂的过程：光线分层射入眼睛的各部分——角膜、水状液、虹膜、晶状体和玻璃体，一直到达视网膜。视网膜上布满了大量的视觉感受器，也叫做光敏感单元，负责接受、捕捉、汇集视觉信息。人类每只眼睛具有将近12 500个感受器，其密度之大，仅举一例即可明了：电视屏幕上一幅最复杂的图像也不过由25万个独立的光敏感单元组成。此外，视网膜的每一个神经节细胞联结着一根神经纤维给视神经，每只眼有约80万根这样的神经纤维，负责向大脑输送信息。这样，人的两只眼睛用大约2.5万个感受器从视觉环境中接收信息，并通过160万根神经纤维，源源不断地把这些信息输送到大脑，供其选择、决策。

五官之中，视觉最优。中国古汉语中用来表示人的智商的“聪明”之本义，首先就与感官及视觉有关。古文《尚书·洪范》中所载人之“五事”，就包含感官的“视听”：“一曰貌，二曰言，三曰视，四曰听，五曰思。貌曰恭，言曰从，视曰明，听曰聪，思曰睿。恭作肃，从作乂，明作晢，聪作谋，睿作圣。”据《旧约全书·创世纪》，西方上帝做的第一件事，也与光和视觉有关，先解决“要看”的问题：“上帝说，要有光，就有了光。上帝看光是好的，就把光暗分开。上帝称光为昼，称暗为夜。于是有了夜晚和黎明。这是第一天。”其后五天，才分别创造出其他万物，可见视觉之尊贵。亚里士多德《形而上学》中开宗明义地说：“求知是人类的本性。我们乐于使用我们的感官就是一个说明；即使并无实用，人们总爱好感觉，而在诸感觉中，尤重视觉。”哲学意义上的“尤重视觉”，与宗教意义上的首先“要有光”不谋而合，绝非偶然。佛教认为，现实世界虚幻不实，流转无常，这种幻觉主要来源于作为视觉所对待的色境，色即是空，空即是色，色不异空，空不异色，俗世众生对世界的认识，实际上是靠一种错觉在支撑，而这种错觉，主要来源就是视觉。这亦从反面证明视觉是多么重要——它甚至具有决定世界观、人生观的终极意义。

许多西方思想家甚至认为，“能看”的视觉与“能思”的心灵，并无高低贵贱的等级之分，完全可以平分秋色。亚里士多德就指出，直接的视觉是智慧的第一个也是最后一个源泉，甚至提出了“心灵没有意象就永远不能思考”（《论心灵》）的激烈主张。就连柏拉图这样的唯理念哲学家也不时地涉及感官——“心灵很像眼睛：当它停留在‘真理’和‘存在’照耀的地方，就感知和理解，并且放射出智慧；一旦它转向昏暗模糊的或变化和消亡的东西，它就只好对其作出鉴定，他茫然不知，四处摸索，一会儿这样看，一会儿又那样看，智慧也不知到哪去了”（《共和国》）。文艺复兴巨匠达·芬奇更是高声赞美视觉：“被称为灵魂之窗的眼睛，乃是心灵的要道，心灵依靠它才得以最广泛最宏伟地考察大自然的无穷作品。”（《论绘画》）他因而赋予视觉“最高贵的感官”的称誉，并得出“能使最高感官满意的事物价值最高”的结论。德国大哲学家康德也认为：“没有抽象的视觉谓之盲，没有视觉形象的抽象谓之空。”还说：“只有与感性世界密切配合，伟大的思想才能产生。”叔本华曾说，推理是女性的，因为只有在它从外部接受到什么之后，它自己才能“生产”。首倡“知识就是力量”的英国哲学家弗兰西斯·培根也说：“看不见的东西既然很少能观察到，或者根本观察不到，所以当视觉停止的时候，思考一般也就停止下来。”（《新工具》）美国盲人姑娘海伦·凯勒写过一篇文章，表达她最大的人生愿望，题目就叫做《假如给我三天光明》（*Three Days to See*），可见，在她心目中，视觉有着与生命同等的重要意义。

视觉的地位既然如此尊贵，“要看”的欲望也就远远比其他欲望更难以满足。人类社会发展史及文化形态从生存方式上分，有采集、渔猎、游牧、农耕等文化阶段；从所用物质材料分，有石器、青铜器、铁器、石油等文明形态；从意识形态分，有原始、奴隶、封建、资本、社会主义社会；从科技水平分，有农业、工业、后工业、信息社会……我等既非社会学专业研究人士，也就没有学术理论的顾忌。依愚之见，能不能说，人类发展史就是一部不断从“要吃”向“要看”发展进化的历史，主要分三个阶段：①以获取、增加现成自然存在物为主，其手段有采集、渔猎、游牧、农耕等，不用说，都是为了解决“要吃”的基本温饱问题；②以加工、转换自然物为主，即工业革命，极大解放了生产力，实现了人类由“要吃”向“要看”的过渡，著名的“恩格尔系数”（即食物支出占家庭收入比例50%以下者为小康型社会）就是在此时提出的，满足人类“要看”欲望的电影、电视、旅游等产业也出现在此阶段；③以创造自然没有之物为主，是为信息时代，此阶段主要满足人类“要看”的欲望，所谓“眼球经济”、“视窗文明”、“视觉冲击”，就都出现在此阶段。

袁枚《随园四记》：“人之欲，惟目无穷。耳耶，鼻耶，口耶，其欲皆易穷也。目仰而观，俯而窥，尽天地之藏，其足以穷之耶？然而古之圣人，受之以观，必受之以艮。艮者，止也。于止知其所止。《黄鸟》且然，而况于人？园，悦目者也，亦藏身者也。人寿百年，悦吾目不离乎四时者，是藏吾身不离乎行坐者。是今视吾园奥如环，如一房毕复一房，生集以镜光，晶莹澄澈，迷乎往复，若是者于行宜。其左琴，其上书，起着多尊罍玉石，书横陈数十重对之，时眺然以远，若是者于坐宜。”①西方有位名人也说过：“眼睛比嘴巴更贪馋，无穷流转的美丽风景是供养眼睛的美味珍馐。”欲望越高级，满足的对象及手段就越复杂，与“要吃”相比，人类“要看”的欲望更加复杂与“奢侈”，目前还看不到有满足的迹象。据悉，发达国家只有约3%～5%的人口从事满足“要吃”的农业劳动，就是一个证明；而从事满足“要看”的“眼球经济”，不断推出“××视窗”软件的微软公司总裁比尔·盖茨拥有几百亿美元的财富，据说为目前人类首富，同时还造就了数百个千万、百万富翁，这一事实可以反证人类“要看”的需求有多么强烈，现代的视觉消费是多么“奢侈”！即使在古代，视觉也尽显奢豪。周幽王所宠幸的褒姒，性不喜笑，幽王尽举边防报警的烽火，假招各路诸侯，褒姒方破颜一笑。只为“要看”佳人一笑，而这一“笑”也就不过几十秒钟，竟然让远在边疆的将士奔波了几个昼夜赶至京师，“费用”可谓不低。更高的代价还在后面：异族入侵，周朝再燃烽火，诸侯以为儿戏，竟不出兵，幽王战败被杀——为看一眼佳人的笑容，竟付出了亡国的代价，真够得上“奢侈”了。当然，这里已超越了视觉范畴，似乎还有点政治问题，因为从此周朝国势日衰，天子权威日降，最后演变成春秋争霸。

人类所说的享受、审美，多与“要看”的视觉活动有关。所谓求新、求异、求奇，一般均与视觉有关。虽然目前关于美的定义还仁智互见，莫衷一是，但从无人怀疑：没有视觉参与的审美活动是难以想象的。而无论从物质还是精神角度考虑，审美层次上的视觉要求无疑是极其“奢侈”的。要满足这种“要看”的欲望，首先听到的就是钞票那强有力的发言。据说，《埃及艳后》仅一个场景就花费了百万之巨，才获导演通过。凡·

---

① （清）袁枚. 小仓山房文集. 清乾隆三十四年刻本，卷十二.

高、毕加索的一幅名画动辄拍卖至几百万甚至上千万美元，美国电影界一部大片的投入均在几千万元以上，美国迪斯尼乐园一天接待游客超过百万人次，其门票收入可想而知，一次巴黎时装发布会搅动得全球女士心旌神摇，T形舞台上名模的身价也随着时装扶摇直上，各种眼花缭乱的国际、地区性选美活动，各种声势浩大的足球、篮球、网球联赛，耗资巨大，球星们的身价也是动辄以百万、千万元计，此外，各种国际体育盛会，为了满足人们“看一看”的愿望，制作出虚幻的影像，光是开幕式、闭幕式就耗费了多少财富，而后是人去场空……是的，这背后无疑需要金钱的支撑，而“支撑”着金钱的，无疑是人们“想看一看”的视觉欲望，无论是球星、名模、影星的年薪，还是各种演出的巨额费用，最后终究要归结于人类的每一个体“想看”的欲望，否则没有此类产业可以立足；无论他们的年薪有多高，都起源于我们内心“想看一看”的欲望，可以说，是人类心底“要看”的欲望，给那些娱乐界、演艺界、时装界、IT业、旅游界的明星大腕们发工资。心底“要看”的欲望一丝一缕地散发出来，经过曲折的道路和人类复杂的操作，最后铸就了一个又一个明星，成全了一个又一个行当，打造出一个又一个产业。为制作魔幻般的影像、弘丽壮观的场景，以满足视觉的奢望，节日的夜空，升起绚丽的焰火，人造的幻象只停留瞬间，惹得人们一阵欢呼，随后天空仍然一片黑暗；一次盛典，一次阅兵，一次游行，一次晚会，一个动作，前后不过“看”几个小时、几十分钟甚至几秒钟，而准备它们却要花费几个月甚至几年的时间。

目前，日见火爆的旅游业主要解决的也是人类日益增长的“要看”的欲望，所谓“五岳归来不看山，黄山归来不看岳”，“会当凌绝顶，一览众山小”，“相看两不厌，独有敬亭山”，都逃不脱一个“观”或“看”字。如果剔除了视觉，旅游也就减色不少。旅游、休闲，都与视觉有剪不断的姻缘，翻阅一些游客旅游归来的文章，也主要是说视觉享受。旅游中，有时把体能消耗到极限的目的，就是为了看上一眼险峻秀美的风景。笔者到过黄山之天都、莲花二峰，泰山之玉皇顶，庐山之三叠泉，涞源白石山之云都峰，都感觉体力已经耗尽，有时完全是麻木地抬腿放腿，放腿抬腿，正如余秋雨先生所描绘的：“山峰无穷尽地一个个排列过去，内心已无数次产生了此行的后悔，终于连后悔的力气都没有了，只得在默不作声中磕磕绊绊地行进。”（《庐山札记》）余行至此，颇有同感，到达三叠泉欣赏瀑布不过十余分钟，可路上却走了几个小时，而且是几个几乎耗尽生命能量的小时！于此亦可见视觉的短暂享受是多么奢侈，刹那间的美感要付出多大的代价！2001 年 4 月 28 日至 5 月 6 日，美国大富翁丹尼斯·蒂托乘坐俄罗斯联盟 TM－31 号飞船遨游太空，开始第一次私人航天旅行。蒂托为此支付了2 000万美元，回来后连说："这样的太空之旅，值！"太空观光，大饱眼福，他一个半小时就能看到一次日出，一天中能看到多次日出日落，从中国上空飞过，他看到了神州大地的山川河流；飞过埃及，看到了尼罗河及大片耕种的土地。蒂托说，他大部分时间都忙着透过太空舱的舷窗，以不同的角度观察地球，拍摄了大量的珍贵照片，获得了一种前所未有的妙不可言的新奇感受。若以单项计，这或许是迄今为止人类历史上最昂贵的一次视觉享受了。

（原刊于《书屋》，2002 年 1 期，现有增改）

嗅觉戴上橄榄枝

2004 年 10 月 4 日，瑞典卡罗林斯卡医学院宣布，本年度诺贝尔生理学或医学奖颁发给美国科学家理查德·阿克塞尔和琳达·巴克，以表彰他们在人体气味受体和嗅觉系统组织方式研究中作出的杰出贡献。获奖者同时得到 130 万美元的奖金。瑞典科学院的颁奖报告认为：“人类的嗅觉长期以来一直是一个非常神秘的领域。人类认识和记忆 1 万种不同气味的基本原理一直不为人所知。今年诺贝尔医学奖或生理学奖的获奖者解决了这一问题。他们所进行的一系列先驱性的研究向我们清楚地阐释了人类的嗅觉系统是如何运作的。他们发现了一个大型的基因家族。这一基因家族由 1 000 种不同的基因组成（占我们基因总数的 3%），这些基因构成了相当数量的嗅觉受体种类。”

人有五官，是为眼、耳、鼻、舌、身，相应有五种感觉，是为视、听、味、嗅、触，构成人的感知系统，接收外界信息。人类认知世界、获取信息与自身相应的感官密切相连。西哲亚里士多德在《形而上学》中开宗明义地说：“求知是人类的本性。我们乐于使用我们的感官就是一个说明；即使并无实用，人们总爱好感觉，而在诸感觉中，尤重视觉。”但在这里，已经透露出：各种感官的地位是不平等的，有等差的，也就是西方知识界常说的“感官等级制”。在这一等级排序中，视觉居于最高地位，听觉次之，然后依次是味觉、嗅觉、触觉。

这样分类的依据大约有三点：

其一取决于他们和人类认知活动的密切程度。由于人类主要通过视觉、听觉辨识符号、语言、文字，而语言、文字、符号又是人类获取信息、接近真理的主要媒介，所以视、听二觉被视为“认知性感官”。五官之中，视、听为优，中国古汉语中用来表示人的智商的“聪明”之本义，首先就与视、听二觉有关。文艺复兴巨匠达·芬奇赞美视觉：“被称为灵魂之窗的眼睛，乃是心灵的要道，心灵依靠它才得以最广泛最宏伟地考察大自然的无穷作品。”（《论绘画》）他因而赋予视觉“最高贵的感官”的称誉，并得出“能使最高感官满意的事物价值最高”的结论。美国盲人姑娘海伦·凯勒写过一篇文章，表达她最大的人生愿望，题目就叫做《假如给我三天光明》（*Three Days to See*），可见，视觉有着与生命同等的重要意义。所以，视觉、听觉又有“真理性感官”或“意义性感官”的美誉。而反观味觉、嗅觉、触觉，在“意义”或“真理”面前则显得自惭形秽，因为它们一般用来满足人的基本需求，处于需求层次的底层，即生理欲望的档次，而欲望又意味着放纵，是历代思想家力欲革除之物。城门失火，殃及池鱼，使得味、嗅、触三觉也跟着受连累，被称为“身体性感官”。习惯上，人们总是把认知性感官的对象同时也看作是美的对象；而身体性感官的对象至多只是满足感官愉悦的，是感官中的弱势群体。

其二取决于他们和各自感知对象的空间距离。在西方思想对人类感官的分析中，感官与被知觉者间的距离一直被看作是认知、道德和审美活动的条件。身体性的感官之所以是“低级的”，部分地就是因为感知对象与感觉者的肉体之间必要的距离过近。由于视、听二觉在感知对象时可以远离对象物体，所以被称为“距离性感官”；而反之，味觉、嗅觉、触觉在感知对象时要依赖对象的具体存在，如烟雾、美食、可触可感的物体等，所以被称为“非距离性感官”。由于“距离性感官”可与认知对象保持一定距离，无所依赖，所以要高于有依赖的“非距离性感官”。

其三取决于他们获得快感所持续的时间长度。这一点古人袁枚有过准确的表述：“人之欲，惟目无穷。耳耶，鼻耶，口耶，其欲皆易穷也。目仰而观，俯而窥，尽天地之藏，其足以穷之耶？”（《随园四记》）视觉对象如绘画，听觉对象如音乐，都能够给人带来持久绵长的记忆与回味，是为心灵的愉悦，所以它们又被称为“可持续性感官”；而味觉、嗅觉、触觉等由于距离感知对象过近，带来的满足及快感消失得很快，是为生理性满足，因而也有“非持续性感官”之称。

而实际上，这样的排序带有明显的歧视倾向，这一方面是由于思想家的精神贵族地位，另一方面则是由于相关知识的不足。长期以来，人们一直是在书本和概念的抽象层面上讨论感官及其功能，而随着科学的进步，各种感官的生理及心理机能逐步被揭示出来，实验层面的结果导致了对味、嗅等感官认识的改变。例如，人们常说的“味道”、“趣味”、“有味”、“兴味”等，强调了味觉的重要，美国学者卡罗琳·考斯梅尔还专门写有《味觉》一书。而实际上，其中的关键在于嗅觉，美国“嗅觉及味觉研究基金会”曾集中了神经学家、教育界人士对人类味觉与嗅觉个案进行数十年研究的成果，并将之凝结在《美国嗅觉及味觉研究基金会对白领食品情调的调查报告》中。报告提出了许多有趣的现象：老师身上的香水味能够刺激学生的学习兴趣；男厨师希望食物的味道做得像自己的味觉；男人与女人有着不同的鼻子……并指出，我们通常所说的味道，多半是闻到。如果你闭上双眼、捏紧鼻子，然后我将一小片苹果放进你的口中，你或许会以为吃的是洋葱；如果你屏住呼吸，再咬一小口最高级的欧洲产的巧克力，你也会感到味同嚼蜡。人类所能感受到的90%以上的所谓“味道”，其实是通过嗅觉感受的，因此，说“味道”，实际是用词不当，这正如中国古人认为“心之官则思”，认为是心脏而非大脑，与思维器官一样，不过沿袭成俗而已。

在对人体所有功能感觉的研究中，嗅觉一直是最神秘的领域。科学家们已经发现，嗅觉比视觉记忆更长久。视觉记忆在几天甚至几小时内就可能淡化，而产生嗅觉的事物却能令人记忆长久。在这一点上，视觉并不优于嗅觉。在某种特殊气味刺激下，人们记忆的闸门突然打开。但是，对复杂嗅觉的形成原理和过程的研究一直处在探索阶段。对于人类嗅觉系统如何辨别10 000种以上气味的基本原理仍然不能完全解释。而理查德·阿克塞尔和琳达·巴克在这一领域的前沿性研究让人们进一步深入了解嗅觉系统。他们共同发现了人体“气味感受器”的大型基因家族，这使我们得以理解“人类为什么能够自觉感受到春天紫丁香的香气，并在任何时候都能提取出这种嗅觉上的记忆”。

在强调“体验”的当今，人们尤其重视感官，其中由嗅觉所缔造的相应感知对象已经发展成为一种“嗅觉经济”，如蜚声世界的法国香水行业。据悉，上好的香水里通常都包含有上百种香精，因此每一瓶香水的香味都是独特的。一般而言，这些香味大致可分为前味（Top Note）、中味（Middle Note）和后味（Low Note）（亦分别称香首、香体、香尾）三个层次：①前味。是香水最先透露的信息，也就是人接触到香水的最初几十秒到几分钟之间所嗅到的，直达鼻内的味道。前味通常是由挥发性的香精油所散发，味道一般较清新，大多为花香或柑橘类成分的香味。她就像一首乐曲中突然拔起的高音，立即吸引人的注意，但前味并不是一瓶香水的真正味道，因为它只能维持几分钟而已。②中味。是在前味消失之后开始发出香味，是香水中最重要的部分。也就是说洒上香水的你就是带着这种味道示人，以这种味儿来表达自己其时的心境、情感等信息。所以中味是一款香水的精华所在，这部分通常由含有某种特殊花香、木香及微量辛辣刺激香味的物质制成，其气味无论清新或浓郁，都必须和前味完美衔接。中味的香味一般可持续数小时或者更久一些。③后味。即我们常所说的“余香”。通常由微量的动物性香精和雪松、檀香等芳香树脂所组成，它不仅散发香味，更兼具整合香味的功能。后味刚刚开始作用时，散发出来的味道称不上香，所以此时已近尾声的中味还会逞强，但须臾之后，后味的精致迷人香味便开始散发出来了。后味的作用是给予香水一种犹如“余音绕梁，三日不绝”的缠绵深度，它持续的时间最长久，可达整日或者数日之久，抹过香水隔天后还可以隐隐闻到的香味就是香水的后味。

可以说，有多少种生活，就有多少种味道，所谓“生活气息”是也。近来，美国嗅觉神经研究基金会科学事务总监 Avery Gilbert 发表的一项研究表明，嗅觉可影响情绪和精神，这是由于辨识香味的嗅觉和处理记忆、情感的功能，在脑中属同一部分的缘故。正如可以利用衣服改变每天的情绪一样，选用不同的香氛，同样可以营造出不同的氛围。独特的气味会唤起相应的生活回忆，嗅觉使人的感受更加细致入微，能更精致地感受周围的环境，更好地体验生活。一位诺贝尔奖委员称，把奖项颁发给理查德·阿克塞尔和琳达·巴克两位科学家，不是出于任何商业或医疗行业上的利益，而是为了鼓励对人类一大重要感官的探索。经过这两位科学家的努力，终于使嗅觉戴上了橄榄枝，改变了人们对其“低级感官”的传统认识。

忧乐的长度

人生，其实是一种长度的存在。年龄，就是衡量它的单位之一。十五有志于学，三十而立，四十不惑，五十知天命、六十耳顺……就是把人生不同境界与各异的年龄长度相对应，道出了一种常识性的真理，因而获得了后世的普遍认同，被反复引用。忧伤与快乐的相互交错、重叠，构成了我们短促的人生。一位诗人说得好："只要谈起人生，我们总想起痛苦，当然也想起幸福。就像天上时常下雨，同时又会显出太阳。太阳和雨交往的日子，就是我们对人生的理解。"古希腊历史学家希罗多德就有好运与厄运交替构成幸福人生的观念，在《波希战争》中他写道："据我所知，主宰凡人命运的神们性本嫉妒。我希望自己及我所热爱的人们能获取现时的成功，并使其能立即得到验证；于是可以在好运与厄运的交替中度过一生，而不是拥有永恒的幸福。"（Passing through life amid alternate good and ill, rather than with perpetual good fortune.）为此，他断定一个太走红的人，潜藏的厄运也正隐蔽地慢慢逼近他。

忧伤，或曰痛苦、哀愁，明显是有长度的，而且似乎总在短促人生中占有极大比例。西哲就曾说过："神往往不过是叫许多人看到幸福的一个影子，随后就把他们推上了毁灭的道路。"（希罗多德《历史》）悲观点的甚至断然否定"幸福"的存在："在这个世界上，无处是安定的，无物是长久的，所以，并无幸福可言，幸福是不可想象的。……对大多数人来说，终身皆遇破舟之险，待到船泊入港之时，则帆樯已经破毁。"（叔本华《论生存之虚伪》）中国古人也说"弃我去者，昨日之日不可留；乱我心者，今日之日多烦忧"（李白）。今天，我们虽然已经进入21世纪，但也未摆脱古人那悠长的烦恼，一首现代诗可以为证："人间有的是欢乐无数，但我们大都记不住。我们心中记得住的，总是那些过去的痛苦。为什么岁月如浪滔滔，淘得尽千古风流人物，却淘不尽几丝隐隐的作痛。"有一首外国歌曲也唱道："欢乐的日子不再来，让我们为爱情干杯。青春像一只小鸟，飞去不再飞回。"有位哲学家甚至断言，幸福的内涵就是摆脱痛苦："任何幸福的生活，不应以快乐多少来衡量它，而应当以脱离苦恼的限度——即脱离积极之恶事的限度来衡量它。”（叔本华《论世界之苦恼》）看来，在人生忧乐比例的极大差异问题上，古今中外很容易达成共识。俗话说：“不如意事常八九，可与人言无二三。”如果人生是十的话，痛苦或忧伤竟要占到八九之多，这样一来，快乐就剩下一二的可怜比例了。对此，文人雅致的比喻更多，李白诗云：“白发三千丈，缘愁似箇长。”这似乎是第一次把无形的忧愁定量化，当然这“三千丈”的长度也引起过争论，宋人就说李白计量得不够准确，使诗坛很是热闹了一阵子。李煜是典型的亡国之君，生于深宫之中，长于妇人之手，宋太祖赵匡胤一句“卧榻之旁岂容他人安睡？”就使金陵王气黯然收敛，他落得个“最是仓皇辞庙日，教放犹奏别离歌，垂泪对宫娥”的下场，一副可怜惨相，所以他心目中的忧伤显然要长于他人——“问君能有几多愁，恰似一江春水向东流！”长江全长6 300公里，即使从南唐首都金陵算起，到入海口，也有几百公里，比三千丈显然要长多了，这一比喻很妙，广泛流传，甚至近代一部电影也来凑趣，以之为名。当然，以长江水喻愁并非首创，唐人早就有“请君试问东流水，别意与之谁短长”（李白《金陵酒肆留别》）的句子了。南宋时，北方壮丽山河沦落敌手，爱国诗人陆游有云：“三万里河东入海，五千仞岳上摩天。遗民泪尽胡尘里，南望王师又一年。”（《秋夜将晓出篱门迎凉有感》）悲愤之情竟然绵延三万里，高过五千仞，这形容悲愁的程度似乎达到古诗词中描述之极致了。

“浮生常恨欢娱少”，忧伤或痛苦的长度是很容易比喻的，往长处说准没错，什么“三千丈”、“三万里”、“五千仞”、“目极千里兮伤春心”、“一江春水向东流”等俯拾即是。将其折合成时间，估计也不会太短。既然快乐与忧伤如影随形，既然痛苦有长度，那么，快乐也应该有长度。可是关于快乐、幸福长度的比喻就不那么现成了。快乐到底有多长呢？按照法国作家菲利普·法莱姆的标准，只有几秒钟，他在《第一口啤酒》中阐释发挥说：“第一口，这是唯一重要的。其他，则越来越长，越来越微不足道，只有一种微热的黏稠感觉，近乎满嘴泥泞，最后一口，带有一种要结束的失望。”他认为，在此，时间度量意义上的短长，并不重要，重要的是一种感觉——“在触到嘴唇的时候，这种带有泡沫的金黄色物质，由于气泡而变得更为清凉，然后缓慢地经过过滤苦味的味觉软腭。这第一口显得多么长啊！”可不论怎样论证“瞬间即为永恒”，从长度意义上，这品尝“第一口啤酒”的短暂几秒钟，也无法同上文所提到的痛苦长度来抗衡。在陀思妥耶夫斯基笔下，几秒钟延长了一些——“我的天啊！整整一分钟的欢乐！即使在一个人的一生中，这还能算少吗?”(《白夜》) 这一分钟，也显得太短了。无独有偶，据德国研究人员表示，大笑一分钟就相当于做了45分钟运动，可令你容光焕发。开怀大笑一向被视为一种可以强身健体的良方妙药，而最近科学家更发现大笑是保持身材苗条的最佳方法。事实上，大笑时身体有80组肌肉在搐动，是一种非常有益健康的活动。从医学角度看，一个人大笑时肩膀会耸动、胸膛摇摆、横隔膜震荡，甚至会令人抽搐、血压上升。血液含氧量在呼吸加速时增加，而更重要的是脑部会释放出一种化学物质，令人感到心旷神怡，实在是最佳的药物。大笑过后，血压会回降，减少分泌令人紧张的荷尔蒙，免疫系统亦会增强。研究还表明，儿童平均每天会展露笑颜约400次，而成人则平均每日只笑15次，可见人一长大，痛苦就增多了。对人生痛苦与幸福或快乐的关系，德国悲观主义哲学家叔本华曾有一形象比喻:“好比是两只野兽，一只在吞噬它的同伴，而另一只正在被吞噬。”(Compare the feelings of an animal engaged in eating another with those of the animal being eaten.) 有点毛骨悚然，但不乏真理的颗粒。经济学上有一种边际效应递减理论，大意是说，一个口渴的人，喝第一口水时会感到极为过瘾，第二口会比较过瘾，而以后的痛饮只是机械地吞咽，已毫无愉悦的感觉了。若反其意而用之，也就是痛苦递增理论。审美心理学上把“痛苦”一类的消极性情绪叫做“不确定的紧张力”(Uncertain Strain)，他们摇曳闪烁，朦胧不清，在人的精神世界中弥漫，“他们就像森林中的灯光照出的树影，总是变幻不定、互相交叉和重叠；当他们没有互相抵消和掩盖时，便又聚集成一定形状，但这种形状又在时时地分解着，或是在激烈的冲突中爆发为激情，或是在种种冲突中变得面目全非”(苏珊·朗格《艺术问题》)。南唐词人冯延巳就形象地揭示了痛苦之难以名状及其永恒性质，其深刻性并不亚于西方的叔本华和苏珊·朗格：

谁道闲情抛弃久，每到春来，惆怅还依旧。
日日花间常病酒，不辞镜里朱颜瘦。

河畔青芜堤畔柳，为问新愁，何事年年有？
独立小桥风满袖，平林新月人归后。(《蝶恋花》)

难以名状的无端愁绪，寂寞愁怀，原以为会随着寒暑推移、岁月流逝而被抛弃，谁料年年复生的春意、春色使得这些不确定的四处弥漫的情绪也在复苏、发育，春草年年生，新愁年年有，草长一寸，愁长一寸，所以是“每到春来，惆怅还依旧”，“为问新愁，何事年年有”，“荷叶生时春恨生，荷叶枯时秋恨成”（李商隐）——痛苦无处不在。虽然人们通过宗教或道德的感悟能够在意识上超越时间和死亡，在与宇宙天地为一体的精神世界获得永恒，但每一真实的个体生命终将不复存在，则是人人无法回避的严酷现实。这种现实在春秋代序，万物回薄的倏忽变化中得到了鲜明的物质印证：不仅去年之“故物”已荡然无存，随物奄化，就是今年之“新物”也在飞速逝去、步履匆匆……中国古人对此十分关切，用其敏感细微的艺术触角探测到了这种生命的律动。李清照《如梦令》词云：

昨夜雨疏风骤，浓睡不消残酒，
试问卷帘人，却道海棠依旧。
知否，知否，应是绿肥红瘦。

在常人眼中，自然似乎没有什么变化，但在感觉敏锐的词人眼中，随着“绿肥红瘦”的悄然变化，象征生命、青春、爱情的美好春光正在无可挽回地逝去，在“知否，知否”的反诘语气中，包含着多少对生命的怜爱、伤逝及无可奈何之情！不过，近期有科研人员声称，幸福可以用金钱买到，而且，幸福的程度取决于花钱的多少。英国瓦威克大学的一项新研究发现，100 多万英镑的横财足以使人“欣快”；1 千英镑可以使一个人改善对生活的态度，这项新研究调查了9 000个英国家庭，研究人员利用“紧张指示器”（Strain Indicators），测量被调查者的心理健康状况，从而判断出参试者是否幸福快乐。该研究在 20 世纪 90 年代完成，其主持人安德鲁·奥斯瓦德教授和乔纳森·加德纳博士说：如果钞票数量太少的活，就无法获得持久的幸福效果。奥斯瓦德教授说：“虽然金钱与幸福之间的关系极其牢固，但认为金钱是影响幸福的主要因素的想法是极其错误的。然而我们的研究结果的确发现，光用金钱就可以使一个平常的人变成一个很快乐的人，费用是 100 万英镑。”显然普通人并不具备这“100 万英镑”，所以也难以变得“很快乐”。

对此，娱乐性质的活动也许能给我们一些安慰，因为娱乐，愉悦欢乐。他们似乎都是按照追求快乐的心理原则来设计长度的。冯巩一段相声，逗得你口形总像刷牙一样在假笑，不过十几分钟；赵本山一段小品，让你笑得前仰后合，也就持续二十几分钟。一集标准的电视连续剧 45 分钟，一场足球赛 90 分钟，一部电影 100 ~ 120 分钟，一场晚会两三个小时，春节晚会稍微长点，可达四五个小时，可事后问你记住了什么节目，你搜索枯肠也回答不出。当然还有通宵电影，适合情人一块看，但一连七八个小时，看上五六部电影，是否还有“第一口啤酒”式的兴奋、快乐的感受，只有当事人自己知道。巴西的狂欢节据说可以持续一个星期，跟我们的“五一”、“十一”长假差不多，不过笔者根据自身体验，对这么长的时间内能否“永远”持续快乐深表怀疑。全球足球大检阅的世界杯足球赛十天左右，令地球村的全体居民兴奋不已的奥运会十五天左右，然后是淡忘，淡出兴奋射程区域，被重复折磨而厌倦的神经期盼着接下来任何一位快乐女神的随时降临。

爱情，据说是人类幸福的永恒主题，快乐的不尽源泉，可是其长度在节奏越来越快的现代社会也受到了理论和实践的双重挑战。科学家依据人体中的生理化学物质来论证“幸福递减率”，即现代人欲望越多，占有得越多，其幸福的感觉就越少。美国康奈尔大学教授辛蒂·哈赞女士用两年时间调查了几千对夫妇，综合运用人类学、社会学、心理学及生理学知识进行分析，并进行了医疗测试，得出一个惊人结论：“真正的爱情，只能维持18～30个月。”她指出，18～30个月，足够男女双方完成从相识、热恋、完婚、生子的全过程，然后是绚烂之极归于平淡，风暴过后波澜不惊，或是分手作一般的朋友。其科学依据在于：爱情是一种基于生理化学物质的精神状态，由人脑松果腺体分泌出的液体使异性接触时手心出汗，心跳加速，但时间长了，人体会对其产生一种“抗体”，30个月是其兴奋的极限。

30个月，即使由时间换成长度，也不可与“三千丈”、“一江春水”等同日而语。看来，“人生不满百，长怀千岁忧”，是谁也无可奈何的事情，目前虽科技发达，可烦忧比古代不是少了，而是更多，综观各种报道，我国隐性心理疾病患者逐年增多就是明证。对此，目前尚无好的解决办法。不过可以肯定的是，单纯向外界寻求感官刺激而获得的快乐，一般生命都很短暂，因为这样就把幸福或快乐定位在高度快意持续不断的刺激中，这分明是不可能的。非常高度的快乐只能经历顷刻之短，它们是短暂耀眼的灿烂火光，不会是长久稳定的火焰。其他的外在“幸福”因素也极不稳定，因为权力会过期，职业会不称心，买卖会赔本，朋友会离去，甚至亲人也会亡故。只有向内搜求，找到自己灵魂的真正寄托所在，发现生命的“真相”，才不时会有难以言传的永恒快乐。恰如陶渊明《读〈山海经〉》所云：“微雨从东来，好风与之俱。泛览《周王传》，流观《山海图》。俯仰终宇宙，不乐复何如？”真达到那种境界，想不快乐，都不行啊。

（原刊于《书屋》，2002年11期，现有增改）

“大卫综合征”与“灵晕”效应

“大卫综合征”是指一种由世界顶尖级艺术品所引发的症状，它会使当事人心跳加速、头晕目眩，甚至昏厥、不省人事。文艺复兴三杰之一、著名雕塑家米开朗琪罗以《圣经》中英雄为原型，创作出著名的塑像《大卫》，自从在佛罗伦萨的乌菲齐博物馆展出之后，常年观者如潮。

据载，某日，一个来自英国的 40 岁中年男子慕名而来观赏《大卫》。进入乌菲齐博物馆之后，他就急匆匆地向《大卫》走去。虽然这英雄形象在画册里、电视上见过无数次，在脑海里亦浮现过无数遍，可是当真正的《大卫》跃入眼帘时，还是让他有种被电击的感觉，他完全陶醉在这浓厚的艺术氛围中而无法自拔，开始全身颤抖，继而手心开始冒汗，感到自己正在被一个巨大的审美和时间旋涡吞噬，最后眼前一黑，失去了知觉……后来，又陆续有来自欧美的参观者相继晕倒在《大卫》的脚下。据佛罗伦萨市新圣玛丽亚医院工作人员提供的数字，在 4 年内至少有 100 人曾在乌菲齐博物馆等地观赏艺术品时发生晕眩、失去知觉等症状。事实上，历史早有关于这种“审美晕眩”的记载。精神病学者长久以来一直在争论一种“司汤达综合征”，就是指因“过度”接受艺术之美而引发心跳加速、头晕目眩甚至产生幻觉的症状。司汤达是 19 世纪法国作家马里－亨利·贝勒使用的笔名。这位写过名著《红与黑》的大作家很早就对“大卫综合征”有过详细描述。他于 1817 年记录下了自己前往佛罗伦萨时所受到的文化艺术“冲击”。“这生动的一切如此吸引着我的灵魂，把活力从我的身体中吸走，我一边走着一边担心会倒下去。”美国小说家亨利·詹姆斯和《追忆似水年华》的作者、法国作家马塞尔·普鲁斯特也曾写下过在佛罗伦萨“犯晕”的经历。

“大卫综合征”促使佛罗伦萨当局进行全方位的调查研究。为揭开其中奥秘，新圣玛丽亚医院精神病专家格拉齐耶拉·马盖里尼以参观《大卫》的游客为主要对象，研究观摩艺术品给人们带来的“感情冲撞”。经过一年的努力，终于真相大白：原来《大卫》等顶尖级艺术品具有令人眩晕的魔力，如果自身有着深厚艺术底蕴的游人过度接受艺术之美，会引发

“心跳加速、头晕目眩甚至昏倒”的症状，于是这种症状被定名为“大卫综合征”。

但究竟为什么“顶尖级艺术品会引发审美晕眩”，上述答案显然还不能令人满意，因为它只说了“它是这样”，而没有解释“它为什么是这样”。在此，不妨引入法兰克福学派边缘性人物瓦尔特·本雅明的“灵晕”学说，或有助于理解。本雅明在他的《技术复制时代的艺术品》（1936）中，仔细区分了两种艺术：传统艺术和现代艺术。前者具有膜拜价值，后者具有展示价值；前者具有唯一性，后者具有复制性。机器介入艺术领域，使得大批地机械复制艺术品成为可能，这固然打破了艺术的神秘光环，造成了艺术品的极大普及，“旧时王谢堂前燕”，也可“飞入寻常百姓家”，但同时也损伤了艺术品的核心价值。本雅明认为，艺术品的核心价值，在于其原作的“此时此刻性”，即“原真性”。所谓“此时此刻性”，是指它独一无二的诞生之所，即历史环境的制约，这包括：它产生的独特环境，独特的物质结构，以及围绕着它不断变化的占有关系。而“机械复制必然要损害作品的原真性。技术复制过程中所损害的东西被称为‘灵晕’（Aura）。在艺术品的可复制时代，普及的是艺术品的数量，枯萎的是艺术品的‘灵晕’”。那么，究竟什么是“灵晕”呢？本雅明的定义是这样的：

> “灵晕”是作为艺术品独一无二的品格。它有几个要素：①独一无二。②原创、原真性。③此时此刻。④独一无二与传统的关联，如维纳斯像与其所处的传统。

用英国学者约翰·伯格的话来说，就是：“每一幅画的独特所在曾经是它所处的场所的独特所在的一部分。某些时候画是可以移动的。但是，它绝不可能同时在两个地方被人观看。”

引入“灵晕”说来分析“大卫综合征”的意义在于，《大卫》无疑属于本雅明所说的“传统艺术”，而传统艺术的最大审美意义就是膜拜价值。所谓“膜拜”一定要有“场所”，而这场所也像任何顶尖级的艺术品一样，具有“独一无二性”，对《大卫》而言，这“场所”就是意大利佛罗伦萨市的乌菲齐博物馆。像那个英国男子一样，人们尽管平时可以在其他各种媒介上看到《大卫》的机械复制品，但它们所缺少的恰恰是“灵晕”。本雅明认为，在观赏顶尖级艺术复制品时，“膜拜价值”会减弱，“随着绘画的膜拜价值的世俗化，对其独一无二之性质的想象也愈加模糊。通过观赏者的想象，在膜拜画中居主导地位的显现的独一无二性遭到排斥。”简言之，“灵晕”的价值在于“原真”和“独一无二”性，在于膜拜，而要膜拜，只能身临那“独一无二”场所中的“独一无二”的艺术品。于是有了上述“审美晕眩”的一幕。膜拜，是一种神圣的接近，最大限度的“亲临”，而在本雅明看来，真正具备“灵晕”的作品又恰恰从审美造诣和境界上“永远难以接近”。本雅明指出：“将‘灵晕’定义为‘一定距离之独一无二的显现，不管它有多近’，无非以时空感知范畴来表达艺术品的膜拜价值而已。远是近的对立，本质上的远是不可接近的。”也就是说，从物理空间上，观赏者可以“接近”《大卫》，却难以接近它的“灵晕”，这恰如本雅明所说的“实际上，不可接近性乃是膜拜画的主要特征。根据膜拜画的本质，它总是‘处于一定距离以外，不管它有多近’。人们可以从其物理性上接近它，却无法打断那个‘远’——这是它在显现之外的固有之物”。到这里，问题似乎更加清楚了，原来引发“审美晕眩”的是“灵晕效应”或“膜拜效应”。在这种效应中，当事者通常来自同一文化背景，对同类艺术品向往已久。在现场，物理意义上的“近”与审美意义上的“远”如影随形，在观赏者心中构成了一种张力和矛盾，一旦这种张力和矛盾达到一定限度，就会引发心理焦虑和不适。这也很符合新圣玛丽亚医院精神科主任医师保罗·罗西·普罗迪的介绍：“此类病人通常都来自欧洲或者美国，来到佛罗伦萨后被一种文化撞击所击倒。”普罗迪回顾道，有一类病人是“在一下子观看这么多文化和艺术作品后幻生出一种他们难以适应的痛苦和不安”，因而医院不得不对他们进行抗压治疗。

“书外有书”与多元传播载体

载体，亦称“介质”，是传播中的主要元素，甚至是最活跃的主导元素，也是传播学的核心概念之一。要想在传者和被传者之间实现有效传播，载体是不可缺少的。信息如物，载体如车，没有载体的信息是无效的。从传播媒介角度，人类大体经历了口语传播阶段和文字传播阶段、印刷传播阶段和电子传播阶段。人类传播某一信息的载体是多元的、丰富的，例如传递“有敌情”这一信息，可以挥舞着旗子来表示，即旗语；可以点燃烽烟来表示，即烽火；可以发射一个信号灯来表示，也可以开枪、鸣炮、鸣汽笛、鸣警报，让对方听到报警的声音，还可以写一封信放在羊尾巴下面，如我们幼时都熟悉的“鸡毛信”的故事……当然，还可以有其他方式，读者们可以发挥自己的想象来补充。

载体犹如信息“红娘”，在有信息需求的二者之间穿针引线、传递信息。传播的载体可大致分为两类，正规的和另类的。所谓正规的，也可称为狭义的，如电报、广播、电视、报纸、杂志及出版的书籍等，他们有一个共同的特点，那就是都经过相关部门的批准、得到社会的承认以及大众的接受，或者说是在人的意料之中的，符合大众对传播媒介的“正规”认识。但是，还有一种媒介，可称之为“广义”的传播载体，他们不在一般人的常识和视野范围之内，因而显得有些另类，而这“另类”又闪耀着发现和创新的光彩。

据史料记载，“一战”时，信鸽就得到了普遍使用，但战后，英军、美军均解散了其信鸽部门。“二战”爆发前夕，美、英军方都认为，鸽子作为军事通信工具的时代已经结束，新兴的无线电通信将取代它的位置。但当时英军的奥斯曼少校坚信无线电技术还处于初级阶段，现代战争还需要信鸽。经过两年的争论，英国政府最终被说服，建立了新的国家信鸽服务部门。“二战”初期，特别喜爱使用信鸽的英国空军轰炸敌军司令部，专门为每架执行轰炸任务的飞机配备 2 只信鸽，一旦飞机被击落，在无线电不能使用的情况下，将由它们来承担紧急通信。

一只名叫“温克”的信鸽，就是在这样的危难时刻崭露头角的。当时，一架鱼雷轰炸机从挪威海岸突围后在海上坠毁。轰炸机的一个发动机失灵了，在坠入大海之前，机上无线电报务员及时发出了求救信号。苏格兰圣安德鲁基地的英国皇家空军作战中心收到了这个求救信号，但后来再没有收到这架飞机的其他信息，无法确定失事的具体地点。轰炸机坠毁导致无线电设备毁坏，值得庆幸的是，机组人员活了下来。“温克”从飞机残骸上被放飞，开始向120英里外的鸽舍飞去。此时，救援船已经派出，但找到机组人员的机会非常渺茫，因为搜寻区域涉及10万平方英里的海面。机组人员生还的希望只能寄托在“温克”的身上。坠机后，“温克”掉进了海里，全身沾满了油污和咸海水。第二天早上，“温克”凭借自己高超的技能成功地飞回了鸽舍。当时，搜寻这架失事飞机的救援行动已经中止了，但非常机灵的戴维森中士从“温克”沾满了油污、疲惫不堪的状态以及飞行时间，推断出了准确的搜寻地点。空军海上救援队再次出动，最终解救了机组人员。“温克”由此获得英国动物维多利亚十字勋章——迪肯勋章，它是第一个获此殊荣者。[①]

英军在空军食堂为“温克”和其驯养员举行了庆功宴

（军鸽，飞翔的战士．央视国际，http：//www. cctv. com，2007－08－07.）

据悉，德国每年生产初版、新版图书近9万种，在世界上位于英国和

① 军鸽，飞翔的战士．央视国际，http：//www. cctv. com，2007－08－07.

中国之后，居第三位。德国出版社每年向国外售出约5 300项版权，从国外购进9 300项版权，其中70%来自英国和美国。仅有7 800万人口的德国，这样的出版业算是很发达的了。他们的立法机构只确定药店和书业属“受管制的商店零售价格”的经济部门。就是说：药品和书籍在全国各地都是统一价格，绝无盗版廉价书之现象。由于生活和工作节奏的加快，德国经常看中、长篇小说等文艺作品的人逐年减少，而看与提高工作技能、就业有关的科技书的人逐年增加。基于这种强烈反差，德国作家不由忧心忡忡：“德国文学向何处去？作家的大量文学作品到哪里去发表、去出版？”

34岁的柏林女作家尤迪特·赫尔曼出版了两部短篇小说集：一是《夏之屋，再说吧》，销售35万册，被译成15种文字；二是《都是妖魔鬼怪》，4个月内销售15万册。但是，即使是这样一位走红的青年女作家至今也遇到出书难的挑战，她琢磨着：是否因为“洛阳纸贵”的现象在困扰着德国文学的发展？她想起雕塑家罗丹的名言：“我们不是缺少美，而是缺少发现。”她按此逻辑推理：我们不是缺少印刷书籍的纸张，而是缺少发现。天外有天，书外有书，能印刷、发表文学作品的地方多得很呢。于是，她从人们日常司空见惯的包装纸、各种商品的说明书、信封、档案袋等纸张背面发现了一个能发表短小精悍的文学作品（诸如迷你小说、千字散文、随笔、杂文、短诗等）的广阔天地。于是，赫尔曼女士做了一个估算：德国能利用的纸张背面比正式出版书籍的纸张用量要大几十倍、几百倍，为何不把这块不花钱的“广阔天地”利用起来呢？这些文学作品和载体是一笔物质的和精神的巨大财富。

她把这个想法告诉了她的老师、著名作家卡佳·朗格和布克哈特·施皮恩，他们一致同意可以试一试。于是，三人起草了一个创意呈交给作家协会，由该协会首先与有100多年历史的德国拜耳制药公司（1895年发明阿司匹林白药片）联系，在阿司匹林（每年生产1 000吨，全世界共生产3 000吨）说明书背面发表、印刷赫尔曼女士的50首散文诗。患者兼读者买上50瓶不同编号的阿司匹林就能凑成一部完整的诗集，既吃药又读诗，对健康和对适应快节奏生活方式都大有裨益。此举获得了成功——据去年拜耳公司统计，因阿司匹林说明书背面印有优美的抒情散文诗，阿司匹林全年增销30%，达到1 300吨。共印诗集50万册，发给作家协会编辑出版费20万欧元，发给诗作者赫尔曼稿酬30万欧元，比她前期出版的两本畅销小说还多一倍。2005年，全德国作家协会及各地分会都跃跃欲试，与各厂商、出版社、广告公司挂钩，实现“天外有天，书外有书”的文学梦想，无限扩大文学的生存空间。①

阿司匹林说明书毕竟还是纸张，符合传统或正规载体纸质媒介的要求，还有更另类的。

28 岁的吉莱恩特·伊文斯是名农夫，来自英国威尔士北部德比镇格洛伊斯村的凯伦温奶牛场。去年年底，吉莱恩特说服奶牛场老板，在2 000 箱牛奶的牛奶瓶和外包装盒上印上自己的青春靓照以及一句分别用英语和威尔士语写成的征婚广告——“想嫁一个农夫吗?”为了方便应征女孩联系，他还特意留下了自己的电子邮箱和电话号码。很快，这2 000 箱“征婚牛奶”就被发送到了附近各大超市。

2007 年年初，他终于盼来了第一个“应征”电话。然而让他大吃一惊的是，对方竟是一个来自美国芝加哥市的女大学生——芳龄 21 岁的劳拉·阿利森！原来，劳拉利用寒假假期独自从美国来英国旅游。当她在雷克瑟姆的某超市购物、经过牛奶货架时，不经意间发现一张年轻英俊的面孔似乎正朝她微笑。劳拉后来回忆：“就在那一刻，我想我坠入了爱河。也许这便是我们两人的缘分。”劳拉暗暗记下了牛奶瓶上的联系方式，直到回到美国后，才拨通了吉莱恩特的电话。随后，两人开始了书信、电邮和电话的频繁往来。看过劳拉发来的照片，吉莱恩特对这位美丽的金发姑娘很是满意。经过 6 个月的热恋之后，两人约定正式见面，第一次见面的地点安排在美国芝加哥市。吉莱恩特后来回忆：“我在那里（芝加哥）生活了好几周，而劳拉也于随后来这里（威尔士）与我和我的家人共同生活了两周。我们相处得甚为融洽，大家拥有共同的幽默感和冒险精神。”劳拉满意地告诉记者：“毫无疑问，这便是我想找的真爱。”吉莱恩特则迫不及待地表示：“我想等她一结束美国的学业，便立即举办婚礼。”②

书外有书，天外有天，大千世界，媒介多元。媒介，作为一种载体，相对内容而言，一开始是以被动的面目出现的，直到麦克卢汉提出“媒介即讯息”之后，媒介主动、活跃的本性才逐步为人所认识。尤其是电子媒介和互联网出现之后，媒介更是开创了人类交往与沟通的崭新篇章。当然，对此，这篇小文已经难以容纳，是另一篇文章的内容了。

---

① 刘宝海．天外有天　书外有书．今晚报（副刊），2004－04－07．

② 牛奶瓶上征婚　征来跨国奇缘．北京晚报，2007－09－14．

传播的进程

裸风劲吹与“重新部落化”

裸风劲吹，作为近年来我们这个小小的“地球村”里频繁出现的普遍现象，其背后必有某种时代性的文化心理因素，仔细考察、甄别了几种理论之后，觉得还是麦克卢汉提出的人类“重新部落化”的命题是一种比较接近的解释。

对人类进化、社会发展的历史阶段进行划分，从不同的视角出发有不同的方法。如以人类生产方式来划分，人类历史可以分成采摘、渔猎文明，农业定居文明，工业机械文明，电子信息文明；如以占有生产资料来划分，人类历史可以分成原始社会、奴隶社会、封建社会、资本主义社会、社会主义社会、共产主义社会；如以媒介发展来划分，又可以分成口语传播阶段、文字传播阶段、印刷传播阶段和电子媒介传播阶段。而麦克卢汉的分法与众不同，他以媒介技术的发展变化作为基本的判断标准，以人类感知世界的方式为心理基础，把人类社会分成部落化、非部落化和重新部落化三个大的发展阶段。

麦克卢汉认为，人类进化的第一个阶段是部落化阶段，在部落化的世界里，口语占据主导地位，由于没有书写文字，人们只能面对面地交流，信息只能靠口耳相传。部落人在口头交流时，调动了所有的感官，身体全部被调动，感官之间相互协调，没有分割。部落化时代的传播特点是人和部落完全融为一体，和外部世界融为一体。恰如麦氏所描述的：“拼音文字发明之前，人生活在感官平衡和同步的世界之中。这是一个具有部落深度和共鸣的封闭社会。这是一个受听觉生活支配，由听觉生活决定结构的口头文化的社会耳朵与冷静和中性的眼睛相对，它的官能是强烈而深刻的，审美力强、无所不包的。它给部落亲属关系和相互依存编织了一张天衣无缝的网络。”①

第二个阶段是非部落化阶段，也就是文字阶段，不过这里的“文字”

① ［加］埃里克·麦克卢汉，弗兰克·秦格龙．麦克卢汉精粹．何道宽译．南京：南京大学出版社，2000．364．

特指拼音文字，而非东方的象形文字。拼音文字是空间的线形展开。它和口语的根本区别是高度抽象，也就是说文字的外形与它所指称的事物没有必然联系。拼音文字可以完全脱离听觉世界，突出视觉文字，形成文字的视觉空间。麦克卢汉指出：文字是目光的延伸和强化，它成为可以看得见、摸得着的外在客体。人们在操纵、利用这个工具的同时，艺术和科学也应运而生，编年记事、记时器和建筑物相继产生，歌舞音乐和说话发生分离，和声与肢体表演发生分离，哲学、逻辑、修辞和几何等高度抽象的学问就应运而生了。麦氏认为，拼音文字加速了从“部落人”到“文明人”疏离的过程。他认为印刷术直接产生了“宗教改革、装配线及其后代、工业革命、整个因果关系的观念、笛卡儿和牛顿的宇宙观、艺术中的透视、文学中的叙事排列、心理学中的内省或内部指向”，这一切都大大地强化了个人主义和专门化的倾向。

第三个阶段是重新部落化阶段，也就是电子媒介阶段。之所以说“重新部落化”，是指电子传媒的即时、同步、瞬时、突出图像而非文字的视觉特征使得全世界变成了一个可视、可听、可触、可感的“部落化”村庄，也就是所谓的“地球村”。麦氏详尽地描绘了这个新奇的世界：

> 这将是一个完全重新部落化的深度卷入的世界。通过广播、电视和电脑，我们正在进入一个环球舞台，当今世界是一场正在演出的戏剧。我们整个的文化栖息场，过去仅仅被认为是一个容器，如今它正在被这些媒介和空间卫星转换成一个活生生的有机体。它自身又包容在一个全新的宏观宇宙之中，或曰一场超地球的婚姻之中。个体的、隐私的、分割知识的、应用知识的、“观点的”、专门化目标的时代，已经被一个马赛克世界的全局意识所取代。在这个世界里，空间和时间的差异在电视、喷气飞机和电脑的作用下已经不复存在。这是一个同步的、“瞬息传播”的世界。此间的一切东西都像电力场中的东西一样互相共鸣。①

所谓“重新部落化”阶段的主要特点在于：由于媒介的丰富，人的感官、感觉、神经系统、记忆、智力得以丰富和延伸，所以，人在感知事物

---

① ［加］埃里克·麦克卢汉，弗兰克·秦格龙．麦克卢汉精粹．何道宽译．南京：南京大学出版社，2000．389．

的时候不再只运用一种感官，而是视觉、听觉、触觉、味觉、嗅觉的全面调动，这正如原始部落时代人们交往时面对面的情景一样。在其中，一种仿真的如同身临其境的“触觉”感受尤为突出，所以，在“重新部落化”时代，人们更接近的是触觉世界，而不是视觉世界，这可以称为“触觉传播时代”。

这种认识为我们理解当下世界性的“裸风劲吹”，无疑提供了一种视角和分析框架。在所谓人类“重新部落化”的时代，整个世界又变成了一个整体，一个生命有机体，人们的感官又像部落时代那样丰富，而借助现代媒体的“裸露性传播”正是这样一种现象。换言之：“裸露”是人们表达自己意见、表现自己个性的一种方式，这正如发言、讲演、辩论是人们表达观点的方式一样，其区别仅仅在于传播媒介的不同。在强调触觉的“重新部落化”时代，人们在表达意见、立场时，不仅仅依靠各种各样的“外媒体”，而是运用最古老的媒介——身体作为载体，而身体这种“媒体”在表达观念和意见时，是视觉、听觉、触觉、味觉、嗅觉的全面调动——“它的官能是强烈而深刻的，审美力强、无所不包的。它给部落亲属关系和相互依存编织了一张天衣无缝的网络”。所以，身体的“裸露”表达是一种纯粹的“自媒体”，例如“裸抗”。

2009年5月24日，西班牙马德里，大批环保人士聚集在凡塔斯斗牛场，他们赤裸上身，并涂上红色涂料，以此抗议斗牛的血腥行为。

（国际在线，http：//gb. cri. cn/，2009－05－25.）

2011年8月4日，俄罗斯莫斯科，俄罗斯总统梅德韦杰夫的拥趸在莫斯科脱衣支持那些停止喝啤酒的人。这些女孩让路过的行人将手中的啤酒倒进一个水桶中，当啤酒倒到桶里一定位置时她们就脱去一件身上的衣服，直到只剩下比基尼。

（国际在线，http：//gb. cri. cn/，2011 －08 －05.）

2005年7月4日，闻知G8峰会即将在苏格兰的格伦伊格尔斯举行，苏格兰首府爱丁堡居民举行游行示威，并与防暴警察发生冲突，其中就有裸体抗议者。其后，2006年1月21日，在西班牙城市巴塞罗那，属于一个名为“人道对待动物协会”的70位男女示威者裸体躺在巴塞罗那市政厅外的人行道上，抗议使用动物皮毛制作衣服。其中一女子所举的标语牌上写着：“制作一件皮衣需要多少生命?”谴责为制作皮衣虐待和杀害动物（通常制作一件皮衣需要70件动物皮毛）。2006年3月21日，1 500多名委内瑞拉人聚集在19世纪民族解放英雄西蒙·玻利瓦尔的塑像前举行“全裸”示威，支持总统查韦斯发起的左翼运动。据称，共7 800多人曾在示威之前的问卷调查单上签名，但只有1 500多人到场。一位名叫杰瑞·里奥的示威者向记者说：“这是一个全新的经历，不光是摆脱了衣服的束缚，其中更包含了许多政治艺术的东西。”2006年9月26日，法国里昂，法国消防员裸体示威游行反对法国内政部部长萨尔科齐，由于游行队伍被禁止穿统一的工作制服，游行队伍的大多数成员便脱光衣服以示抗议。10月21日，法国城市里尔，“人道对待动物协会”的成员再次举行裸体示威，他们近乎全裸地躺在用薄膜包裹的盒子里，身上涂满与血液颜色类似的液体，向路人宣传素食主义，抗议虐杀和食用动物。

2011 年 12 月 4 日，西班牙马德里，动物保护组织 Animal Naturalis 成员在广场上举行裸体抗议，反对使用动物皮毛制衣。

（人民网，http：//www.people.com.cn/，2011－12－05.）

可见，“裸抗”是“重新部落化”时代人们表达意见时的一种典型的行为，它不是用单一的语言文字，而是调动人的所有感官，包括身体。恰如麦氏所说：“部落人生活在听觉空间和声觉空间之中。听觉空间没有中心和边缘的区别。它是有机的、不可分割的。它是由眼、耳、口、鼻、舌、身同步互动而产生和感觉到的空间。”在这种传播空间中，眼、耳、口、鼻、舌、身各种感官同步互动，视觉、听觉、触觉、味觉、嗅觉、运动觉相互沟通，组成一种直观、感性的认知空间。而当今“裸风劲吹”、“裸露性传播”等现象的出现，无疑也透露出现代社会“重新部落化”的某种迹象，印证了麦克卢汉 40 多年前的预言。而今放眼世界，“裸抗”不止，这种古老的传播方式，因其原始的魅力，一直延续至今。进入电子传播时代，这种原始的抗议方式仍不绝如缕。

（原刊于《当代传播》，2008 年第 1 期，现有增改）

裸露的尊严

古人有云，“两足而羽谓之禽，四足而毛谓之兽”。人既无羽，又无毛，所以用衣服来遮掩身体，所谓“直立而衣谓之人”。“直立而衣”是人和动物的根本区别之一，所谓“黄帝垂衣裳而天下治”也。而在当下，无须仔细观察，就可以得出一个基本判断：从人体暴露的程度来看，我们已经进入了一个“全裸”的时代。照相机的发明、电影的问世以及电视的登场，已经对人类的身体隐私构成了巨大的威胁，而互联网和宽带技术的普及，Web 2.0 的应用以及各类“把关人”的憾然缺失和悄然离场，更使人体隐私的最后防线彻底宣告失守。人体露，裸风吹，现在媒体上究竟谁怕谁？目前世界范围内的“裸风劲吹”不仅在影视、娱乐等传统王国里有如火如荼的表演，而且大有进军餐饮、教育、新闻传播、政治传播等陌生领域之势。

其实，从人类审美史角度看，裸露历来是艺术刻画人物的一种手段。在钱钟书先生的小说《围城》中有这样的一段：在一艘驶往中国的西洋邮轮上，如果天气晴朗，你总会看到一位着泳装的貌美摩登小姐在晒太阳，由此，船上的一群归国留学生、游学生们就称之为“局部的真理”，对此，小说中的旁白解释道：因为据说真理总是赤裸裸的，而日光浴中的鲍小姐虽然只着“三点”，但毕竟还不是“赤裸裸”的，所以，只好称作“局部的真理”。这段关于裸露的描写，巧妙、诙谐地揭示了人物性格，为未来的情节埋下伏笔。据说“真理总是赤裸裸的”起源于一个寓言故事，从前“真理”和“谎言”是一对姐妹，有一天一起去河边洗澡，“谎言”先出水上岸，发现“真理”的衣服很漂亮，于是就穿了“真理”的衣服先走了。清高的“真理”上岸后，发现自己的衣服没有了，拒绝穿上“谎言”的冒牌衣服，很有骨气地光着身子走了。从此真理就是赤裸裸的了。

裸露未必都是轻飘飘的，没有重量。在裸露问题上，存在着一个“或重于泰山，或轻于鸿毛”的问题。法国著名雕塑家罗丹的杰作《青铜时代》、《思想者》就属于前者，虽然是“全裸”，但其中透出的思想深度和人文内涵却远非许多“直立而衣”者可比，恰如他所说：“在任何民族中，

没有比人体的美更能激起富有感官的柔情了。”(《罗丹艺术论》)

魏晋名士“皆以任放为达，或有裸体者”，他们搞餐饮聚会时就曾“嗜酒荒放，露头散发，裸袒箕踞”，“去巾帻，脱衣服，露丑恶，同禽兽”(《世说新语·德行》)。但了解那段历史的人都知道，那是一种对名教的曲折反抗。魏晋名士刘伶嗜酒，史载其“常乘鹿车，携一壶酒，使人荷锸而随之，谓曰：死便埋我。其遗形骸如此”。(《晋书·刘伶传》)一日，大醉，脱掉衣衫，在屋内赤裸露着身子，碰巧有人来访，或讥之，刘伶反讥说：“我以天地为栋宇，屋室为衣裤，你为何钻入我的裤中来了?”其放达不拘中有着深刻的内涵。

在英国考文垂市中心文化广场，矗立着一尊全身赤裸的女性青铜雕像。她年轻美丽，全身完全裸露，两只美丽的大眼睛流露着淡淡的哀愁，默默地骑在马背上。她是考文垂人民心中最神圣的女性——戈黛娃夫人。戈黛娃夫人的丈夫名叫列佛瑞克，是一位贵族，也是当时考文垂的领主。列佛瑞克有一个特殊的癖好：征税。他对自己能想到的一切东西都征税，在他的横征暴敛下，人民生活贫困不堪。戈黛娃夫人十分热爱艺术与文化，随丈夫来到考文垂后，她积极发展当地教育，希望更多的人能够喜爱艺术、欣赏艺术。可是她发现，由于生活窘迫，人们所有的时间都花在谋生上，根本无暇顾及文化和艺术。戈黛娃夫人明白，要想让当时还只是个落后村庄的考文垂进一步发展，就必须发展文化，而要发展文化，就必须减轻人们生活负担。

初听到妻子的要求，列佛瑞克觉得她肯定是疯了，但戈黛娃夫人并没有放弃，而是锲而不舍地和丈夫理论。列佛瑞克不胜其烦，他对妻子说，无论古希腊还是古罗马，人体都被认为是自然界中最美丽的事物，对于从没有过这种美学熏陶的考文垂市民来说，让他们欣赏人体将会是一堂意义非凡的艺术修养课。如果妻子戈黛娃真的信仰和崇尚文化，应该身体力行。列佛瑞克提出，如果戈黛娃愿意白天赤着身体在考文垂市最拥挤的市场上骑行，以向人们展示上帝最杰出的作品，他就取消考文垂的所有税收。让列佛瑞克万万没有想到的是，戈黛娃竟然同意了。戈黛娃夫人将要赤裸骑行的消息传开了，由于好奇和不相信，那一天市场上照例熙熙攘攘、一切如常。中午时分，戈黛娃夫人果然出现了，赤身骑行，后面还有两个衣着整齐的侍女陪同着。在所有人的惊奇中，戈黛娃夫人非常优雅地骑在马背上，表情自信、宁静，毫不羞涩。人们不仅没有产生任何淫秽的念头，反而感受到了一种从未感受过的美感。一切在平静和尊严中结束。关于戈黛娃夫人的故事就这样一代代流传下来。后来英国国王爱德华一世专门派人对这个传说进行考证，发现1057年后考文垂当地果真没有税收，这在当时的英国是唯一的。

（红网，http：//www.rednet.cn，2012－03－19.）

历史的时针指到现代，这一幕依稀重现——2012年3月14日，英国演员史蒂芬·库根在新片《苏活区之王》（*The King of Soho*）中饰演已故作家保罗·雷门德，片中重现了有如“戈黛娃夫人”般女人裸体骑马的镜头。拍摄外景时，史蒂芬·库根与一名金发裸体辣妹现身伦敦市中心，辣妹骑在马上，仅以长发遮住双点，引起不少民众围观。

有这样一幅照片，拍摄于1972年6月8日，其时，越南战争已近尾声。久战不胜的美国军队已经变得歇斯底里，对着平民村庄和赤手空拳的百姓狂轰滥炸。照片拍摄的是一群孩子被从天而降的燃烧弹吓坏了而四处奔跑的情景，特别是中间那个小姑娘因为身上的衣服被烧着，不得不脱掉衣服，全身赤裸地在路上奔跑。这裸露形象十分鲜明地展示了人类皮肉的痛苦与精神上的极度恐惧。拍摄者黄功吾是一名越南战地摄影记者，当年只有22岁。这幅照片很快就被刊登在美国《纽约时报》的头版上，一下子成了美国社会和民众关注的话题。这幅照片揭露了战争的残酷，显示了战争对人类灵与肉的深重伤害。美国人早已被这场远离美国本土又无休止的战争弄得麻木了，但这幅人体赤裸照片的现场性和直观性唤醒了他们的良知，于是一场反战的浪潮兴起。不久，越战宣告结束，有分析人士说，正

《火从天降》

是这幅照片促使越战提前半年结束。1973 年，《火从天降》荣获美国普利策新闻摄影奖，同年，在荷兰世界新闻摄影比赛中又被评为年度最佳照片。照片中的小姑娘名叫潘金淑，当年才 9 岁。照片成名之后，她成了新闻摄影界跟踪的人物。1996 年，在越南南部，当年在燃烧弹中无助奔跑的小女孩已经有了自己的孩子。潘金淑后来移居美国，并被联合国任命为和平大

已过中年的潘金淑身上依然留着战争的痕迹

使。如今，她奔走于世界各地，向世人讲述和平的深刻意义。至今，她的背部还残留着多年前被燃烧弹烧伤的疤痕。

这样的“裸露”，与当下“强行”进入公众眼帘的那些为了“裸露”而“裸露”的图景，明显有天壤之别。

（原刊于《今晚报》副刊，2007年10月10日）

纸典蒙尘与视窗文明

女儿学外语，嚷嚷着要字典，就把自己用过的《新英汉词典》给了她，上海译文出版社1991年版，收词80 000余条，心想足够她用到完成高等教育了。没想到女儿小脸一扬："不是这个，我要文曲星！""什么文曲星？""哎呀，老爸，就是电子词典，才这么薄，您这本这么厚，两三斤重，不符合教育部'减负'的精神，您看看我这书包，于心何忍啊……"这才知道，她们班里绝大部分同学已经有了"文曲星"，不仅体积小，重量轻，查单词也比翻字典快得多，而且输入单词时，无意中练习了拼写的正确性。哎，莫非真的落伍了？刚刚完成"换笔"的痛苦过程，莫非用了半辈子的字典也要下岗了？虽然女儿拒绝翻字典，我还是把那本《新英汉》摆在她的书桌上，以防万一。

"文曲星"先生请回来了，确实小巧玲珑，快捷方便，不仅可以查英语单词，还有查询唐诗、宋词等功能。毕竟大半辈子受印刷文明的熏陶，对纸张装订组合而成的字典很有感情，而对那薄薄的文曲星，心理上不无陌生及排斥之感。于是提出和小女来一个查单词竞赛，找10个生词，字母数量分别从3个到12个，我用《新英汉》，她用"文曲星"，看谁速度快。第一个，"fit"，我刚翻到以"F"打头的页码，正待细查，女儿手指一点，已找到——"fit，适合、适应的意思，可分别做动词、形容词、名词，1比0！"第二个，"goal"，命运还是一样，刚看到"G"的模样，人家已经在报告结果了——"goal，名词，目标、终点之意；造句：What is your life goal ?（你的生活目标是什么?）2比0！"我刚查到"go-"，人家造句都出来了，这字典……不要紧，字母一多，"文曲星"就不行了。果然，3比0后，6个字母——needle（针）、7个字母——mandate（委任）、8个字母——orthodox（正统）、"文曲星"还能应付，但明显露出颓势，有点气喘吁吁了，女儿舒展的眉头也变得紧蹙起来。9个以上就更不行了，到11个字母shortcoming（短处），12个字母disheartened（沮丧）时，字典是当然的胜利者。比赛结果，6比4，"文曲星"小胜，"原来文曲星也不是战无不胜啊"，我不无得意，可女儿也振振有词："可您的字典1 800多页，每一页印上字就没有其他功能了，而我的‘文曲星’就这么一个视窗，里面变化无穷，光英语单词就储存了十几万，而它们都可以出现在同一画面上，前面的消失了，后面的跟上来，可移动，可替换，可出现，也可隐身，它以一当百，以一胜千、以一驭万，这就叫视窗文明！是信息物质载体的一次革命，从这种意义上，‘文曲星’对字典，永远是1比0。”这一点，以前倒没太注意，于是我们随意翻到字典的一页，找到一个单词：magic（魔法，魅力）。确实，它永远印在纸上的固定位置，不能再移动了，它的背面，印着magnet（磁铁），也永远定位在那儿；而从“文曲星”上查到magic，键入另一个单词，magic马上隐退，继之可出现flexible（灵活）等无数单词。这一点方便确实不可小觑，正由于此，小小“文曲星”才把《新英汉》1 800页压缩到了一个视窗。真是magic！

据说社会早已进入信息时代。在这种时代，不是金钱和权力，而是知识和信息，不是体力，而是智力，决定着人们的生活质量和命运；人类所要面对、处理的对象，已经逐渐从实有的物质形态，向带有虚拟性质的大量信息转移，如金融、保险、科技、文教、娱乐……生活在这样的时代，确实要面对浩如烟海的信息，但是在某一特定时间点上，我们所能处理的，所必须面对的，只能是“这一页”，“这一个”视窗，这正如人生虽漫长，但我们所真正过的生活，只能是“这一天”、“这一刻”、“这一件事”……原来，“文曲星”之类视窗的智慧之一就在于可移动、可替换的“这一页”，而“其他页”，不用时从不作为物质实体出现；实际上，除了“这一页”之外的其他许多页，你不看时，或说你不需要时，他们确实是“没用”的。这一点，正是以纸张作为载体的印刷文明无论如何难以办到的。于是，那本《新英汉》虽还摆在女儿的桌上，却只有“尘满面，鬓如霜”的命运，因为没有人能够拒绝快捷、高效与方便。

人类是智慧动物，文明需要载体。最早，我们祖先把字写在龟甲和兽骨上，是为甲骨文，流行于殷商及西周初期，使用时间约为一千年；其后进入青铜时代，青铜等金属成为铭文的载体；然后是简策时代，写字于竹称为简，写字于木版为犊，结绳将简犊编联起来为策，简牍时代持续了一千六七百年，是纸张发明之前文字主要的物质载体。现今仍在使用的许多古代语言中，还遗存着这种物质载体的痕迹，如“杀青”、“汗青”、“名垂青史”、“汗牛充栋”、“学富五车”、“著作等身”……汉代，发明了纸及印刷术，是为雕版印刷，至隋唐五代技术精纯，但是它“一叶一版”，一书千版、万版，所费浩繁。于是，北宋时又发明了活字印刷，一字多用，“若只印三二本，未为简易，若印数十百千本，则极为神速”（沈括《梦溪笔谈》卷十八）。死字变活，一字多用，降低了成本，是文字载体的一次革命，其方便、快捷极大地加速了书籍的流通，促进了文化发展。但由于纸的“这一页”的物质性局限，它永远解决不了“一页多用”的问题，一页就是一页，印出来就是一种物质实体的存在。而以微电子技术为科技基础、以电流作为传导能源、以各种硬件为载体的电脑视窗解决了这一问题，一个视窗，千变万化，不仅使世界变小了，也使传统意义上的“书籍”变薄了，不用的时候变“没”了。

（1）直接写在自然物质上。如龟壳、树皮、兽骨、羊皮、竹简、木牍等。西方先哲将《圣经》写在羊皮上，书写工具是毛笔。

（2）印刷术的发明：加工自然物，利用各种自然物，合成为纸。其作用及操作方式与树皮等一样，只不过是人造出来的。书写工具是毛笔和钢笔，各种材质：铅、墨、墨水。

（3）创造出一种新的自然物：它是载体，但不是传统意义上的载体，可以一页多用，以至无穷；用时才存在，不用时不存在；可以通过互联网、电流传输，加速知识及信息的传播。第一次创造出自然界并不存在的文字物质载体，使“写字”仅仅成为一种象征。

上述“文曲星”与《新英汉》之争，只不过是一段微不足道的插曲，仔细观察周围，我们确实已经从书籍符号时代进入了视窗符号时代，不知从何时起，一些传统视觉注视的对象已经被大大小小的视窗所取代了，传统意义上的所谓“写字”的内涵也已悄悄发生变化，笔、墨、纸、砚，传统的文房四宝，由于符号工具的变革，笔和纸，现在也面临着前所未有的挑战，笔者就很久未用稿纸写字了，可输出的“信息”却是以前的几倍。早晨，看见女儿把“文曲星”装进口袋里，比《新英汉》轻多了；上午，打开 E-mail，看见学生发送来的文学史作业，十几篇，若打印，就太麻烦了；下午去拜访一位教授，看见他正用电脑看《四库全书》，卷帙浩繁的大部头，全装载于数十张光盘中；晚上，一位朋友要出差，电话道别，提到旅途上可以用笔记本电脑看《二十四史》……一次，在商场里，询问时间，对方不看表，而是拿出 BP 机就解决了，还有大大小小的“掌上电脑”、“快译通”、“商务通”、“可视电话”、“数码相机”、“电子文库”、“电子阅览室”，当然，还有“何可一日无此君”的电视、电脑……“随风潜入夜，润物细无声”，不知何时起，人们输入、输出信息的视觉对象已经移向大大小小的视窗，他们用时才存在，一窗多用，一屏多用，一物多用，无处不在，不露声色地进入生活，悄悄地改变着我们部分人的生活、工作习惯，甚至生存方式。有心人如果将自己一天注视各种视窗的时间累计起来，数目将十分可观。当然，也有麻烦，比如，与视窗文明相适应，人们的姿势主要为坐式，是颈椎病等病症的元凶，不过，据说已经有人在思考、设计可卧式或可360°操作的各种视窗了。

（原刊于《天津日报》文艺副刊，2001年4月13日）

“E时代”的“E商”

据说，我们已经进入了“E时代”。E，是英文 electric 的缩写，本义是“电的、导电的、用电的”。1837年，美国人塞缪尔·莫尔斯发明了第一台实用电报机；1844年，美国第一条电报线路开通，莫尔斯从华盛顿向巴尔的摩发出了第一封电报，内容是《圣经》中的一句话：“上帝，你究竟创造了什么！”电报出现以前，信息的流通与实物的流通、人的流通是等速的，书籍、报刊、信件的运输并不比人流和物流的运输速度更快。对此，“马上相逢无纸笔，凭君传语报平安”（岑参）是最形象的说明：马到，人到，“报平安”信息才到。而电子通信则奇迹般地改变了这一切。1858年，横跨大西洋的海底电缆宣告竣工，人类首次实现了接近于实时传播速度的远距离信息传递。20世纪以来电影、电视、互联网、可视电话的相继问世，更使古人梦想的“寂然疑虑，思接千载；悄焉动容，视通万里”变为活生生的现实。

从传播媒介角度说，在经历了示现的媒介系统、再现的媒介系统之后，人类已经进入机器的媒介系统。示现的媒介系统，是指由人体的感官或器官本身来执行功能的媒介系统，即主要指人类的口语，也包括表情、动作、眼神等非语言符号；再现的媒介系统，包括绘画、文字、印刷和摄影等，在这一系统中，信息的生产和传播者需要使用物质工具或机器，而信息的接收者则不需要；而在机器的媒介系统中，包括电信、电话、唱片、电影、广播、电视、计算机通信等，不但传播一方需要使用机器，接收一方也必须使用。从传播手段的角度说，在经历了口语传播、文字传播、印刷传播等阶段之后，人类现在已经进入电子传播时代，即所谓的“E时代”。

于是，与这一时代相对应的“E商”问题，自然也提上了日程。联合国教科文组织在《21世纪全球开智计划》中明确指出：“智力并非一个单向度的概念，除了基本智商（IQ），它还包含了人的更多能力：成就智商（AQ）、道德智商（MQ）、情绪智力（EQ）、体能智商（PQ）……”根据这一多元智力理论，提出“E商”问题，无疑是对传统单一智商的一种补充。如果说，“智商”主要是测量个体智力的发展水平，“情商”主要是衡量个人运用情感能力的品质因素，“E商”则主要是衡量一个人对“E时代”的把握和适应能力。这种把握和适应包括两个层面：一是技术层面，二是社会文化层面。实际上，生活在“E时代”，“E商”问题已经无法回避，并引起了知识界的极大关注，诚如陈建功先生在《E时代的抢滩人》序言中所说，“要求一个写家懂得电脑，懂得网络，懂得基因，懂得纳米，未免有些苛求”。“然而，有一天，当你忽然发现，你不仅对已澎湃于中国大地的高新技术潮流感到陌生，而且对活跃其中的人们——他们的价值观、道德观，他们的人生故事，他们崭新的审美需求——也感到陌生的时候，你还能从容不迫地认为自己仍然可以稳稳地端着‘小说家’、‘散文家’、‘纪实作家’的饭碗吗?”而实际上，“散文家”、“纪实作家”们已经与“E”或“IT”业密不可分，“E时代”的来临已经使传统意义上的“写作”变成了“敲作”，用笔在稿纸上“写”字，基本上已成为只具有古典审美意义的陈迹；我的几支钢笔，静静地躺在抽屉里，约有7年了。

与“E”结缘，就存在着一个能不能把握和适应它的问题，即所谓“E商”问题。例如，最简单直观的，首先是完成“换笔”的痛苦过程，经过几年的适应，笔者已经基本跨过了“E时代”的这一初级阶段。但换完之后的体验绝对不轻松。因为“旧笔”（铅笔、圆珠笔、钢笔、水笔等）的构造都很简单，而“新笔”实际上是由“E时代”的各种技术支撑着、并在不断变化的一个小型机器群。它以个人电脑为核心，配以扫描仪、打印机、传真机、刻录机，还有各种内部、外部设备，如上网卡、宽带上网、E-mail、光盘、软盘、U盘、闪存，还有令人眼花缭乱的各种软件……面对他们，你会突然发现：在传统“旧笔”写作的时代，“笔”只是一种记录、输出知识和信息的简单工具，它本身的知识含量极低，不是一个需要研究琢磨的对象；而在“E时代”这个用“新笔”写作的时代，“笔”本身已经成为一种知识，这种知识甚至比你要利用它记录、输出的知识还要复杂，在某种意义上，如果你不先学习这种“新笔”的知识，那么，你要利用它输出、生产（即“写”）的知识就会大打折扣。若要纯熟使用它驾驭知识，就要先驾驭它本身，就需要用“E时代”的各种知识武装自己，而且这些知识还在不断变换之中。这恰如传媒巨擘麦克卢汉所说，“媒介就是信息”，媒介不仅仅是一种被动、静态的工具，它本身就是能动的知识和信息，一步步地，在深刻地改变着我们，每一种新的媒介的产生都开创了人类交往和社会生活的新方式。同理，相对“旧笔”来说，“新笔”实际上是一个相互联系的、复杂的“E”机械系统，它本身就是一种知识系统，需要一定的“E 商”。

而笔者恰恰属于“E 商”极低一族，有些事情怎么也弄不明白，同类问题反复出现。幸亏周围尚有“E 商”极高者，不时帮忙、指教，使我一次次渡过难关。他们一次次耐心地讲解显示器、主板、硬盘、内存、CPU、驱动器的各自功能和位置，但至今我还弄不清它们之间的联系，出了问题不知道怎么对付。“新笔”常有病毒袭扰，这杀毒知识本身就令人眼花缭乱：什么嵌入式防火墙、病毒防火墙、邮件防火墙、网页防火墙、修补系统漏洞、智能在线升级、创建应急盘、定时察毒设施、杀毒升级……一次，未听告诫，杀毒软件两个月没有上线升级，已经是病毒泛滥，惨不忍睹了，幸亏高“E 商”者前来升级，剿灭病毒，“新笔”才运转如初。又一次，“新笔”明显运行呆滞，速度减缓，笔者束手无策，还是小女提醒：“哎呀，重启一下，不就得了!”“什么是重启?”“就是重新启动。”“重启”之后，“新笔”果然轻灵迅捷，于是，小女不无得意又带几分调侃地说：“哎，‘E 商’太低了。”小女 80 年代出生，属于“新新人类”，读书知理时，恰好赶上电子时代登陆中国，可以说是与“E 时代”同时诞生，她们对“E”类产品有着似乎来自本能的亲和力，十分容易理解掌握。家里的“E”类问题，一般是由她来解决。而我所熟知的高“E 商”者，年龄一般都不会超过 30 岁。

必须承认，总体而言，她们这一代人的“E 商”要远远高于我们这一代人，而我们的“E 商”又要高于上一代。人类历史上，年长者总是知识的占有者，并因此拥有绝对权威；而这是第一次年幼者的知识要高于年长者，并大有对父系社会权威颠覆之势。无须仔细观察，现代社会中，“E 商”高低与年龄长幼恰巧成反比，据说有的 IT 公司的老板都是清一色的新新人类，25 岁以上已经被尊称为“长者”了。

（原刊于《今晚报》副刊，2003 年 11 月 8 日）

散步、口语与哲学

散步，是身体最松弛、精神最自由的时候，最容易迸发出灵感的火花，生发出创造性的思维。让慵懒僵硬的四肢忙碌起来，让七尺身躯移动起来，危坐不动、神情严肃、全身紧绷的姿势，也许是物理意义上打猎时的最好姿势，但绝对不是捕捉思想猎物的最佳状态。苏东坡就极喜欢散步，而身体的移动和四肢的忙碌恰恰让大脑从抽象的思考中挣脱出来，让视觉从枯燥的文字符号中解放出来，给精神自由以最大的空间，在灵魂松弛时直觉人生真谛，一首《定风波》词，活脱脱就是一幅苏子行吟图——“莫听穿林打叶声，何妨吟啸且徐行，竹杖芒鞋轻胜马，谁怕？一蓑烟雨任平生。”散步中，伏案思考时很难派上用场的听觉、视觉、触觉、平衡觉都被激活，警觉起来，相互作用，刺激着大脑，所以才有“回首向来萧瑟处，也无风雨也无晴”的感悟。散步，有主动，有被动。屈原放逐，乃赋《离骚》；放逐，也是一种散步，尽管这种散步是被动的。“举世皆浊我独清，举世皆醉我独醒”的感悟就是在这种伟大的散步中获得的，所谓“屈原既放，游于江潭，行吟泽畔，颜色憔悴，形容枯槁”，伟大的千古绝唱《离骚》正是在这样的散步中，而不是在书斋中诞生的。《天问》也与散步有关，据载，“屈原放逐，忧心憔悴，彷徨山泽，经历陵陆，见有楚先王之庙及公卿祠堂，图画天地山川神灵……周流罢倦，休息其下，仰见图画，因书其壁，呵而问之，以渫愤懑，舒泻愁思”（《楚辞补注》）。所谓“彷徨山泽，经历陵陆”，不也是一种散步吗？

偏于直觉感悟的文学活动是这样，侧重理性思辨的哲学活动也是如此，最现成的例子就是诸子传诵千古的“横看成岭侧成峰，远近高低各不同”，其哲理意味无须多说，它无疑是在游历散步中触发的。法国学者丹纳总结说：“哲学在希腊是一种清谈，在练身场上、在廊庑之下、在枫树间的走道上产生的；哲学家一边散步一边谈话，众人跟在后面。”（《艺术哲学》）这里，不仅指出了散步在灿烂的希腊哲学中的地位，还提示了古时大家的学问多为口授，很少笔传；以听觉为主的口语，而非以视觉为主的文字，在古代学术及思想的传授中发挥着重要作用。换言之，古代哲学家都是口语表达能力极强的人物。古希腊三哲之首即为苏格拉底，他本人没留下任何亲自著述的痕迹，其学说大都保存在其弟子柏拉图的几篇对话录中，另外，他的思想在色诺芬、克塞诺封及亚里士多德的著作中也有保存。其中最完整、最具有代表性的是《苏格拉底的申辩》。申辩者，一种口语表达之方式也。这有力地表明，苏格拉底的学术活动主要是口语说话、对话，一边走，一边说，弟子蜂拥随后，而非伏案挥笔；其姿态是站立，而非正襟危坐。由此，也可以合乎逻辑地推测：那时的哲学、思想活动都是在散步、移动中完成的。因为散步时明显不具备书写时所必需的坐姿与书案，只能想到哪，就说到哪，有了灵感就赶紧说，否则稍纵即逝。所以，后来亚里士多德一派索性被人称为“散步学派”。对古希腊人来说，所谓真理，不过是他们在散步中偶尔捕捉到的野禽，在空间移步换形中邂逅的猎物，多一些，少一些，都无所谓，重要的是要让大脑“在事物的峰顶上旅行”，让精神“亲吻事物的精华”（丹纳语）。他们喜欢行猎不亚于行猎的收获，喜欢旅途不亚于到达终点。

讲述、口述，而非伏案写作，是西方哲学家们的心有灵犀之处。大学者歌德谈理论最著名的一部书就叫《谈话录》；大雕塑家罗丹著名的《艺术论》，实际为罗丹口述、葛赛尔记录而成；稍微看一眼他们散步的环境，就可明白灵感为什么总是喜欢光顾他们：“从我们所在的高处观望，只见一片广大的地面。那边，是塞纳河，映着两岸高大的白杨树影，形成一个大银环，流向塞弗尔壮丽的河桥……更远些，是圣克鲁白色的钟楼，倚着翠绿的小山，是须莱纳如黛的山地，是笼罩在如梦的雾霭中的瓦列利恩山峰。”葛氏在《序言》中写道：“去年，在晴朗的五月的一个黄昏，丛树隐蔽着那可爱的小山冈，我和罗丹在树下散步的时候，向他说出我的心愿，想借他的口述，写下他关于美术的见解。他微笑了。”书中充满睿智机锋的灵感闪烁无不伴随着散步的惬意、松弛——“在深水池的边岸上，两只美好的天鹅朦胧欲睡。在我们经过时，它们伸展长颈，向人作出忿怒的叫声。由于它们的野性，我不禁说出我认为这一类鸟儿是缺乏智慧的。‘他们有线条的智慧，这就够了！’——罗丹笑着回答。”

西哲学问多源于口述，中哲亦然。我国几部传世经典都出于记述，所谓“先王世有史官”，“左史记言，右史记事，言为《尚书》，事为《春秋》”，这说明，无论是出言者，还是记录者，都无专门著述之意，所谓经典不过是对先王口述的记录。换言之，口述者有思想，却不亲自写作；记录者无思想，却是笔录意义上的“作者”，这是古典学术的重要特征。先秦诸子也大多不自己写书，多由门人弟子集纂而成，弟子中有再传，也有三传、四传的。所以，从现代人的写作观念看，完成一部书的时间跨度往往是几十年，甚至上百年。《庄子》一书，就很难辨明哪些是庄子的“原装”，哪些是后学的阐发。对此，吕思勉先生一锤定音：“明乎此，则之诸子之年代事迹，虽可知其大略，而亦不容凿求。若更据诸子中记事以谈古史，则尤易致误矣。”（《论读子之法》）“述而不作”，不仅是原始儒学一家的规范，也是诸子百家的共性。所谓“述而不作”有两层含义：①述，承袭、因循；作，创始、更新；谓只沿袭因循，而不自立新意。②述，叙述、陈述；作，写作、创作；谓只口头陈述，而非自己拿笔写作。这两种意思在《论语》中均有体现。第一层大家谈得很多，第二层往往容易被忽略。其实，这一层也很重要，它传递的第一个信息是：当时诸子的学术活动均以口头讲述为主，当时能达到“子”的地位的人很少自己费力刻竹简写作。

又据学者研究，声音是早期人类最重要的生存手段，原始初民相信世界万物的生长变化取决于神灵。巫祭的目的是会通人神，祈福避灾，巫是会通人神的中介，他上达神界，将人类的愿望送达神灵，下降人界，把神灵的旨意传递给民众。“听”于是成为通神的最重要方式，听觉遂成为巫觋最重要的感官之一，“耳文化”因此产生。音乐便是耳崇拜的产物之一。早期的乐师均由巫担任。上古时代，礼乐为一，乐即歌舞是巫祭仪式的主要内容，它赋予原始初民的社会生活以秩序。在初民的心目中，乐便是通过巫传达的神圣法则。乐即诗，诗是口耳相传的历史。耳文化是原始巫术图腾文化的产物，但它的影响并不仅仅限于巫术、图腾文化时期，在其后漫长的日子里，它仍然发生着潜在而深远的影响。巫，《说文》释为：“祝也，女，能事无形以舞降神者也。象两袖舞形。”巫的主要职责是以舞降神。郑玄《诗谱》曰：“古代之巫，实以歌舞为职。”《周礼·春官·大司乐》载：“六舞大合乐，以致鬼神示，以和邦国，以悦远人，以谐万民，以安宾客，以作动物乃分而序之，以祭以享以祀。”《尚书·伊训》：“敢有恒舞于宫，酣歌于室，时谓巫风。”疏曰：“巫以歌舞事神，故歌舞为巫觋之风俗也。”王逸《楚辞章句》云：“昔楚国南郢之邑，沅湘之间，其俗信鬼而好祠，其祠必作歌舞以乐诸神。”歌舞可以通神、悦神，使人获得神赐的力量，从而实现自己的目的。日本学者白静川认为“歌”的本义为“可”，即祝咒之咒。可者，呵责也，用大声呵叱督责，其声诵之“呵”，祝诵时的韵律于其声即“呵”，即歌。歌，本来是出于诅咒的目的而歌颂，谓之咒歌。因此，《诗经》作歌时，多赞颂其咒能，他说："'歌谣'连用之'谣'系歌曲，此原来亦具咒能。《说文》以'谣'作徒歌，即不用乐器而唱者。但'谣'字其右旁部分本是'肉'与'言'相叠之字，是具有供肉而念祈语之意的字形。大概是其祈语也是加上节奏的歌谣形式，那是含有咒能的。"雅克·夏耶认为，早期的音乐是一种"巫术音乐"。在原始初民的眼中，巫术宗教仪式与音乐是同一个东西。音乐在原始文化中并非艺术，而是一种力量。把歌舞与巫术宗教仪式区分开来，是后人为方便解释而为。在原始文化里，歌舞与巫术宗教仪式内在地、和谐地融合在一起，巫术宗教的信仰观念就存在于一系列仪式之中，而各种仪式都必须借助有声、有形的歌舞来实现。①

在散步中依靠口耳互动，"即事言理"、"感物触怀"的例子在《论语》、《庄子》中也俯拾皆是。中国古代大思想家都是散步者，足迹遍布山川大泽，在游动中感悟自然宇宙的真谛。《庄子》中就有两篇以"游"命名：《逍遥游》、《知北游》。他还说："人有能游，且得不游乎？人而不能游，且得游乎？"（《外物》）庄子本人的思想火花也是从"游"——广义的散步中迸发的。如著名的"子非我，安知我不知鱼之乐?"的命题，就萌生于庄子与惠子游于濠梁之上时。庄子在濮水钓鱼，楚王欲使他去做官，庄子持杆不顾，曰："吾将曳尾于涂中。"庄子行于山中，见大木，枝叶繁茂，却无人砍伐，于是发出了一番"此木以不材得终其天年"的感慨。庄子那大匠"运斤成风"的典故，也是发生于"庄子送葬，过惠子之墓"的具体语境中。总之，作为思想家的庄子，作为散步者的庄子以及作为口述者的庄子，是如盐在水，难分彼此的。就连他将死之时，诸位弟子想厚葬他，庄子也辞之以"吾以天地为棺椁，以日月为连璧，星辰为珠玑，万物为赍送……"至死还想生活在他曾"游"过的大自然中。庄子之学，尚无为，亲自然，所以他喜爱户外散步，边走边说。原始儒家亦然。《论语》中那么多"子曰"，就是中国学问源于口述的最好证明。一篇《史记·孔子世家》，就是一幅幅夫子颠沛流离的图画；客观条件与主观意愿，都不允许他坐下来写作。据载，一次孔子说"予欲无言"，子贡就有点着急，说："子如无言，则小子何述焉?"可见，"述而不作"，亦隐含只口头叙述而不动笔写作之意，起码孔子学术活动的事实是如此。而思想的口语化，无疑与散步这种筋肉松弛的方式有着亲密联系。口语，只凭借声带的震颤和空

① 王卫东，曾煜."耳文化"初探.海南大学学报（人文社会科学版），2001（4）.

气的流动，是灵感最快、最直接的表达方式，是思想的加速器；而散步，则为这种加速器提供了最佳能源。孔门弟子曾点崇尚“暮春者，春服既成，冠者五六人，童子六七人，浴乎沂，风乎舞雩，咏而归”的户外生活境界，孔子喟然而叹曰：“吾与点也！”可见他内心深处对户外散步、移动的向往。实际上，他的诸多名句都是在户外散步中完成的，所谓“岁寒，然后知松柏之后凋也”，“子在川上曰，逝者如斯夫”，这，无论如何不会是室内书斋的产物。散步中的感悟脱口而出，形之语言必然也通俗易懂，孔子生活于春秋末期，《论语》中的话却句句晓畅明白，恐怕与散步的口语化不无关系。

散步的哲学，必然是口语的哲学；反之亦然，口语化的哲学，一定有散步的因素在内。

口语传播，是人类传播发展进程的第一个阶段，持续了一段漫长的时期，由于它只是依靠人体的发声功能传递信息，而人的声音传播的范围有限，因而口语只能在很近的距离内传递和交流；又由于口语使用的声音符号转瞬即逝，记录性差，信息的保留和积累只能依赖于大脑的记忆，所以口语传播受到极大的时间和空间的限制，只适合小范围、小群体内的信息沟通与传播。

拉杂写来，略无诠次，视为一次思想的散步可也。

（原刊于《书屋》，2003 年第 9 期，现有增改）

网络时代：人杰地不“灵”

“天人合一”是中国古代文化思想的基础，它往往从人与自然的相似性、同一性中寻找事物的共性。在人才学思想方面，它也要在“地”与“人”之间寻找一种必然联系和逻辑证明，因为“地势坤，君子以厚德载物”，人，也是“物”之一。天、地、人历来被称为“三才”，于是，其精华就逐渐浓缩为“人杰地灵”。起初，这个词指地因人而著名，后引申为杰出人物多生于风景灵秀优美之地，进而延伸为对自己家乡本土的溢美之词。如果说“天人合一”是“人杰地灵”的思想基础的话，乡土观念就是其民俗基础，“你是哪里人?”是华夏古今百谈不厌的话题，甚至写进了诗歌里——古代有“君家住何处? 妾住在横塘。停船暂借问，或恐是同乡”。现代有“谁不说咱家乡好?”为证明自己来处不凡，籍贯不俗，不管自己的家乡在哪儿，总要拉扯上几个名人为其助威，为本土增光添彩。这一中国特色，在两处表现得最为充分，一是旅游景点，二是各种方志，在此，凡是与某地有牵挂的名人几乎总被网罗殆尽，就是偶然路过此地的，也无一能够逃脱，其结果就是我们看到如数家珍的“某省、某市、某县出了什么什么人……”以增大其知名度，获得一种心理满足感。

王勃就很清楚这一点，唐上元二年（675）他前往交趾省父，途经南昌，其时都督阎公新修滕王阁成，大宴宾客，勃应邀赴会，赋诗助兴，即兴写成《滕王阁诗序》，就很注意从地域性入手：“南昌故郡，洪都新府。星分翼轸，地接衡庐。襟三江而带五湖，控蛮荆而引瓯越。”建制沿革、星宿分野、地理位置，无一不与南昌相联系。紧接着，点出物产、人才与地域的联系：“物华天宝，龙光射牛斗之墟；人杰地灵，徐孺下陈蕃之榻。”人杰地灵，从此成为一个成语。徐孺，即徐孺子，名稺，东汉时南昌人。家贫，不肯为官。陈蕃为豫章太守，素来不接纳宾客，只有徐稺来访时才招待，特为他设置一榻，徐稺去后，即悬置。陈蕃为东汉清流领袖，其名远在徐孺之上，他与南昌的联系，是曾在此为官。真正的南昌人是徐孺子，其社会地位不过是一清高之士。以两人的一段交往佳话来证明“人杰地灵”，似乎有点牵强。不过诗人之言，谁也不会认真。倒是“人杰地灵”

这一成语，借着王勃的优美文笔，古今广泛流传，成为古代人才学思想的一种“有诗为证”。

“人杰地灵”是一内涵极其丰富的文化母题，涉及古代人才的地域性分布、古代人才的迁徙与流动、门第家族对人才形成的影响等问题，难以一一展开。不过可以确定的是，在交通不便、信息闭塞、崇尚门第、自给自足的古代农业社会，人才流动缓慢，说“人杰地灵”，是有一定道理的。而在科技高速发展的近现代，尤其是信息及网络时代，这一说法受到了前所未有的挑战。信息网络的功能之一就是全球信息共享，知识以史无前例的速度大面积普及，高科技的发展不仅解放了生产力，也在调整着社会资源分配结构，在财富、权力、人才需求、教育结构、文化资源等方面“重新洗牌”，把一个多世纪前伟人所预言的“全世界无产者联合起来”变成了“全世界计算机联合起来”。当前，国际最先进的集成电路，采用0.13微米工艺，今后十年，线宽可降到0.07微米甚至0.05微米，即50纳米。1纳米为10亿分之1米，当器件工艺达到纳米数量级，就称为“纳电子器件”，传统的半导体器件原理就不再适用。2001年4月27日，IBM公司宣布成功研制用纳米炭管制作的晶体管阵列，其器件大小只有目前微电子器件的1/500。中科院计算机研究所所长李国杰出语惊四座：“目前最成熟的是量子密码技术，5～10年可以实际应用。量子通信速度，比目前通信技术快1 000万倍，10年以上时间可以建立量子信息网。”他的描述给人以无限遐想，“信息技术的发展方向就是，用越来越小的器件，造越来越复杂的系统”，如美国最近发射的一颗微型卫星，仅重226克，体积为10×4.9×2.5厘米，即其厚度仅为2.5厘米。①

网络时代给社会带来的变化是多方面、多层次的，其中之一就是使得“人杰”依旧，而地却不再“灵”了。在网络时代，由于信息传播速度加快，所谓“地”，只不过具有出生地或籍贯上的意义，并非具有促使其成为优秀人才的必然联系，更难以与“人杰”的智商相挂钩。网络的共享性、互动性、瞬时性、参与性，使得地球村不再是一个理论概念，而是每天都在我们周围发生的现实。加之WTO使全球一体化提速，使得工业革命以来的人才流动性加快、加大，随着网络覆盖面越来越大，人杰地灵也越来越失去了意义。而人杰地不“灵”，则是现实。人才流动加快，越来越使“你是哪里人”失去了意义。高考、招聘、跳槽、迁徙……多种方式使

---

① 苏敏．李国杰院士讲信息技术语惊四座．中国青年报，2001-05-17.

得各种“人杰”跳出出生地和籍贯，成为另一个地域概念的新居民。今天，全国、全球的共性越来越多，地区、地域的共性越来越少，“哪里哪里人……如何又如何”，除了获得心理满足之外，越来越经不起推敲。因为这个城市每天都在涌入大量的“外地人”，而“本地人”同时也在大量迁出。上海人？北京人？天津人？深圳人？我们都是地球人。若说“人杰地灵”还灵的话，这个“地”就是地球，这个“人”就是地球人。在实现了全世界计算机联合起来之日，“地”球上的公民个个有“灵”性。

“网络同居”与“虚拟自我”

综合媒体消息，近来，“网络同居”渐成气候，大有蔓延之势，甚至已经到了威胁“现实婚姻”的程度。据悉，“网络同居”现象源于台湾一家女性网站推出的“同居理想国”游戏。该游戏传到大陆后，多家网络游戏运营商竞相效仿。据不完全统计，目前具备“网络同居”平台功能的网站已有几十家，每家的注册网友少则几千，多则上万。其中“网上人家”和“第九城市”两家网络社区里“网络同居”的人最多。据创办“爱情公寓”网站的上海尚庆网络科技有限公司的统计数据显示，该“公寓”目前入住用户已达到10万，以大学生居多，多为20~25岁的女性，最小的16岁，其中30%来自上海。实不相瞒，笔者本人也曾收到加入“网络同居”的“邀请函”。

当然，“虚拟”空间里也遵循着现实生活中的法则——没有免费的午餐。据悉，在“爱情公寓”网络同居生活中，除了“套房”是现成的模板可供用户免费选择之外，所有的“家具”和一些装饰“公寓”的小物件都需要用一种叫做I币的货币来购买。I币就是类似于在网络游戏中需要使用的点卡一样，要用真实货币来购买。在“爱情公寓”里，一个I币等于1元人民币。在公寓中购物，一只玩具小熊是半个I币，即0.5元人民币，一套沙发需要3.5个I币，即3.5元人民币。上至爱屋、下到室内装修，包括养“宠物”所需的“狗粮”，都需要付费。据某“网居者”介绍，她当时注册时得到的“套房”是毛坯房，所有的装修布置都是和“爱人”在网站花通用的I币买来的，而I币是通过手机话费转换而来的，1元手机话费可换成1个I币。如果想要过上比较“富裕”的生活，每位同居者平均每月至少要花几十元。

从社会心理学的角度看，“网络同居”的最大价值在于，有可能对传统的自我理论进行修正和调整，从而引发对“虚拟自我”的研究。据现有文献记载，历史上最早发现人有两个自我的，是咱们中国人庄子，尽管他不是心理学家。《齐物论》开头就说：“今者吾丧我。”对这一“吾”、一“我”，尽管后来解说者纷纭，但庄子已经清楚地意识到一个人身上实际存在着两个“我”，是没有问题的。结尾处又有一则耳熟能详的寓言：“昔者庄周梦为蝴蝶，栩栩然蝴蝶也，自喻适志与，不知周与。俄然觉，则蘧蘧然周也。不知周之梦为蝴蝶与，蝴蝶之梦为周与？周与蝴蝶则必有分矣！”这里最后一句话——“必有分矣”——已经认识到两个自我是有区别的。寥寥数语，反映出一种思想家的敏锐。1890年，著名心理学家威廉·詹姆士在《心理学原理》一书中，首次提出将人的自我分为“主我”（I）和“客我”（Me），并进一步作出了物质自我、社会自我和心理自我的划分。1895年，弗洛伊德建立了“本我”、“自我”、“超我”的三重人格构成理论，区分了本能自我和社会自我。1902年，库利提出了著名的“镜像自我”（the Looking-glass Self）的概念，指出所谓“自我意识”是当我们与其他人交往时反射给自己的视像。1934年，米德在其著作《心灵、自我与社会》中阐述了其著名的“符号互动论”思想，指出自我来源于社会互动，并提出了“主我”和“宾我”的概念。1951年，罗杰斯又提出了“现实自我”与“理想自我”的概念。1970年，马斯洛提出自我人格需求层次理论，从低到高，共有五个层次，也就是说可以有五个自我。从以上对自我理论发展的简单回顾中可以发现，一个人身上绝对不止一个自我，两个、三个或更多，在这一点上，中外贤哲是可以达成共识的。

这些贤哲探索自我理论时，网络媒体还未出现。对于电子媒介能在多大程度上影响人的社会交往行为，20世纪60年代麦克卢汉在《媒介即讯息》、《媒介：人的延伸》中已有预见，第一次提出了“地球村”的概念，但他毕竟没有亲身在这个网络触角遍布的“村子”里生活过。随后，又有学者从人类传统交往所必需的“物质场所”出发进行了不懈的探讨，如梅罗维茨的《消失的地域：电子媒介对社会行为的影响》，结果发现，印刷媒介与电子媒介分别制造出属于自己的不同场景——“印刷场景”和“电子场景”。“电子场景”的最大特点在于，它可以降低人本身“亲自在场”对于“亲身参与”经历体验的重要程度。换言之，在“电子场景”中，人完全可以“不到场”地从事以前一些必须“到场”才可以做到的事情，如通过电视人们可以观看“社会人生”这座大楼里面每一个房间的“活动内容”。电子媒介无所不到的触角消解了传统意义上的“墙”——各种物理屏障的有效存在，“现场直播”的同步、即时、迅捷，使我们观看者都有了“现场目击”的“第一手”经历，使我们的“视觉”在广阔、私密、隐蔽、丰富的空间中通行无阻——这是印刷媒介或印刷场景所望尘莫及的。传统意义上的“场所”、“场合”、“地点”、“地域”正在退却、消失，这确实是梅罗维茨的一个惊人的发现，因为它解释了麦克卢汉没有解释清楚的问题——电子媒介究竟怎样、以什么方式影响了人的日常行为。现在很清楚了，就是传统意义上的“场所”的内涵发生了变化。这一解释的意义在于，人首先是一种空间的存在，占有一定体积，存在于特定的“地方”和“场所”，在这些“舞台”上扮演一定的角色，很难想象没有“场所”的活动者以及没有“舞台”的演员。但是“电子场景”改变了这一切。由于时代的限制，梅罗维茨的分析对象只能限于书籍（构成“印刷场景”）和电视（构成“电子场景”），对于“网络场景”还没来得及探讨。

如果说“电视生存”造成了人在异地的“视觉在场”的话，“网络生存”则造成了人在异地的“精神在场”；“视觉在场”是单向的、线性的，而“精神在场”则是双向的、互动的；“视觉在场”还只是“我”的某一个感官（视觉或听觉）出动，而“精神在场”则是五官全体出动，与心灵联袂同行，在虚拟世界的漫游中体验另一种“存在”。于是，一个“电视场景”尚未涉及的概念就出现了——“网络场景”。“网络场景”是一种介于物质和非物质之间的存在，说它是物质的，是因为它确实要依赖一些电子设备和电磁波；说它是非物质的，是因为它远远超出了这些物质依赖，给人带来真实的精神满足感。

据悉，各种“同居网站”设计精美，进入其中，无须真名，只需用昵称进行注册，领取结婚证，再装修一下房屋，就可以成为“同居”国度中的一员。然后通过在论坛发帖子、贴照片宣传自己后，就可以通过聊天或邮信方式筛选自己理想的“另一半”了。进入“爱情公寓”的年龄限制是16岁以上，即所有拿到身份证的用户都有“入住”资格。据悉，网上“同居”者下班后的第一件事就是“找点空闲，抽点时间，跟随鼠标，常回家看看”。月上柳梢头，人约黄昏后。这些虚拟的“恋人”们每天有固定的“上网约会”时间，互相聊聊自己的经历、说说情话、共同商量“家”里需要添置的东西。如不投缘，两人随时可以“分手”，另觅新欢“同居”。“虚拟夫妻”都有自己“真实”的爱情小巢，屋中充满卡通色调，气氛浪漫温馨。新潮的家具，时尚的装饰，温暖的地毯，懒洋洋的宠物狗，窗外的花园里永远是春意盎然，盛开着上百朵娇艳的玫瑰……

“网络场景”的直接结果，就是导致了社会心理学尚未涉及的概念——“虚拟自我”的产生。“虚拟自我”与以前所探讨的“物质自我”、“社会自我”、“心理自我”、“本我”、“自我”、“超我”、“镜中我”、“主我”、“客我”等都不一样，因为探讨这些自我的理论家们还没有接触到

“虚拟生存”，当然也就不会研究“虚拟自我”。

“虚拟自我”首先是现实世界中的物理意义上的存在，这相当于传统社会心理学的“物质自我”，即有着特定躯体、性别、体形、容貌、年龄、健康状况等生理属性的自我。在上海嘉定从事IT工作的“稻草猪”是在同学的推荐下到“爱情公寓”的，属于最早入住“爱情公寓”的人群之一，他和同居者“猫猫”小姐原本并不认识。目前“稻草猪”夫妇拥有一个种了81朵花的花园，养了一种叫“拉布拉多”的宠物狗，每天相约在“房”里聊天。但和猫猫“同居”了20天以后，他竟然发现所谓“猫猫”就是他同学的妹妹，原来的客户。

由于“场所的缺席”，“虚拟自我”又可以藏匿“物质自我”的种种个人特征，如大三学生阿强在“网上人家”月下老人的牵线下，很快与大一学生阿娇相识、相恋，并申请了一间“标准间”，两人每天相约在“房”里聊天，俨然一对恩爱夫妻。现实生活中，阿强相貌平平，成绩一般，身高1.68米，戴着厚厚的眼镜，而在网络里，却成了身高1.87米的俊男，成绩优秀、见多识广、家境富裕。阿强说:“网络能让自己成为现实中可望而不可即的形象，自尊心和自信心得到极大满足!”这种心理满足就是一种“超现实”的虚拟存在。

“虚拟自我”的最大特点在于，可以通过“网络场景”获得“我”在实际场景中的“真实体验”，而又完全可以不见面。传统意义上的所谓“同居”，首先意味着特定的物理中介——场所，还要求“同居”的双方同时在场，才会有“同居”的真实感受。所以，“场所”和“到场”，在这里至关重要。而“场所”一旦能够被代替，“到场”一旦能被虚拟，中介就可以被取消，“同居”也就能够获得基本同样的感受。“网络场景”的仿真、逼真性，使得“虚拟自我”完全可以“身临其境”。一位“网络同居”者曾表白:“我俩经常想见面，但为了保持网络的这种神秘感，只是打电话，基本上逃避见面。”生活在同一间“屋子”里的男女主人是网络世界中最熟悉的陌生人，虽然从未见过面，并不知道同自己生活在一起的这位“爱人”相貌如何，身高几许，详细身世，但这丝毫不妨碍两位男女主人公在网络世界里相亲相爱。

“虚拟自我”使得古人的想象“天涯若比邻”变成了现实，但又使得近在咫尺的“比邻”如“天涯”之遥远。如“网络同居”一族的阿强，整天坐在寝室电脑前足不出户。不仅打工计划泡汤，读书计划也落空。阿强在网上不仅有“老婆”，还认了一堆“亲戚”，常常“走亲访友”。他的大量宝贵时间被网上生活占据，与寝室同学、周围朋友之间的关系渐渐疏远。

总之，由于“网络场景”的出现，“虚拟自我”逐渐浮出水面，如果说在电视时代“他”还十分稚嫩的话，那么，在网络时代“他”已长大成人。或褒或贬，见仁见智，也取消不了“他”的存在。所以，如前所说，从社会心理学的角度看，“网络同居”的最大价值在于，有可能对传统的自我理论进行修正和调整，从而引发对“虚拟自我”的研究。

（原刊于《今晚报》副刊，2005年12月5日）

微博：与“瞬内容”共舞

所谓微博，是针对传统的、静态的“宏博”而言，是一种新型的互联网交流工具，其特点是短小，短小到被称为“一句话博客”，其发布的信息不超过140字，可供其关注者实时接收。至于为什么要有这一限制，新浪网微博副主编刘新征解释说：“微博客之所以有140字，是因为我们不仅仅把微博当作一个互联网工具来看，也把它当作一个手机终端，你很简单就可以发布，也可以插入表情图片，还有各种各样的话题，但你写入的同时就又会出现在别人的微博页面上，如果你的内容写得很过瘾、很多，别人可能就会不重视。这就是我们为什么严格控制在140字，这正好是两条短信的长度，我们认为140字是比较科学的了。”① 另一种解释是，140字相当于人在聊天时的一次发言时长，聊天时，交谈一方讲到140字就基本打住了。2010年8月13日，新浪微博问世，目前已经成为中国网民活跃度最高的产品。它的四大功能是：发布、转发、评论、聊天，几乎涵盖了人们平时“网络社交”的全部需求，而据业内专家预测，提供社交功能将是下一代互联网平台的最大趋势。

笔者以为，微博现象的出现，催生了一个新的词汇——“瞬内容”。从“微内容”到“瞬内容”，体现出互联网不断向人性的本质和深处延伸的特征。

所谓微内容（microcontent），是相对于我们在传统媒介中所熟悉的大制作、重要内容（macrocontent）而言的。学者Cmswiki对微内容的最新定义是：“最小的独立的内容数据，如一个简单的链接，一篇网志，一张图片，音频，视频，一个关于作者、标题的元数据，E-mail的主题，RSS的内容列表等。”即互联网用户所生产的任何数据，都可以被称作微内容。如blog中的一篇网志、Amazon中的一则读者评价、Wiki中的一个条目的修改、Flickr中的一张照片、Del. icio. us中的每一个收藏的网址……小到一句话，

---

① 刘新征. 改变世界的140字. 新浪网，http：//www. sina. com. cn，2010 -03 -30.

大到几百字，音频文件、视频文件，甚至过客用户的每一次支持或反对的点击，都是微内容。这些零星散乱的数据众沙成塔，成为网络神奇力量的真正来源。在互联网时代之前，微内容就存在，但没有网络，那时只是作为私内容而存在。设想：没有维基百科（Wikipedia），人们对于百科全书的修改，只能作为私人藏书中的文字批注；没有博客网（blog），人们每天记下的文字、图片或者音视频内容，只是个人的日记、相册或磁带、光碟，只是尘封于密室中的记忆。让这些私内容真正进入公共话语空间，是互联网所具有的互联互通、海量存储和相关链接等，再加上Google、百度等有效的搜索聚合工具，一下子把这种原本微不足道的、分散的价值聚拢起来，形成一种强大的话语力量和丰富的价值表达。①

相对传统博客而言，微博无疑具有革命性的突破。那么，它的革命性、突破性究竟何在呢？笔者窃以为，贴近人的精神活动具有瞬间性，贴近信息的瞬间发表本质，与“瞬内容”共舞，构成了“微博”的核心竞争力。所谓核心竞争力，就是指别人拿不走学不去的、专属于自己的那种产业竞争能力。

所谓“瞬内容”，是就人的精神活动具有瞬间性而言的。正如弗洛伊德所揭示的，在人的意识之外还有一个庞大的无意识世界，我们还可以说：在恒定的、稳定的精神活动之外还有一个不稳定的、流动的、稍纵即逝的“瞬时性”精神世界，这一精神世界的内容就是“瞬内容”。“瞬内容”庞杂而不稳定，如同山雨欲来时诡谲变化的天空、滴答作响的钟表指针、已经掀过的日历、车窗外向后飘逝的风景……具有流动性、瞬时性和不可逆性。传统媒体，包括博客在内，所对应的是“瞬内容”的反面——相对稳定与恒久的精神活动与内容。一般而言，这些内容要经历目击、体验、采访、调查、构思、搜集资料、结构、写作、发表等一系列过程。博客虽简化了这一程序系列，但一篇博文也还需要稳定地、静态地构思和写作。但问题在于，在人的精神世界之内，除了一些稳定的思想、情绪、念头、意念之外，还存在着一个庞大的不稳定、不恒久、充满流动变化的精神活动与精神内容，即“瞬内容”。具体来说，在实际生活中，人们的许多想法、情绪、念头、思想是瞬间即逝的，迅速到“还没降生，就已死去”，如瞬

① 喻国明．微内容的聚合与开发：网络媒体内容生产的技术关键．网络传播，2006（10）．

间的想法、念头、情绪、意见、牢骚、抱怨、痛苦……苏轼所谓“作诗火急追亡逋，清景一失即难摹”是也。而在微博问世之前，这些精神活动一般都难以记录下来；即使如手机短信那样可以记录下来，也难以一对多、多对多地“发表”，难以被“受众”及时看到。微博的问世解决了这一问题，即“人的瞬间精神活动如何即时发表，并被广大受众知晓”的问题。

俗语云，人微言轻。而微博的出现，彻底颠覆了这一观念，微博客主人均为普通人，人微，是不假，但其“言”绝不“轻”。举例而言，姚晨目前大约有131万个粉丝，当她写下每一句话的时候，这131万个人的庞大群体就可以同步收到，这就构成了一个非常庞大的个人媒体的受众群。再加上用户一键转发别人的微博，多极的放大传播，构成了几何级数般放大增长的所谓“链式传播”。当一个人的一段话经过这一庞大群体传播时，就会产生庞大的传播意义上的“蝴蝶效应”。这种效应会使原来生活中的一种很普遍的情绪具有强大的“杀伤力”，而被杀伤者却还全然无知。例如，一个人去影院看电影，以为看到的专业的数码版，没想到播放的却是“暴风影音”。在以前没有微博的时候，他可能就自己发发牢骚，或者几个朋友之间传递一下就完了。但现在他用iPhone拍下了播放时的画面，并写道“原来数码版的《爱丽斯梦游仙境》，难道是下载的吗”，在微博上“发表”。这位博友有207个粉丝，在微博里虽名不见经传，但他的这篇微博被转发了776次，评论251次。最终，这条微博被转发了十余万次……于是，一个人的小小牢骚，通过这样的一种方式对这个影院造成了一个非常负面的影响，而这个影院对此还一无所知，因为它不知道自己已经“被报道”。①

微内容，瞬内容……前者就空间而言，后者就时间而论；前者揭示了互联网巨大的聚合功能，后者揭示了互联网“发表”人的瞬间精神活动的能力。两者结合起来，才构成互联网核心竞争力的全貌。从“微内容”到“瞬内容”，体现出互联网不断向人的精神实质和深处延伸的特征。

信息的本质是什么？是意义。人们运用符号进行交流，实际上是在交流精神内容，即意义。而意义的本质则是人，是人的精神活动，没有人的因素参与，所谓信息也就失去了意义。恰如传播学大师施拉姆所言：

---

① 谭翊飞. 微博的力量. 南方日报，2009-12-31.

> 社会是各种关系的总和，在这些关系中，某些信息是共享的。我们要明确了解的一点是：人类传播是人做的某种事。它本身是没有生命的。它本身没有什么不可思议的，除非是传播关系中的人使之成为不可思议。信息本身并无含义，除非是人使之有含义。因此，我们研究传播时，我们也研究人——研究人与人的关系以及与他们所属的集团、组织和社会的关系；研究他们怎样相互影响、受影响。(《传播学概论》)

从这一角度观察，微博的革命性突破在于更加贴近了信息的本质。依照施拉姆的分析，信息的意义是人赋予的，正所谓“信息本身并无含义，除非是人使之有含义”。而人的精神世界是多元的，瞬间性即为其本质之一。从这一角度看，微博出现的意义在于更加贴近了人的精神活动，具有“瞬间性”这一本质，为“发表”那些更为隐秘、更富于变化的“瞬内容”搭建了一个信息平台。

（原刊于《今晚报》副刊，2010 年 5 月 18 日，现有增改）

“2044 年 10 月……”

2044 年 10 月的某一天，在我们看来，和今天一样，超市照样开门，太阳照样升起；可在某些资深专家看来，这一时间标志却非同小可，因为它代表着一个时代的终结。2005 年，美国北卡莱罗纳州立大学的教授菲利普·迈尔公开发表了一个预测，他说：“如果现在报纸读者的发展趋势持续不明朗，到 2044 年，确切地说是 2044 年 10 月，最后一位日报读者将结账走人。”迈尔教授长期研究报纸工业，他最近写了一本书，名为《正在消失的报纸 ：在信息时代拯救记者》。书中列举了大量数据和细节来证明这一结论并非耸人听闻——“这非常令人感到震撼，但一切都是来自全球报纸协会的数字显示。”

其实，1999 年，英国学者、世界级传播学大师皮特·勾丁就曾预言，在网络的冲击下，100 年后，报纸的形态将发生根本性变化，记者这个职业也将发生根本性变化。他预测，那时候的报纸将不再是提供资讯的平台，因为提供资讯的任务已经由网络媒体完全取代，报纸只能做一些深度分析的解释性报道；记者也不再是具有采访垄断权的职业，因为人人都会成为记者，那时候的“记者”将是一些帮助人们释疑解惑的社会学家。2004 年，国际报业人士在各种新式媒体面前感叹：报纸的历史也许只剩下 50 年。从 1999 年到 2004 年，仅仅 5 年，报纸的生命就减少了一半！而后仅仅一年，美国学者的预测又将其缩短为 38 年。

事情还不仅如此。

近来，两位英国新闻系的年轻毕业生 Robin Sloan 与 Matt Thompson 做了更为大胆的预测。他们制作了一部 8 分钟的短片《媒体未来的历史：1989—2014 演变中的个人资讯建构》，再次把报纸的生命期大大缩短。其中所预测的标志性事件为：2006 年，Google 整合其全部技术与资源，包括 TiVo、Blogger、Gmail 及搜索技术，建立 Google Grid 传播平台，它几乎可以无限制地储存、传递、共用各类媒体资讯，永远连线并可从任何地方取得。任何人都可以把自己的信息以所需的安全层次储存在 Google 王国，或公开发行给他人阅读。2007 年，微软继续与 Google 抗衡，推出新闻储存平台

Newsbotster，整理排列个人化的新闻。2008 年，Google 与 Amazon 合作，取名为 Googlezon。Google 的网络技术加上 Amazon 的商业建构，可以依据每一个人的社会关系、兴趣嗜好，提供完全个人化的新闻、资讯与广告。2010 年，网络媒体大战爆发，Googlezon 终于战胜微软，因为 Googlezon 可以从平台撷取资料，重组词句，机动地建构新闻与资讯。2011 年，《纽约时报》控告 Googlezon 侵占版权，8 月 4 日最高法院判决后者胜诉，Googlezon 更加不可一世。2014 年 3 月 9 日，Googlezon 推出一个庞大的网络结构 EPIC，过滤、整理、组织全球的资讯。每个人都可能是这一庞大网络的资讯供应人，从博客、手机影像、影视片段乃至深度调查报告。提供的资讯可依受欢迎的程度获得相应报酬。每个人都是这一庞大网络资料库的使用人，系统自动依据各人的消费习惯、社群关系、族群特质、兴趣嗜好来建构资讯。EPIC 成为世界资讯的集大成者，深入、宽广，前所未有。而此时印刷版的《纽约时报》将收摊，仅为少数执着者与年长者印制简讯。注意：2014 年，距离现在只有 8 年了！（此文作于 2006 年）当然，短片最后说："实际上可能不会如此。"

而在现实世界中，面对电视和互联网的双面夹击，作为行业风向标的美国报业疲态有增无减。从 1995 年到 2003 年，美国的报纸发行量下降了 5%，欧洲多国和日本分别下降了 3% 和 2%。20 世纪 60 年代，5 个美国人中有 4 人每天阅读一份报纸，现在只有一半的人在读报，且仍呈减少之势。美国发行审计局公布的数据显示，从 2004 年 10 月 1 日至 2005 年 3 月 31 日的 6 个月时间里，在美国全国范围内，报纸的平均日发行量又比上一年同期下跌了 1.9%。周日版发行量下跌了 2.5%。在加利福尼亚南部，地方性报纸的日发行量和周日版发行量跌幅分别达到 2.2% 和 3%。《洛杉矶时报》在地方性报纸中跌幅最大，周一到周六版的发行量下降了 6.5%，周日版的发行量降幅为 7.9%。而在紧随其后的 6 个月中，美国国内 789 家工作日报纸的平均发行量较去年同期下降了 2.6%，而 627 家周日报纸的境况更令人担忧，平均下降了 3.1%。同时，全美发行量居前 20 名的报纸有 18 家发行量同比下跌。众多迹象表明，报纸的艰难岁月已经来临。

在中国报界，报业的"冬天来临说"也基本成型。与美国人所说的"正在消失"略有区别的是，中国发生的事情被称为"媒体变局"。有资深报业人士专门撰写了长篇论文《中国媒体大变局》，深入分析了其形成的内在原因。据悉，2005 年是这一"变局"发生的"拐点"，其重要标志就是作为"中国传媒海外第一股"的北青传媒的业绩出现了大幅度滑坡，如其2005年上半年净利润17万元人民币，较去年同期的6 630.9万元大降99.7%；营业收入总计3.683亿元，较上年同期的5.138亿元下跌28.32%。北京青年报的困境和经营危机，不仅是北京报业经营危机的一个缩影，并且具有全国性。据慧聪媒体研究中心监测，2005年3月之后，国内报业广告的月度同比增速逐月降低，6月份的增速已不到3%。上半年全国报刊广告额平均仅增长了7.08%。考虑到广告刊例价格上调因素，这样的增长实际上等于是负增长。另据中国人民大学传播媒介管理研究所的抽样统计，国内报业集团今年上半年营业额大幅下滑，广告实际收入大都下跌10%～30%，跌幅在40%以上的为数不少，平均跌幅超过15%；多家过去经营状况良好的报业集团和报社出现亏损。此种下滑趋势，在国内多家具有影响力的报纸中普遍反映出来。过去排在前十位的报纸除一两家有所例外，其他都是负增长。如连续11年居全国单张报纸广告收入之首的《广州日报》，2005年1—5月的广告额出现4.73%的负增长，6月份又出现12.6%的负增长。

与此同时，世界报业也在积极应对。2005年美国报业十大事件中较为突出的事件是：普利策奖全面接受网络报纸。自1917年设立以来，普利策奖一向对“变化”两字反应迟钝，表现冷漠。但是在2005年的普利策奖项提名中，出现了许多网络报纸的名字。这意味着，网络报纸或者说网络新闻，已经取得了跟平面报纸及其新闻平起平坐的地位。

此外，一种新型的未来型报纸——电子便携报纸也在酝酿之中。美国俄亥俄州的肯特州立大学新闻及大众传媒学院教授、信息设计实验室负责人罗杰尔·费德尔是其创始人。2002年11月，他成功地将印刷媒体和电子媒体相结合的便携式电子阅读装置命名为“肯特格式数字新闻书”（The Kent Format Digital Newsbook）。这个“新闻书”把图像和声音结合在一起，随时可以进行人机交流，弥补了报纸的先天缺陷；同时，它可以承袭报纸善于深度报道的传统优势和版式风格。手持这样一张电子便携报纸，读者看到的是一种全方位的新闻报道模式，从新闻标题到新闻全文、新闻分析、新闻图片、新闻画面……只要读者愿意，就可以通过点击的方式了解到更多的相关内容，甚至可以听记者亲自讲述报道的幕后故事。电子便携报纸实际上扩充了报纸版面，丰富了报纸的内容，满足了读者的求知欲。“肯特格式数字新闻书”在改革报纸的同时，保留了报纸的传统和品牌，不但没有让印刷媒体消失在电子媒体的“洪流”中，还能为报纸吸引更多的读者和广告商。在报纸与电子传媒抢夺受众的媒体大战中，我们从“肯特格式数字新闻书”上看到了报纸新生的希望和胜利的曙光。

据悉，英国首相戈登·布朗已于2010年3月22日宣布，政府将为每名公民开设个人专属网页，在未来4年内建成无纸化社会。按照英国政府的设想，建成无纸化社会将分两步走：首先，在一年时间内，为每名公民建立个人专属网页。公民可通过个人网页查找当地各项服务，与政府部门打交道。经身份认证后，公民可在家中通过网络为子女申请入学、预约医生、申领福利、缴纳税款、申请护照和办理车牌。接下来的3年时间，这一网站将增设互动服务，与知名社交网站“Facebook”类似。人们可在网上与孩子的教师取得联系，或是向医生寻求治疗建议。政府人士告诉英国《泰晤士报》，无纸化社会建成后，人才市场、车牌办理处、护照申请处、税务所和住房补贴办公室等公共服务场所将在未来10年逐步消失。取而代之的是一个“数字门户办公室”，可为不能熟练使用电脑者提供帮助，指导他们如何完成网上申请。英国政府说，这项计划将为民众省下办理手续所用的邮资和电话费，同时为政府省下开设和维护公共服务办公室的费用。整个计划未来4年内将为政府节省40亿英镑。“万维网之父”伯纳斯·李支持这项计划。“我可不想走进政府办公部门办理这些业务，一切应在网上搞定”，伯纳斯·李说，“这样既为人们节省时间，又帮政府省钱。与网上申请相比，寄信和收信所耗费用多出许多倍。将来某一时间，我们不再需要任何实际存在的办公室”①。

一种媒介或介质能否成为博物馆的展品，关键在于它是否能被取代。梁实秋说：“书不能令人致富，书还给人带来麻烦，能像郝隆那样七月七日在太阳底下晒肚子就好……如果图书都能做成‘显微胶片’纳入腹中，或者放映在脑子里，则书房就成为不必要的了。”（《雅舍小品》）几十年后，从技术和市场上说，梁老的愿望，即电子媒介取代纸质媒介似乎已是大势所趋，但从人的阅读习惯上来说，还有一段漫长的路要走，恰如一位作者所说的：“盯着电脑看一个短篇小说也是我不敢尝试的事情。读现代白话著作还好，你读读竖排繁体试试？眼睛还没抗议，手腕便率先抗议了。电脑屏幕是只为横排文字设计的，看竖排只好拿着鼠标不停拖上拖下。如何静心读书？于是又听说电子书阅读器应运而生。据说那种电子墨水的技术颇能保护眼睛。可眼睛之外，又生枝节。据我的经验，总结不便亦有二端：

---

① 张旌．英国：4年内建成无纸化社会．新华网，http：//www.xinhuanet.com，2010－03－21．

翻书不便和批注不便。纸质书翻起来清脆有声，随性翻到某页亦可津津有味地一路读去，很有闲庭信步的感觉。阅读器可就不能这么随意了，每次开机都是固定到上次退出时的页面，要是遇到几百页的电子书可就更难了。想直接翻到300页怎么办？最快的方式也得将‘300’输入，回车。但清风乱翻书的乐子又上哪里去寻？批注就更麻烦了，只恨阅读器上隔着个玻璃片子，不然提笔就写了！将纸质书变为各种形式的介质当然是有益之举，例如地对空式的精确查询就极为方便。但是真要让所有的纸质书都变成电子书，书架还有何用？书房真的就要消失了！没有书架，没有书房，我这读书人还有什么引以为豪的呢？”①

看来，电子媒介和纸质媒介还要度过一段长期的共存共荣的时光，道理很简单，因为纸质媒介的优点还不能完全被取代电子媒介所取代。

修改本文之际，2012年1月，恰逢美国企业伊士曼柯达公司申请破产保护，百年老店瞬间轰然倒塌。先是1月7日，连续30个交易日平均收盘价位于1美元以下，纽交所“不得不”向柯达发出退市警告；后是1月19日，柯达公司宣布，根据破产法第十一章在纽约南区法院申请破产重组，长达几个月的破产传闻尘埃落定。从昔日“胶片行业的霸主”、美国股市“蓝筹中的蓝筹”，到如今被迫寻求破产重组，那个曾经在过去一个多世纪里陪伴无数人成长的“黄色巨人”最终无法抵御数码时代的冲击，由辉煌走向没落。从1883年柯达公司创始人伊士曼发明胶卷，5年后第一部柯达照相机上市，开启大众摄影新时代开始，柯达的成功神话延续百余年。1981年，柯达公司的销售额一举冲破100亿美元，成为业界无可匹敌的翘楚。胶卷时代，柯达占据了全球三分之二以上的市场份额，在一定程度上甚至成了摄影的代名词。然而，当柯达还沉浸在胶卷业的巨大成功中时，历史的车轮已经滚滚向前。20世纪90年代，数码相机开始走进千家万户，并在随后的短短数年间迅速侵蚀了传统胶卷相机的绝大部分市场。与此同时，移动存储设备的不断扩容和电子相册等新显示介质的出现也使得照片突破了相纸的限制，而各种社交网络的兴起则让照片分享变得越来越便捷简单。这一切给传统的摄影产品制造商造成了巨大的冲击，而作为这一行业的领头羊，柯达首当其冲。进入21世纪后，由于胶卷销售的日益萎缩，柯达传统影像部门的销售利润3年之内缩水71%。随着竞争对手数字摄影技术的不断进步，柯达在全球市场份额不断萎缩。自2005年始，柯达几乎

---

① 苗露. 从显微胶片到电子书. 今晚报（副刊），2012-01-02.

年年亏损，只有2007年一年实现赢利。时至今日，柯达公司的全球员工人数已经从鼎盛时期的14.5万降至大约1.7万，而市值也已从15年前的310亿美元锐减至不足1.5亿美元。

据悉，实际上，在数码领域，柯达算是个先行者。早在1975年，柯达就率先发明了数码摄影技术。然而，数码产品市场的发展速度超出了柯达的预料，在对手们纷纷抛弃传统胶片业务，大举转向数码市场的时候，柯达还在犹豫不决。为了加快跟上数码时代的步伐，柯达随后进行了两次重大战略转型，并在2007年成功扭亏为盈。然而，由于在转型过程中作风保守、缺乏战略前瞻，柯达遗憾地错过了最为珍贵的历史机遇，而之后柯达采取的一系列措施已经不足以挽回败局。据分析，在媒介创新日新月异之势下，谁故步自封、拒绝创新，没有新产品就会很快被市场淘汰。IBM的不景气、惠普的日渐衰落，都是输在创新不足上。与此相反，苹果公司正是由于不断创新才取得全胜。① 美国总统奥巴马说："乔布斯是美国最伟大的创新领袖之一，他拥有非凡的勇气去创造与众不同的事物，并以大无畏的精神去改变着这个世界。"乔布斯创新的特点，不是满足消费者的需求，而是创造消费者新的需求。他的眼光并不仅仅停留在当前，而是勇于打破常规，投向未来的市场。正是因为这种远见和创造力，苹果开创出一个个划时代的新产品。iPod改变了人们听音乐的方式，iPhone创造出一个全新的智能手机时代，iPad则颠覆了传统电脑的使用方式。打破常规的创新，过程也不会一帆风顺。当iPad推出时，许多人持怀疑态度，但后来他们发现，这似乎又成了乔布斯贡献的"必不可少的东西"。

还是乔布斯那句话："创新，就是对一千条创新说'不'。你必须精挑细选，要拒绝数以百计的其他好创意。实际上，让我感到自豪的不但有那些我们做到的事情，还有那些我们选择不去做的事情。"

---

① 余丰慧. 百年柯达或以破产落幕的警示. 光明网，http://www.gmw.cn，2012-01-10.

人内传播与人际传播

读己与“人内传播”

贤人的体验、谈吐是书，伟人的经历、思想是书，智者的心路历程是书，历史是书，社会是书……读书是攀登人类精神的阶梯，是与智慧的生命对话沟通，是成倍地扩展自己精神生命的手段。读史使人明智，读诗使人颖慧，哲学使人精细，博物使人深沉，伦理之学使人庄重，逻辑与修辞使人善辩……可这些书再多，总是别人的。有位哲人说，古往今来，大家思考的其实是一个问题；有位作家说，古今中外，人们写的其实是一本书。从某种意义上说，这本书就是你自己的心灵密码。吾生也有涯，知也无境，越担心读书少，越是热衷藏书、读别人的书，以证明自己的学问“档次”，就越容易被动盲从，反主为客，放弃了自己。其实，佛在心中，何必他求呢？求人，莫如求己；读人，不如阅读自己。若真能读进去，你会发现，原来自己这本书也这么精彩！

自己这本书之所以精彩，因为它是世界上最独特的。不止一次了，看到别人的精彩之处，你会猛击脑壳，连呼“恨晚”——就这么简单？不过如此嘛。这警悟、这观点、这感受、这灵性，我不也有过吗？这一点笔者毫不怀疑，但区别在于，有人热衷读别人，有人善于读自己，而自己的心灵和感受永远是独一无二的。自人类出现以来，地球上少说也生存过几百亿、几千亿个像你一样的生命，可是唯独“这一个”对你才有意义，唯独这几十年才供你享用。造物主让人间有那么多不平和苦难，可也没忘记添加两个公平的砝码：绝对有限的年龄长度和绝对无限的生命个性。皇室贵族也好，才子富豪也罢，唯独在生命长度面前人人平等，唯独个性感悟像指纹、笔迹一样不可复制。“同一月也，出于牛氏之口，言言欢悦；出于伯喈之口，字字凄凉。”（王夫之语）外在的与内在的个性是与生俱来的天赐礼物，是造物主暗示你不重复别人的创造原动力，是构成这个世界参差多姿的原质，你不醒悟，不利用，用他老人家给你读自己的自由时间去读别人，岂不太可惜！登高望远，你会猝然神伤；月明星稀，你会神驰遐想；风雨夜归，你会看着家中窗户透出的光亮心头一热；晴日晒衣，你会从阵阵清新中闻到阳光的味道……你当时没在意，也未深究，独特的感受轻风般从指尖轻轻滑过，也像云淡风轻二月天里湖水的波纹，明明一圈圈一层层写在水面上，又一一扩散，消失得无影无踪，直到你从别人那里看到她们，又出口转内销似的把她们一一认领回来，人面桃花相映红，重新打量一番后，你会不无遗憾地咏叹："章台柳，章台柳，昔日青青今在否？纵使长条似旧垂，亦应攀折他人手！"（韩翃《章台柳》）原来别人的巨著、起初不过源于一种独特感受而已，而这种感受我也有过！遗憾的是那个别人知道读自己，寻找自己，而你自己却永远在读别人。

常见有些圈内人时常犯糊涂，他们入学海而读书恨少，闻名人而相见恨晚，终其一生都在忙着查资料，读别人，甘愿做现代学富五车的移动书架，唯独不能放开手脚一把，读读自己，唯独忘了你再勤奋，世上现有的书下辈子也读不完，而属于你自己的精神密码永远隐藏在灵魂的最深处，永远是独特的。写《瓦尔登湖》时，梭罗正孤独地生活在马塞诸塞州康科德城的这个小湖岸上，住在自己亲手建筑的木屋里，靠自己双手养活自己。在历经尘世的喧嚣和浮躁之后，他安静下来，开始凝神读自己这本书。《瓦尔登湖》正是在这种阅读中所做的笔记，是静静谛听自己内心声音的最原版的记录。

梭罗告诉我们：有所继承是好事，无所继承未必就是坏事；无所继承者至少有两样宝贵的东西——无牵无挂的心性自由和开创生活的积极进取精神。不要总是依据前辈人的经验去生活。虽然太阳底下没有新鲜事，但是每天的太阳都不一样也是事实。斗转星移，人生考场从来就不怕漏题，别人对生活的评价和体验，对你又有多少实质性的帮助呢？一个人越是有许多东西放得下，他越是富有。读书也是这样，有时要学会放弃——放弃他人，阅读自己。盲目的消费者容易成为奢侈品的奴隶，近视的读书人则容易被书籍奴役。

按世俗标准，孔子他老人家一生没做什么惊天动地的大事情，甚至连著书立说都不想，他告诫弟子们"述而不作"就是明证。他一生都在读书，整理古籍，"读《易》，韦编三绝"。他读别人——上古先哲遗训，更读自己——读经过自己心灵过滤的春秋社会这部大书，读自己对人生伦理的感受这部独一无二的书，结果说出了些人尽皆知的道理，随意记录下来，一不小心弄出个"万世师表"来，自己清贫一世，却为子孙后代谋福不浅。无论古希腊还是中国，最早的哲学著作之所以都是格言和语录体的，就因为他们是人对自己本身直觉和顿悟式的思考：智慧在于寻找自己。

诺贝尔文学奖得主萨缪尔·贝克特早年主攻法国文学，读了不少别人的书，年近三十还无所作为，连谋生都成问题，急于望子成龙的母亲连连哀叹“播下的是龙种，收获的是跳蚤！”连想让他当邮差的心都有——起码还能自食其力。没想到年逾而立，这位老兄忽然开窍：读人不如读己，于是闭门闷头读自己的心灵体验这部书，读个人的无奈，读世界的荒诞，读生命的偶然、漂泊，把这些感受一一记录下来，久之竟成为文学作品，写出《等待戈多》等世界级佳作，使弹丸之地的爱尔兰继乔伊斯之后又升起一颗文学明星，让攻击诺贝尔奖分配不均的人士又获一铁证。

孔子是古人，时间上太遥远；贝克特是老外，空间上又太远。还是说我们身边的吧，如王小波。当然他有点特别：上面两位是既读人，也读己，此公早年既不读人，也不读己。他有感于话语霸权的贫乏和荒唐，早年自愿放弃了颤动声带、指点江山的权利，成为“沉默的大多数”中的一员，“至于沉默的理由，很是简单，那就是信不过话语圈，对于话语的世界有某种厌恶之情。从我短短的人生经历看，它是一座声名狼藉的疯人院”。（王小波《我的精神家园》序言，文化艺术出版社 1997 年第一版）直到四十岁左右，他才决定背叛“沉默的大多数”，读自己这本书，挤进话语圈，也激扬一下文字。他曾说：人就像一本书，你要挑一本好看的书来看，其理由也很是简单——“我活在世上，无非想要明白些道理，遇见些有趣的事。……我开始得太晚了，很可能做不成什么。但我总得申明自己的态度，所以就有了这本书——为我自己，也代表沉默的大多数。”（同上）凡是书当然要提升人的灵魂，“但是在这个世界上的一切人之中，我最希望予以提升的一个，就是我自己。这话很卑鄙，很自私，也很诚实”。（同上）看到这话，顿生恨晚之情！这简直是对本文题目的最好诠释。

王小波读自己读得很认真，真知灼见时时在不露声色又十分经济的文字中闪现，凡读过《我的精神家园》的人都会感觉到他“自己”这本书真的不比“别人”差多少，弄得评论界连呼“那些连他的随笔都没读过的人真的是错过了”。其妻李银河先生说：我从 1977 年认识他，到 1997 年与他永别，这二十年间我看到了一本最美好、最有趣、最好看的书。当然即使真的是这样，我们读他的时候，也别忘了自己，因为他的成功恰好说明“你自己”这本书可能多么精彩，只不过你没认真读读罢了。怅望千秋一洒泪，萧条异代不同时。孔子、贝克特和王小波，似乎毫不搭界，可都心有灵犀，都认真读了自己这本书。

思想家、文学家是这样，看上去莫测高深的学者也是如此，有时深刻的创建竟源于个人对事物的常识性感受。例如提出了需求层次的马斯洛，关于马斯洛，盖格曾说："必须首先把他看成是一个普通人，然后才是一位非常刻苦的心理学家，更确切地说，是一位把自己的成长和成熟转变为一种心理学的新思想方法的人。"这段话十分中肯地道出了马斯洛其人其书的一个特点。马斯洛的学说，与他的人格具有高度的统一性，他把自己的一生，献给了那些人们最为关注的心理问题的研究，特别是关于自我实现问题的研究。可以说，马斯洛的心理学，本身就是他自己自我实现的产物。

弗洛伊德首次揭示无意识的奥秘，并认为人格的驱动力来自与压抑的性欲有关的里比多。里比多不仅是精神心理疾病的生理成因，也是人类心理意识的唯一动因。性冲动决定并影响人格，甚至是推动社会前进的动力。这种泛性论的荒谬显而易见，可由于弗氏深刻的片面之光形成了遮盖其理论先天致命伤的阴影，他仍被整个精神分析界尊为"无意识之父"，主宰学界，领袖群伦。当时卡尔·古斯塔夫·荣格不过是个无名的徒弟辈，也加入了崇拜者的队伍，对弗氏五体投地，他在给弗氏的一封信中写道："我对你的敬爱之情，具有宗教般的狂热和虔诚。"①两人私交甚密，友谊日深。但随着时间的推移，弗氏的书读得多了，荣格开始阅读"自己"这本大书，他从自己的人生常识和切身感受而非权威教条出发，越想越不对劲，越来越觉得性欲对文化的影响被弗氏无限夸大了，整个精神分析王国建立在泛性说上更是不妥。于是，他最后断然抛弃了弗氏理论中泛性的里比多概念，而代之以个体的普遍生命能量，最终导致与弗氏的彻底决裂。他细研精思自己经手的病例，把弗氏无坚不摧的无意识理论区分为"个人无意识"和"集体无意识"，进而用"原型"或"原始意向"来解释后者，从而另辟蹊径，奠定了自己在世界精神分析学的地位，其影响波及西方哲学、宗教科学和文艺批评诸多领域。荣格在与弗洛伊德分道扬镳之后的6年（1913—1919）时间里，沉浸在一种强烈的自性探索和深刻的内省时期，并试图以日常生活语言研究和解释自己的梦和幻觉，荣格坦承，自己在其后所创立的"分析心理学"，都和这段心灵体验和反思有关，他说："我的所有研究工作，我的所有创造性活动，都来自从1912年开始的那些最初的幻觉和梦……我在后来生活中所完成的一切早已包含在它们之中，虽然最初它们只是以情绪和意象的形式出现的。"②换言之，荣格从自己的梦和幻觉中发现了人的精神现象的历史基础，而这种基础远远不是弗洛伊德的个人

---

① ［英］温森特·布罗姆．荣格：人与神话．文楚安译．北京：新华出版社，1997．

② ［瑞］卡尔·古斯塔夫·荣格．荣格全集·第4卷．关群德译．北京：国际文化出版公司，2011．36．

潜意识和性本能所能解释的，而是存在于更为深邃、广阔的人类集体潜意识当中。于是，荣格通过“读己”发现了人类的“集体潜意识”，也正是从1919年开始，荣格的创造潜能被充分激发出来，撰写了大量有关人的自性、象征、神话、炼金术、宗教和心理学方面的文章和著作，从而建构了自己以“集体潜意识”为核心的分析心理学说。由此可以看出，荣格的读书治学之路分为两步：第一步是读人，拜倒在名人麾下，对权威光环掩盖下的致命缺陷视而不见；第二步是读己，用自己的头脑想事情，从常识出发考虑问题。如果他只知道读别人，不过是为泛性论又添一名盲目的走卒而已。

无独有偶，著名学者、作家余秋雨在谈到如何读书时总结了两点：其一是，在年轻的时候，尽量找第一流的书读，少读解释性的书，“要相信自己有能力面对‘大师’”；其二是，要敢于放弃一些重要的一流的书，因为“我们没有那么多时间了”。这实际上说的也是读人与读己的关系。学海初泛舟，茫然，惶然，当然要先读别人，以求掌握基本的航海技能，但读时也不要忘了始终有个自己在；而到一定程度，就要读己了。读人是求同，读己则是存异，每个人都有一个独立自主的精神世界，自己的感受永远与别人不同，这正是大千世界参差多态的生命意义上的原始依据。所以，读人中理应含有读己的成分。对此，周国平先生说得更明快：“书是人生的益友，但也仅止于此，人生的路还得自己走。”（《周国平散文》）在他看来，读人不过是读己的另一种方式，以读己之心读人，沉睡的感受唤醒了，走失的观念找回了，朦胧的情思清晰了……其余一切，不过是别人的死的“知识”。于是，读人实际是在读己——“尼采研究无非为我的追求提供了一种方便的学术表达而已”。（同上）接触尼采的作品后，“的确感到一种发现的喜悦，因为我对人生的思考、对诗的爱好以及对学院哲学的怀疑都在其中找到了呼应”。他还说：“有两样东西，我写时是绝没有考虑发表的，这就是诗和随感。前者是我的情感而已，后者是我的思想日记。如果我去流浪，只许带走最少的东西，我就带这两样。因为他们是我最真实的东西，有它们，我的生命线索就不致中断。”诗和随感录，无疑是读己的最好方式。

从传播学角度讲，“读己”属于“人内传播”，也称内向传播、内在传播和自我传播，指的是个人接受外部信息并在人体内部进行信息处理的活动。“人内传播”之所以能够成立，在于自我可以分解为“主我”和“客我”，所谓“主我”（I）是个人主动意愿和积极行为的主体，所谓“客我”

(Me) 是社会行为和社会期待的客体，是自我实现的社会关系的体现。“主我”和“客我”之间也存在着互动、沟通、协商、产生矛盾从而解决等一系列传播过程，这种互动，就是“人内传播”。

如果说每个人都是一本书的话，那么，请阅读自己这本书。平时，我们花费了太多太多的时间去读别人，去读名人、伟人、圣人的书，太热衷于嚼别人嚼过的馍，觅书讯，看书评，逛书市，细斟酌，精盘算，唯恐漏掉了哪本流行的新书，有时还不免触阮囊而羞涩，顾书海而茫然……以至于忘了自己也是本书，一本很不错的书。一花一世界，一人一书屋，每个人天性中都潜藏着“书”的创造性原质。读者，读者，莫让一个“读”字形成一种只能永远面对他人的思维惯性；读书，读书，莫让一个“书”字束缚了自己，永远甘愿当配角，要理直气壮地把自己的生活体验当正文来读，而让传统的主角委屈一下，给自己的心灵当当注解，做做配角。王静安先生有词云：“欲上高峰窥皓月，偶开天眼觑红尘，可怜身是眼中人!”跳出读人的思维定式，才能反观自身，读出自己这本书的深刻内涵。为人处世，求人，不如求己；学海求知，读人，更要读己。一个人纵使读书破万卷，学问甲天下，如果一生都不曾掀开过自己心灵这本绝妙好书，仔细读读那些别人绝对难以重复的文字，岂非终生憾事！还是爱默生说得漂亮：“当一个人能够直接阅读上帝的时候，那时间太宝贵了，不能够浪费在别人阅读后的手抄本上。”这上帝，不就是我们自己吗?

读己有感，放言乱弹，略无诠次，聊存备忘。自警兼共勉。

(原刊于《书屋》2001 年第 9 期)

爱丁堡寻房记

——“六度分隔”理论的一次亲身验证

“六度分隔”理论，又称“陌生六人传播假设”或“小世界现象”(Small World Phenomenon)，由美国哈佛大学教授、著名社会心理学家斯坦利·米尔格兰姆首次提出。1967年，他曾在《当代心理学》杂志上探讨了“世界真小”的问题，首次提出了“六度分隔”的假设。为了验证自己的观点，米尔格兰姆曾经在美国堪萨斯州和内布拉斯加州随意挑选了约400人，让他们通过熟人等将一个护照般大小的包裹传递给马塞诸塞州波士顿的一位陌生人，事前只告诉了那位陌生人的姓名、职业和大概住地。经过实验发现，包裹平均转手6次就能够到达收件人手中。

在其后长达30多年的时间里，米尔格兰姆的理论只是被视为一种假说，虽然屡屡应验，却一直得不到权威验证。它到底是否正确，很多研究机构都表现出了一试究竟的兴趣，美国两所大学的社会学家们也分别对此进行了研究，他们都不约而同地使用了网络时代的新型通信手段——E-mail，来对“小世界现象”进行验证。美国哥伦比亚大学的“小世界研究计划”致力于揭示，E-mail是如何让整个世界变成一个小村庄的。研究人员在全球范围内征集志愿者，他们的任务就是发送数千封E-mail，并让这些邮件最终到达指定接收者手中。前提是每封邮件你只能发给你不认识的人，每次只能发一封。当年米尔格兰姆做实验的时候，挑选了300个实验对象，目标人选只有16个。但是哥伦比亚大学的研究者们把这次的实验对象扩大到了几万人，目标人选也增加到了20个。到目前为止，已有一些美国和澳大利亚的参与者通过他们的关系网把电子邮件成功地传到了远在西伯利亚的目标收件人，这一结果让研究人员兴奋不已。另外，俄亥俄州的研究人员正在试图绘制出一张互联网的社会地图，领导这项研究计划的社会学家詹姆士·穆迪说：“米尔格兰姆的理论很有创意，但它仅仅是第一步，我们希望能证实并完善他的理论。”如果成功的话，这张地图将会告诉我们把人们联系起来的方式究竟有多少种，信息究竟是如何在社会上传播的，还有整个社会网络究竟有多大，世界上的个体是如何通过自己的关系纽带互相交织，继而形成一张庞大繁复的人际关系网的。

这一假设在美国大众文化中也有反映，曾在网络上风行的“凯文贝肯游戏”（Kevin Bacon Game）就是根据这一理论发展出来的。在这个游戏中，你只要填入地球上任何一个人的名字，系统就会立刻显示出这个人和好莱坞大明星凯文·贝肯有什么关系，中间最多只隔着6个人。知名影星约翰·古尔主演的电影《六度空间》也是根据这一理论改编的，影片中有一段话让人颇受震动：你想找到世界上任何一个人的中间环节不会超过6个人。举例来说，你可能不认识网球明星莫尼卡，但你认识A，A认识B，B认识C，C认识D，D认识E，E认识F，而F认识莫尼卡，所以你也“间接”认识莫尼卡。

2002年1月，为了再度验证“六度分隔”理论，纽约州康奈尔大学的社会学家邓肯·瓦兹和哥伦比亚大学社会学系合作，开展了一个“小世界现象研究计划”，准备重复米尔格兰姆当年的实验。不同的是，这次实验借助的是现代高科技因特网，而且实验规模也扩展到了全球范围。据2002年8月8日《新科学家》、《泰晤士报》、路透社等多家媒体报道，20个月以来，有来自全球166个不同国家、超过6万人参加这个大规模实验。所有参与者的任务是发送成千上万封E-mail，并让这些E-mail最终能够送达指定的18名“目标接收者”。但有一个前提，那就是每封邮件只能发给你认识的人，而且每次只能发一封。而这18名“目标接收者”全都是随机选出来的，他们的职业、性别、地理位置各不相同，其中包括一名美国教授、一名澳洲警察，甚至还有一名挪威兽医。研究人员发现，在绝大多数情况下，人们只需通过5~7封E-mail就可以联系到“目标接收者”，显然“六度分隔”理论所言不虚。《新科学家》最后指出，研究“小世界现象”的意义绝不只是传传电子邮件那么简单，其意义深远。比如，它可以帮助科学家们理解一些扩散速度极为迅速的传染病究竟是如何在人群中传播的。

2004年秋季，笔者应英国爱丁堡大学苏格兰汉学研究中心杜博妮教授之邀，前去做短期访问。由于此次机缘，竟然对“陌生六人传播假设”有了一次亲身实践的机会。在此之前，对自己来说，“陌生六人传播假设”只是一种理论和书面知识，但由于爱丁堡之行，自己却无意中变成了米尔格兰姆“小世界计划”的亲身实践者。由于某种原因，爱丁堡校方人员一律不提供住房以及相关信息，需要来访者自己找房。如住校内宾馆，一周内尚可支撑，而一个月以上则阮囊羞涩矣——需要租房。但问题是，访问者远隔万里，不在现场，不能前去看房，在爱丁堡也没有其他任何朋友和熟人，如何在爱丁堡大学校内及附近找到满意住房，就成为此次访问原先未想到的一道难题，不过也为验证“陌生六人传播假设”提供了一次绝好的机会——挑战和机遇、得与失就这样相依相伴。按照米尔格兰姆的理论，我和房东素不相识，符合“任何两个陌生人”的基本实验条件，我们之间大约隔着 6 个人。而此次寻房实验的结果证明，其理论具有极强的现实操作意义。

2004 年 11 月，在爱丁堡大学苏格兰汉学中心英文讲演结束后与杜博妮教授及部分师生合影，前排右一为杜博妮教授。

欲在爱丁堡找房，首先找谁呢？思来想去，找到中国驻爱丁堡总领事馆的网站，找到相关人员的 E-mail，向总领事馆发出求助信息。很快收到相关工作人员的回信，告知：此类事情可以找爱丁堡大学中国学生学者联合会帮忙，并提供了相关网址和 E-mail。于是，爱丁堡学联的某一成员就成为“陌生六人”中的第二人。登录爱丁堡学联网站后，发现有新当选的爱丁堡学联全体人员的信息，于是就给爱丁堡学联主席王方先生发了一封 E-mail，说明情况，请求帮助。第二天清晨大约 6：00，就收到了王先生的越洋电话，他询问了情况后，建议我向学联网络管理员提出登录发布信息的申请，并给了我一个联系 E-mail。这样，学联网络管理员自然成为第三人。当日下午，就收到允许登录的账号和密码，于是就顺利地在爱丁堡学联的英华园网站上注册、登录，并发布求租信息。如果在这里把“人”理解为“中介”、“媒介”，而未必就是生理意义上的人的话，窃以为为我发布信息的英华园就是“陌生六人”中的第四个环节，因为此前所有的努力都是为了这一环节，有了这一环节，就如同生活在爱丁堡一样，像一个身在天津的外地人在天津找房一样容易了。信息发布后，得知短期住房很难租到，因为房东一般愿意出租半年以上，最好一年，所以没有回应，就在出访日期临近之日，在英华园上浏览，发现了一条回复信息，署名为Julia：

> 我家隔壁有一间空房，我们是一个 flat，三间房，现在空一间，由于房东不着急出租，所以那个房间有的时候空着，有的时候住人，挺适合你的情况的。地点在 Ferry Road，门前有 37、21、27、29、129 路车。你现在找到房子了吗？要是没有，可以考虑的啊。

于是，热心帮忙的 Julia 就成为此链条的第五人。经过联络，Julia 并非房东，房东是香港人，只会说英语和粤语，这房东自然就是六人传播链条的最后一环，而我和房东之间的联络纽带就是 Julia。长话短说，正是通过这样的途径，笔者在出行前的万里之遥找到了住房，其间的一系列元素十分符合米尔格兰姆的“陌生六人传播假设”：①素不相识；②距离遥远；③用 E-mail 传递信息，每次只能发一封；④最多只隔六个人。这样，爱丁堡领事馆人员—爱丁堡学联王方先生—学联网站管理员—英华园—Julia—香港房东，这六个人或环节就构成了一个完整的“陌生六人传播假设”的链条，也对这一理论进行了实践和验证。如果按照“六个‘人’”的标准，我的实验还少了一个，只隔着五个人。

为感谢素昧平生、热心相助的 Julia，我想给她带些东西，她的回答是这样的：

> 请千万不要客气。人在外面，举手之劳的事情，能帮都要帮的。还有就是最最重要的一件事情！我的一个朋友，他的老爸爸是天津人。他听说我帮你们找房子的事情，要你们看在我的面子上给他带两包炸糕馅，他的原话是：耳朵眼儿的炸糕就不用带了，太油带不过来。但要是方便的话，请带两包炸糕馅，要豆沙的，要南市食品街分部的，要真空包装的。实在不好意思，人在国外，

就是思念国内的吃的东西。我也一样。所以我理解他，要是你们也理解，请帮帮忙满足他这个小小的要求。

（原刊于《今晚报》副刊，2004年11月10日）

从教堂山到间谍路

——爱丁堡聆教记

与陌生人的沟通、交流、传播，是域外访学、旅游生活的有机组成部分。2004 年秋季，笔者在爱丁堡大学访问，就深深感受到了这一点。

都说苏格兰宗教氛围浓厚，教堂历史悠久，素有“中世纪活化石”之称。初访苏格兰首府爱丁堡，所住之区的地名就对此进行了诠释和验证——Church Hill 。教堂山，挺有诗意，顾名思义，乃教堂集中之高地也。闲暇无事，熟悉一下周围环境，果然名不虚传，出门向右，去西夫韦超市（Safeway Super market）5 分钟，够近的了，平时的物质食粮全来源于这里；可没想到，提供精神食粮的教堂更近，出门向左，才 1 分钟，就在楼下。而在西夫韦超市的斜对面，又有一个小小的教堂，它的正面只有一座机械钟，没有常见的针式造型的尖顶，也没有任何文字标识，显得平实而不张扬，但确确实实是一个教堂，每到周日上午钟的指针指向 10：00 的时候，来做礼拜的人们三三两两，络绎不绝，表情虔诚而庄重。由此再向东走几步，就来到了教堂山剧院（Church Hill Theater），这里原来是专门上演宗教戏剧和其他节目的地方，现在成为当地的文化活动中心，主要是青少年的活动场所，类似天津的华夏未来。每临周末，孩子们欢快的笑声、喧闹声就充盈了剧院周围的空间，像是举行小天使们降临人间的仪式。深灰凝重的色调与雏凤般金黄色的童声相交织，强烈反差中透出一种生命的和谐。教堂、儿童活动中心，关注的都是生命的生长和归宿。

从这里沿着黎明之边大道（Morningside Road）前行，沿街就可以看到各式各样的教堂，有的正在维修，其原则是整旧如旧，绝对拒绝现代特色，哪怕只有一点点。据说这已经成为爱丁堡市整修城市建筑的基本原则，所以整个城市一律是深灰色调，加上当地阴晴不定、阴多晴少的气候，凝重、深邃中往往给人一种压抑之感。教堂山不过是爱丁堡教堂群体的袖珍抽象本，一旦进入爱丁堡老城区，教堂的密度明显加大，毫不夸张地说，几乎在任何地方，从各种角度，都可以看到教堂形态各异的尖顶，以不同姿态

教堂，毗邻爱丁堡大学

映衬着古老的城区。市内的主要有圣玛格丽特大教堂，这是爱丁堡最古老的建筑，也是全苏格兰最古老的教堂，有尖塔呈王冠形状的圣吉尔斯教堂，还有埋葬了许多名人的格雷弗利尔斯教堂。日前，这座建于1562年的教堂墓园里安装了高科技的液晶信息显示屏，参观者可以了解到墓园中安息的历史人物的背景材料，这座占地6英亩的墓园中最有名的墓主应该是“忠实的狗巴比”，这条狗在主人死后忠实地守墓多年，因此闻名遐迩。2004年，英国王储查尔斯曾派手下的高级官员与苏格兰长老会的宗教领袖进行接触，寻求查尔斯和卡米拉在爱丁堡苏格兰教堂举行婚礼的可能性。长期以来，两人的结婚地点一直是个难题。1981年，戴安娜同查尔斯王子的婚礼在伦敦具有华丽巴洛克风格的圣保罗大教堂举行；英格兰教会禁止离婚者在其原配偶还活着的时候再婚，而卡米拉的前夫仍健在。英国有两个所谓“官方”的教堂，即属于英国圣公教会的英格兰教堂及属于长老教派的苏格兰教堂。前者保守，而后者宽容。

教堂是灵魂的寄托场所，必须宏伟庄严，这主要体现在建筑风格上。材料一律是石头，石材完全取于附近的山上，厚重而结实，借年、月、日之手把这些石头从原来的青灰色打磨成深灰色，又锤炼出一种接近墨黑的色调，苔藓留痕，古意斑驳，物质的长久示意着精神的永恒。教堂顶部一

爱丁堡市内建筑宗教意味浓厚

般为尖型，高耸入云，显示出超越凡俗的气概和对来世天国的无限向往。放眼爱丁堡的教堂，虽然规制、风格、大小不同，但这种凝重中所透露出的庄严、神圣的气质则大同小异。有人说，要看什么是英国的中世纪，什么是传统宗教文化，请到爱丁堡来。来到这里，确感此言不虚，这个城市确实是前工业社会的博物馆，中世纪建筑的活化石。

身住教堂山，并非只有虚幻的、移步换形的视觉宗教感受，还有一些实际的行为。刚住下的第二天傍晚，忽听门铃作响，透过窥视孔一看，是三位苏格兰青年，并不认识，还以为像在中国一样，遭遇了传销骚扰。经过仔细盘问，才弄清楚，原来他们是附近教堂的神父，特来深入社区，宣传基督教义，指点迷途的羔羊，壮大将来去天国的队伍。因初来乍到，防人之心不可无，不敢造次，所以无论对方如何劝说，就是没让这三位基督的使者入门。最后，三位青年神父无奈，只好放弃，留下了一些花花绿绿的宣传资料。细读资料，原来这三位属于教堂山附近的圣基督耶稣教堂(The Church of Jesus Christ)，地址在间谍路（Spy Road）49 号。其中一份浅黄色的资料吸引了我，题为《家庭是生命的神圣中心》，大致内容为：

我们原本是环绕在上帝周围的无形生命，上帝按照他的形象

> 赋予我们物质形状，塑造了男人和女人，亚当和夏娃，并让他们结为夫妇。所以，婚姻是严肃的，是上帝的意旨和生命的延伸，丈夫和妻子承担着这种神圣的使命。照顾好孩子，抚养他们，满足他们物质和精神的需求，使之健康、愉快，是父母的神圣天职；维系好一个家庭，互相承担家务，互相尊重，保持和谐气氛，保证家庭幸福，是丈夫和妻子的天职。成功和幸福的家庭应建立在如下原则之上：信任、虔诚、忏悔、宽容、尊重、爱、怜悯、同情、勤奋工作。按照上帝神圣的设计，父亲应使其家庭处于爱和正义氛围之中，为家庭提供生活必需品，承担保护家庭的义务；母亲主要承担培育孩子的责任，做好家务。为承担这些神圣的职责，父亲和母亲应互相帮助，相互平等……

其实，如剔除其中宗教说教的内容，其核心功能就是要维系社会的细胞——家庭的稳定与和谐，与我们对和睦夫妻、幸福家庭、和谐社会的理解差不多，只不过多了一层说教的外壳，如果剥去这层外壳，其说教还是很有社会凝聚功能和价值的。去爱丁堡前，正在讲授“跨文化沟通”的课程，如能与当地教堂近距离接触，无疑能够对教科书的内容有更加直观的感性认识。恰如一位伟人所说：“理解到了的东西未必能真正地感觉它，只有感觉到了的东西才能更加深刻地理解它。”受伟人语录的鼓舞和好奇心驱使，按照纸页下面所留的号码拨通了电话，表示我想在本周日前往探访的意思，接电话的神父说，周日是主接待芸芸众生的日子，要做礼拜，问我周六上午9：30行不行，我说可以。我又详细地问了路线，圣基督耶稣教堂确实是在间谍路49号，离教堂山不远，只需下山跨过黎明之边大道，然后拐几个弯儿即可，步行约30分钟。我问他，那条路为什么叫间谍路，他说年代久远，渺不可考，只有上帝知道了。

2004年11月1日，周六上午9：00，按照约定，下得教堂山，上了间谍路，前往49号圣基督耶稣教堂探访。一路上但见花木扶疏，景色清幽，落叶遍地，静寂无人，不由想起王维的诗句：“木末芙蓉花，山中发红萼。涧户寂无人，纷纷开且落。”（《辛夷坞》）此时正值深秋，萧瑟兮草木摇落而变衰，深红、浅黄、淡褐颜色参差不一的树叶纷纷下落，虽不在山中，虽没有芙蓉花，但春秋代序，阴阳惨舒，岁有其物，物有其容，物色之动，心亦摇焉，其景，其情，其境则一。一路好风景使人不断感慨“天人合一”在此落实得如此完美，景色宜人使人忘记了时间，很快就到了圣基督

笔者临时住所附近的一座教堂

耶稣教堂。主教、神父及其他神职人员如约在教堂大厅等候，略作寒暄，合影留念之后，三位年轻的苏格兰神父——艾伦（Allen）、雷特曼（Rittman）、朱曼德（Drummond）——引我到一隐秘小室会谈。他们把自己的目的说得很明白，就是希望我能理解基督教义，参加宗教活动，并能影响其他人去促使家庭和睦，维持社会稳定。他们坚信通过坚持不懈的努力，一个一个地去感化，最后能够普及基督教义。由于已经读了宣传品，对他们的宗旨有所了解，所以就先把《家庭是生命的神圣中心》的内容大致复述了一遍，由于有可以共享的意义空间，因此下面的谈话十分投机，气氛热烈，地理、心理、文化上的陌生感被驱除了许多。朱曼德是其中的年长者，说得最多，主要是旧约、新约全书里面的故事，从创世纪讲起，然后是亚当夏娃，接着是失乐园、巴比伦塔、大洪水、诺亚方舟、出埃及，最后直到我们每个人的命定归宿——回到主的面前。然后朱曼德神父问道："现在你应该相信上帝的存在了吧？他创造了所有的生命！我随时能感受到他的存在，他正在天堂里望着我们……你相信吗？"我回答："可能有点让你失望，暂时做不到，起码现在我还感受不到呀。"我又问："一个人从没有宗教意识到能看到上帝的存在需要多少时间？"他说："你知道一个孩子来到世界需要多少时间吗？”“一个小时左右吧。”“对了，也就是那么长。只要你心里真有他——我们共同的、仁慈的父亲。”这时，艾伦、雷特曼也都饱含深情地望着朱曼德……看来我今天注定是要让几位失望了，于是赶紧岔开话头：“今天向几位神父学到了许多知识，对我将来的生活和学习都很有帮助，今天是周末，谢谢你们！”这时，朱曼德神父说：“让我们向上帝祈祷吧！（Let' s pray）”“怎样祈祷？祈祷什么？”朱曼德说：“像我这样。”说完他低垂着头，一脸的虔诚，说：“今天，中国的一位先生和他的妻子，不远万里，来到我们教堂，我们向他宣传了主的旨意和基督教的基本知识，进行了友好的会谈，交换了许多意见，会谈气氛和谐，彼此有了一定的了解。我知道，您，我们慈爱的父亲正在天堂里看着我们，我们以基督的名义，为您而祈祷。阿门！”

谈话大约进行了两个半小时，艾伦、雷特曼，还有朱曼德那浓重的苏格兰口音时常在我耳边萦绕。他们都是大学生，同时也是虔诚的基督徒，志愿在周末为教堂服务，宣传耶稣教义，劝人行善。从教堂山，到间谍路49号，我充分领略了苏格兰的宗教氛围，也对爱丁堡是“中世纪活化石”的说法有了更深层次的理解。

换客:在“苹果”和“思想”之间

英国文豪萧伯纳说过:“两个人在一起交换苹果与两个人在一起交换思想完全不一样。两个人交换了苹果,每个人手上还是只有一个苹果;但是两个人交换了思想,每个人就同时有了两个人的思想。”在此,“苹果”属于物质性商品,在物物交换中,由于双方都是“理性经济人”,追求个人利益的最大化,遵循平等互利原则,所以交换完毕后,每人手中的“苹果”并没有增值;而“思想”则属于信息类产品,信息最大的特点就是其非私有性、可分享性及可多次消费性,一种思想一旦产生,就如同一个语言单词一样,不会属于任何私人,并且可以多人分享,无数次地被人们的精神所“消费”,而信息或思想本身却不会因为这种“分享”与“消费”而损耗、衰减。萧翁的话,道出了物质产品和信息产品的本质区别。

但是,由于目前全球已经进入了网络传播时代,“交换”也就有了新的意义,萧翁的上述关于“苹果”和“思想”的“交换定义”似乎受到了挑战。网络,是引领、推动现代新生事物发展的巨大引擎。网络的另外一种表述是“全世界计算机联合起来”。无须细想,近几年出现的新生事物都与这种无所不至的“联合”触角有关。时下,各种新名词的涌现很有“忽如一夜春风来”的气势,什么“赛伯朋客”、“播客”、“博客”、“威客”、“闪客”、“维客”……令人眼花缭乱,目不暇接;而就在人们还对它们感受朦胧、似懂非懂之际,一种新的“客”又大有崛起之势,这就是以“以物易物”为基本行为特征的“换客”。根据“易物网”(www. comhuan. com)的定义,“换客是指在互联网上以交换物品和服务、并享受交换乐趣的人,他们遵循‘需求决定价值’的理念”。正是“换客”的交换理念,使“交换苹果”式的物物交换不再简单。

“换客”源于“换想”。

凯尔·麦克唐纳是一位26岁的加拿大青年,他在蒙特利尔同女友租房而居,月租金300美元。凯尔的最大梦想是拥有自己的房子,可是他没有固定职业,自己没有能力买下一栋房子。2005年7月初,凯尔突发奇想,希望通过互联网来达到这个看似不可能的任务。他先在一个网站的“物物交换区”刊登广告，要以一个红色曲别针换取一个较大或更好的物品。并声明：无论对方距离多远，他一定亲自登门拜访。7 月 14 日，温哥华的两位妇女给他电话，说愿意以一支鱼形笔换这个曲别针。而当他更新了网页后不到 10 分钟，西雅图的安妮女士就在网上联络他，用一个画着笑脸的陶瓷门把换走了他的鱼形笔……12 月 1 日，凯尔的好运来了，经过一系列复杂的交换过程，2006 年 4 月凯尔和他的女友已经拥有了一套漂亮的双层公寓一年的使用权；尽管只有 12 个月，但毕竟是“自己的房子”，这距离他的“换想”只有一步之遥了——CNN、CBC 还有很多报纸都报道了他。目前，已有人要求要用好莱坞夏日旅游套装向他换取免费租用合约。麦克唐纳说，好莱坞的制作公司已与他接洽，要将他的故事改编成电影。

目前，“别针换别墅”也有了中国式翻版：网名“艾晴晴”的杭州超女选手王晓光在网上宣称要以物换物，花 100 天用曲别针换别墅。几天前，她在一个小超市里跟店主要了一枚曲别针，在街头花三小时用曲别针就换得了手机——先用别针换来一个男孩子的一张照片，又用这张照片跟一个男生换来了一块小玉佛，然后又用这块小玉佛跟一个即将离开中国的外国姑娘换了一台手机。但接下来的 6 天中她一无所获，到第 7 天她又用手机换到一条珍珠项链，接着又换得一部 630 万像素的数码相机……

“别针换别墅”，这一现代神话极大地刺激了现代人的想象力。正当人们猎奇仿效之际，上海商人朱人杰却看到了这一新闻背后的潜在商机。借着“红别针”的影响力，他仅用了两个星期就建起了自己的易物网站。易物网刚一现身网络，立即引爆了换客们的“败家”热潮，小到铅笔、杂志，大至汽车、房产，换客们用这种原始而全新的交易模式体验着以物易物的快乐。据该网站统计，三个月内，换客人数已经逾 4 万之众，交换物品达 7 万多件。目前这股“换风”越刮越猛，同样本着换物的理念，2006 年 5 月，上海网友晓蕾在一间咖啡厅组织了“白领囤货消耗大会”。“以物易物、以务易务、以物易务、以务易物……欢迎大家来交个朋友、换些掌声、找点开心——什么都换，就是不换钱”，这是台湾小伙阿文为 6 月 17 日召开易物集会写的通知。8 月，广州某潮流杂志正在策划一场以换物为主题的摆摊大派对……

“价值多次实现”、“需求决定价值”、“交换萌生乐趣”是“换客”群体的三项基本原则。“他们其实不是在做一个经济范畴的事，他们是感性的经济人，他们在交换中寻求乐趣。”“易物网”CEO 朱人杰如此解释经典理论的失效。正是“换客”的这种交换理念，使得“交换苹果”中也包含了

“思想”式的精神乐趣。

首先，“换客”行为是一种娱乐消遣方式。何以解忧，不妨易物。一位署名“小妖精”的换客只有24岁，她周末调节压力的方式是去逛街，而在工作时间，就到“易物网”逛逛，这里冲淡了她工作中的烦恼。她爱买碟片，但碟片再好，也没心情看两遍；她爱买化妆品，洗面奶十多种，可是脸只有一张，留着吧，快过期了；换钱吧，既丢人又麻烦；交换就成了“不那么俗气”的解决办法。所以，“换客”遵循不等价原则，这与市场正好相反。在2006年8月13日的一笔交易中，北京的“久久”（网名）用自己心爱的LOMO相机换了一件小T恤，明明吃亏了，她反而在评价中说“谢谢娜小美”。原来，“久久”以前很喜欢玩LOMO摄影，现在太忙了，就想把相机传给一个同样喜欢LOMO的人。虽然娜小美只用一件小熊T恤来换，但看她真心喜欢相机的样子，“久久”觉得自己赚了。

其次，“换客”可以逃避无所不在、赤裸裸、冷冰冰的“市场”面孔。“讨厌别人讨价还价，讨厌铜臭味的交易”，这正是Shelly关闭“淘宝网”小店来“易物网”的理由。这里没有买主卖主之分，没有金钱交易，没有双方地位的不平等，交易因此轻松很多，更像朋友之间的行为。“换客”是这样一群：他们以年轻女性为主，一般不超过30岁，多为白领，爱逛街，爱名牌，爱上网，习惯于用MSN、QQ交流，还可能是仅耳环就有几十对的购物狂，或者专门收集某种玩偶的占有狂。“等价”并不是“换客”们的核心词，王麒皓说他交换的唯一原则就是“开心就好”。心情好的时候他可以完全不计得失，他曾用自己的蓝牙耳机换了5根棒棒糖，也曾经用一盆芦荟换得了556M的储存卡。

另外，从社会心理学来讲，“换客”行为主要出于一种亲和动机，即渴望与人交流、交往的动机。现代社会，工作压力加大，大众传播媒介发达，造成人与人之间的直接交流减少，而“换客”们以“物”为媒，实现了与人交流的目的。“换客”小潘在“易物网”上与小王发生交易，后来两人发现家住得比较近，就经常换东西，换杂志、换打折券等，交换近一百次。最近，小潘将朋友送给自己的王力宏、张韶涵上海演唱会的两张票都换给了小王，换来的只是两颗机器猫扭蛋。小王乐得大呼超值，小潘却说，反正自己也不喜欢这两个歌手，不如换了，而且是那么好的朋友，也不在乎价值的悬殊了。“换来换去，其实还是换到了一堆无用的东西，最大的亮点倒是交到了朋友”，小潘说。但是，谁能说友谊不是她的需求之一呢？还有一位“换客”，开始以一个老算盘换回一部七成新的手机，后来双方成为朋友，一次他买房时手头紧，对方一下子借给他十万元以解燃眉之急，而且是无息贷款，“换客”还真是“换出一片真情”。

当然，“换客”以物为媒，获得一种类似于媒体的精神交流。据悉，目前最有创意的换客行为是“交换记忆”，这一创意一经披露，立即引起了换客们的共鸣，变形金刚、机器猫、恐龙模型等隐世多年的“老古董”顿时成为抢手货。重庆“换客”“金色童年”在网上抛出了“交换回忆”，据称，有很多“换客”立马和他取得了联系，表示愿意与其交换。在交换中，变形金刚、机器猫、恐龙模型等“老古董”让他们唤起了对金色童年的追忆。目前，他已经与近十名“换客”交换了儿时玩物。“金色童年”说：“其实换到现在，让我最开心的不是用什么便宜货换到高档货，而是换到了很多谈得来的好朋友。”同样，他的玩具、手机、照相机、门票、糖果、心情、欢笑……每一样东西交换的背后，都有一个故事。

以物易物，是人类最古老的交换行为。一般来说，两个人在一起“交换苹果”与两个人在一起“交换思想”是完全不同的。但由于萧翁说这句名言的时候，网络还没有诞生，而网络的神奇已经使得我们的社会发生了根本性的变化。许多观点、理念需要修改、调整，当然也包括这句话本身，因为“交换苹果”有时也能产生“交换思想”式的乐趣。当然，这种“思想”是广义的。

（原刊于《书屋》，2007 年第 1 期）

“抱客”现象与陌生人社会

一、“抱客”小史

“抱客”这一新词，是笔者对 Free Hugs 这一英语单词的意译。推敲这篇文章的同时，笔者用 Google、百度搜索了一下，尚无人用“抱客”对译“Free Hugs”。之所以把“Free Hugs”译成“抱客”，是因为这种现象也是一种通过网络进行组织、传播的人际交往活动，和传统的“网络诸客”有一定的共同特点和亲缘关系。Free Hugs 的英语表面直译是“自由拥抱”、“真情拥抱”或“免费拥抱”，意译内涵是“拥抱陌生人”，目前在中国的译名是“抱抱团”。“抱抱团”这一译名的优点是很有亲和力，体现了“Free Hugs”的原始宗旨；不足在于似乎溢出了“网络诸客”的命名体系。现在将“Free Hugs”命名为“抱客”，就是想使这位游离于“网络诸客”命名群体的“孤独者”归队。此外，无论是“自由拥抱”、“真情拥抱”、“免费拥抱”或“拥抱陌生人”、“抱抱团”等译名，都只体现了动词“拥抱”之意，而没有体现“拥抱”的行为者，而“抱客”一词，既能体现动作——“抱”，又能体现行为者——“客”。

2001 年，美国人贾森·亨特发起了针对陌生人的“自由拥抱”活动。其灵感创意来自贾森·亨特去世的母亲。2001 年，亨特在母亲的葬礼上，听到许多关于母亲的事迹，曾得到亨特母亲帮助和关心的人回忆从她那里得到的温暖。一方面受到母亲故事的感召，另一方面感觉自己需要借助他人提供的温暖来克服丧母的悲痛，亨特做了个写着“真情拥抱”的纸牌走上家乡的大街。第一个与他“真情拥抱”的人是一个路过的姑娘，她停了下来，看了看纸板，毫不犹豫地向亨特张开了双臂。接着，2001 年 5 月 19 日，贾森·亨特借助互联网发表了《抱客宣言》。从这一天起，“Free Hugs”这个关于爱和分享的运动开始在全美国蔓延。

2006 年，一位名叫胡安·曼恩的澳洲男子在悉尼闹市街头手举“自由拥抱”的牌子，并且将这项运动推向了全球化的网络世界，这个网站的网址是：http：//www. free-hugs. com。胡安·曼恩是一名咖啡馆店员，曾经历婚变，并目睹了父母离婚，其祖母也身患重病。他认为唯一能治疗自己压抑心情的办法就是每周的一个下午去皮特街购物中心把拥抱免费送给陌生人。后来，同为澳大利亚人的斯蒙·摩尔以胡安·曼恩的故事为素材，制作了一条名为《一视同仁》（*All the Same*）的短片，并把它发表在全球最大视频共享网站 YouTube 上，用 Sick Puppies 乐队的单曲《一视同仁》为影片配乐。一个月内，它在全世界的观众已多达 380 万人，这不仅使胡安·曼恩成为 YouTube 网站上最耀眼的后起之秀，同时为斯蒙·摩尔实现了为乐队赢得名声的梦想。当然，“抱客”的名字也因此传遍了五洲四海。

“抱客”的故事看似偶然，实际上代表了近几年来欧美等西方发达国家的一种普遍的社会心理。就在“抱客”出现之前的 1995 年左右，美国学者梅琳达·戴维斯开始“欲望计划”的研究工作，这一研究集结了学者、官员、工程师、科技怪杰、企业总裁、编舞、艺术家、得奖编剧、行销大师、有创意的教育工作者，一起研究 21 世纪的困惑：现代人到底要什么？“食物、权力、性爱是过去人类的原始欲望”，戴维斯在她的新书《新欲望文化》中指出，“现在，追求内心圆满境界的原始欲望将主导一切”。戴维斯指出，现代人共有五种基本欲望：①渴望逃离此地此刻；②渴望立刻有好心情；③渴望人群的拥抱；④渴望成为另一个人；⑤渴望心灵的导师。

对于第三点“渴望人群的拥抱”，梅琳达·戴维斯是这样解释的，在人的诸多感官中，唯有触觉更接近生命本质，触觉的接触会给人一种亲密无间以及被他人认同的高级心理愉悦。在这个不确定性不断增加的世界中，我们希望在人群之中，希望置身于亲人和朋友之中。用更坚强、更丰富的人际网络，让自己感受到归属的安全，拥抱的温暖。“9·11”之后，美国社会有一种现象值得注意：书籍的销售量下降，但是看电影的人却大幅上升，连“性”这个词都首次滑落因特网的 10 大关键搜寻词之列。这是为什么？戴维斯与研究小组认为，这是因为大家渴望直接的人际接触，看电影则是很好的相聚、分享体验的机会；而阅读则是独自的活动。企业也开始利用这个欲望，创造了“白金客户”、“优先客户”的团体，用“跟你一样特别的人”吸引消费者加入新群落。不过，戴维斯研究小组也发现，最有吸引力的团体，其实不是跟我们一样的一群人，而是“与自己完全不一样”的特殊团体，即陌生群体和陌生人。能从亲人、朋友身上找到归属感、认同感固然很好，但是，如果能被与自己完全不同的陌生群体接纳、拥抱，一尝踏入别人核心的感觉，那才是至高的吸引力。戴维斯相信这才是未来的新趋势。

2001年左右，当梅琳达·戴维斯的研究报告付梓之日，正是贾森·亨特的《抱客宣言》问世之时——看似偶然的巧合背后有着某种必然的社会心理基础。

2006年夏季，“抱客”传入中国。拥抱陌生人，对于感情表达方式比较含蓄的国人而言，算得上是一件新鲜事物。它发轫于长沙，后来迅速传至北京、天津、南京、广州、西安、武汉、昆明、海口、天门、烟台等城市，掀起了一场有中国特色的“抱客”运动。

二、“抱客”现象与陌生人社会

“风乍起，吹皱一池春水。”“抱客”作为一种主要在青年人中传播的社会现象，传入中国后引起了一定的社会反响，首先是各主要城市出现了“抱客”现象，另外各大媒体也做了相关报道。从社会学的意义来说，“抱客”现象给中国社会带来了一种十分新鲜的刺激，这就是如何对待陌生人的问题。

“抱客”行为的主旨在于“拥抱陌生人”，在此，关键词是“陌生”。“拥抱陌生人”，这一社会行为之所以首先出现在美国和西方，有其特定的心理背景和社会原因。除了上文所说的原因之外，从某种意义上讲，西方现代社会本质上是一种“陌生人社会”，即社会流动性增大，绝大多数的社会交往行为发生在彼此互不相识、素昧平生的陌生人之间。首先提出“陌生人社会”这一概念的是美国著名法学家劳伦斯·弗里德曼，他在《美国法简史》中详尽地论述了现代社会的“陌生”本质，他说：

> 在当代世界，我们的健康、生活以及财富受到我们从未而且也永远不会谋面的人的支配。我们打开包装和罐子吃下陌生人在遥远的地方制造和加工的食品；我们不知道这些加工者的名字或者他们的任何情况。我们搬进陌生人——我们希望是精巧地——建造的房子。我们生活中的很多时间是被“锁”在危险的、飞快运转的机器如小汽车、公交车、火车、电梯、飞机里度过的。制造工序中的一个错误步骤，飞行员或驾驶员一个简单的“人为错误”，都会将我们的生活置于危险之中。事实上，我们作为个人，对于生活的很多——使用机器和机器制造的物品的——方面都是无能为力的。我们被机器束缚着，因此我们的生活也掌握在那些制造和运转机器的陌生人手中。

因此，如何处理与把握和那些素不相识却利害攸关的“陌生人”的关系，建立一种“陌生人伦理”和游戏规则，成为西方现代社会中的主要议题。

中国社会正在转型，从经济角度讲，是从计划经济转向市场经济；从政治角度看，是从集权政治转向民主政治；从法制角度看，是从“人治”转向“法制”；从社会角色扮演看，是从“身份”转向“契约”；从价值观分析，是从群体主义转向个人主义……但是，若从社会学角度剖析，则是从“熟人社会”转向“陌生人社会”。转型前的中国社会，是一种典型的“熟人社会”。“熟人社会”亦称“熟悉的社会”，这一原创性的概念，是著名社会学家费孝通先生在《乡土中国》中提出来的；与此同时，他也提出了“陌生人社会”这一概念。他指出，由于中国传统社会是典型的血缘组织和地缘组织的结合体，所以在“乡土中国”中，人们很少流动，“他们活动范围有地域上的限制，在区域间接触少，生活隔离，各自保持着孤立的社会圈子。乡土社会在地方性的限制下成了生于斯、死于斯的社会。常态的生活是终老是乡。假如在一个村子里的人都是这样的话，在人和人的关系上也就发生了一种特色，每个孩子都是在人家眼中看着长大的，在孩子眼里周围的人也是从小就看惯的。这是一个‘熟悉’的社会，没有陌生人的社会”。(《乡土中国》)“熟悉”作为一种心理感受，是“乡土中国”制定“潜规则”的基础。“在一个熟悉的社会中，我们会得到从心所欲而不逾规矩的自由。这和法律所保障的自由不同。规矩不是法律，规矩是‘习’出来的礼俗。”在乡土社会中，不是没有规则的约束，例如孝、悌、忠、信等，但那都是以私人关系为纽带的道德元素；儒家的“五伦”（父子有亲，君臣有义，夫妇有别，长幼有序，朋友有信）所讲的都是如何处理好“熟人”之间的关系，没有一点涉及陌生人的社会，因为从本质上说，中国传统社会就是一个“熟人社会”。在其中，关于“熟人的伦理”比较发达，而关于“陌生人的伦理”则处于缺失的状态。

“熟人社会”是实现现代化的障碍。因为在“熟人社会”中，由于人们彼此熟悉，相互之间有着千丝万缕的联系，相互交换的不是“利益”而是“人情”，制度上的透明度很低，这就极大地制约了作为现代化社会动力的商业、贸易、契约、法律等行为的发生，恰如费先生所说：“‘我们大家是熟人，打个招呼就是了，还用得着多说么?’‘这不是见外了么?’——这类的话已经成了我们现代社会的阻碍。现代社会是个由陌生人组成的社会，各人不知道各人的底细，所以得讲个明白。还怕口说无凭，画个押，

签个字，这样才发生法律。在乡土社会中法律是无从发生的。”（《乡土中国》）

近20年来，中国社会急剧转型，在市场大潮的冲击下，身份制土崩瓦解，各种社会流动性加强，使得中国真正进入了一个“陌生人社会”，其情形恰如弗里德曼所描述的：当我们走在大街上，陌生人保护我们，如警察；或陌生人威胁我们，如罪犯；陌生人扑灭我们的火灾；陌生人教育我们的孩子；陌生人建筑我们的房子；陌生人用我们的钱进行投资。打开收音机、电视或报纸，陌生人告诉我们世界上的新闻……如果我们得病住进医院，陌生人切开我们的身体、清洗我们、护理我们、杀死我们或治愈我们。如果我们死了，陌生人将我们埋葬……（《美国法简史》）从“熟人社会”到“陌生人社会”，体现出一种社会的进步，是一种历史的必然，因为如上所讲，在“熟人社会”中，不会产生现代化的许多必要元素；现代社会要处理和面对的，是来自四面八方、不同背景的“陌生人”的关系。因而，如何处理好与陌生人的关系，如何对待陌生人，对陌生人的态度如何，不仅仅是个人交际的私事，同时也体现出一个国家与社会的进步程度和文明水平。

“抱客”行为在西方产生，有其特定的社会文化条件；它传入中国后很快被普及，说明中国也有了接纳它的现实土壤。一言以蔽之，这种“土壤”就是被称为“陌生的悖论”的社会心态。一方面，我们从“熟人社会”转向“陌生人社会”，体现了一种社会进步和历史必然；另一方面，我们又会为“陌生人社会”中特有的冷漠与孤独所困扰。目前，“不要和陌生人说话”，“熟人多，朋友少”，反映出人们身处一个碎片化的陌生世界的心理焦虑。“电话簿里尽是熟悉的名字，但没几个让我有拨号的冲动”——中秋不知给谁打电话，这让在长沙一家保险公司工作的李先生郁闷不已。其实，郁闷的不只是李先生一人，近日，《中国青年报》社会调查中心和腾讯网新闻中心的一项联合调查显示，在15 068个受访者中，87.5%的人有类似“熟人越来越多，朋友却越来越少”的感觉。其中，45.3%的受访者承认，在自己的众多熟人中，真正称得上朋友的不到5个；另外，有34.3%的人表示，自己的朋友仅有为数不多的6~10个——换句话说，八成受访者认为，算得上朋友的人不到10个。与此同时，30%左右的受访者称自己的熟人数目在51~100个之间，另有26%左右的人认为自己的熟人数目超过100个。这些数据明白无误地表明：中国目前已经进入“陌生人社会”。而如何处理好与“陌生人”的关系，确立一种健康的“陌生人伦理”，已经成为我们构建和谐社会题中的应有之义——从这样的背景和角度来看待“抱客”行为，似乎才能对它有更深的认识。

三、“陌生度”与社会安全感

如何对待陌生人，不仅是一种社会转型的标志，还是衡量某一社会成员的心理安全感的最直观的指标。

衡量一个社会的安全感可以有多种角度，多种指标，但其中最简单、最直观的一种就是一个社会对于陌生人的态度和接纳程度。甚至可以说，对待陌生人的态度如何，可以反映和折射出一个国家和社会的进步程度、文明水平和国民素养。

笔者曾两度出国，对于中西社会的差异有切身的感受，也曾询问过其他出国的朋友，请他们用一句话说出中国和发达国家相比，其最大差异是什么，其中不少人都不约而同地提到了“陌生度”——对待陌生人的态度这一问题。总结他们的感受，结合自己的经验和体会，可以说，“陌生度”是一个十分准确的用以监测、反映某一个国家和社会安全的软性指标。衡量一个国家的发达与进步，固然有着许多“硬指标”，如人均 GDP，环境污染程度，能源消耗量，市场化程度，商品进出口总额，百户居民拥有的汽车、电脑、电话数量等；但也有一些更为直观的“软指标”，如是否在无人时闯红灯、是否随地吐痰、是否在公共场合吸烟、是否在公共场所大声喧哗、是否在无人监管时违反规则……要之，所谓“硬指标”都与物质性的事物有关，而所谓“软指标”都与精神性、修养性的人的行为有关。物质世界是人的劳动对象，物质财富总是由人创造的，比较简单，或简言之，“物”是死的，比较容易控制和监管；人的行为是其思想境界和道德水平的体现，而人的行为又受各种动机驱使，比较复杂，或简言之，“人”是活的，也就比较难以限定和监管。所以一般来说，“软指标”比“硬指标”更能反映出一个国家的文明进步程度，因为他们都是人的心理和修养在无意识时的自然流露。而在“软指标”的诸多子项中，“陌生度”又是其中一个最重要的衡量指标，因为其他的“软指标”还有着不同程度的道德规范和社会奖惩的痕迹，而如何对待陌生人则很少写进训诫和规则之中——比如，如果在闹市区随地吐痰会受到惩罚，而如果不对陌生人微笑则没有人会罚你的款。

在发达国家生活，无须仔细观察，会发现一种低“陌生度”、低“防范型”现象。在美国时，记得哈佛大学街区附近有一小店名为“遗产与情趣”（Heritage and Sentiment），专营项链珠子，竟有几百个品种，大者如胡桃，小者只有米粒大小，且色泽、材质、形状千变万化，充分体现了“美在参差多姿”这一艺术原则。顾客可根据自己对美的理解选择中意的“零件”，然后组装成形。由于它把审美选择与购物融为一体，所以备受姑娘和儿童的欢迎，每天顾客盈门。其付款方式也很特别，由于品种繁多且琐碎，售货小姐往往让顾客自己报数，然后嫣然一笑，说：“我们相信你！”给人以极大的参与乐趣和被信任感。后来经过观察，美国许多商店的付款程序绝无“防人之心”，收款处往往在商店的最里面，而不是可以起到“把关”作用的大门口，也就是说，顾客拿了商品完全可以不经过收银台，付不付款，全凭自觉；像纽约大都会博物馆、华盛顿自然博物馆等出售纪念品的商店，完全是开放式的，商品摆放的面积很大，最远的距离收银台约有10米，而收银台又在最里面。记得有一次购物，我挑选完了东西，发现店主甚至不在店内，商品旁有一个牌子，大意是：非常抱歉我不在店内，请顾客按照标价付款。一次，欲去华盛顿市旅游，由于市内房价昂贵且不好找，一位美国朋友介绍我到马里兰州的阳光小镇（Sunny Town）上去找一位叫马克（Mark）的先生帮忙，并给我画了一张十分详细的路线图。小镇位于华盛顿市郊外，出发当日的下午3点，我费尽周折才从华盛顿市内找到阳光小镇3094号。一敲门，门竟虚掩，随门开处落下一张纸条，上面写着：从朋友处已得知您今天要来，不能在家恭候，十分抱歉。旅途辛苦，请先进屋歇息。一切请便，我约6点钟回来。6点15分，主人马克回来，一阵寒暄，自我介绍后，他还一再抱歉让我久等了。

初到苏格兰首府爱丁堡时，观察到我住所周围的公寓一楼住宅的窗户外都没有铁栅栏，公寓内的每家入户门也不像我们中国的防盗门。后来上街留意了一下，整个爱丁堡市区内的一楼住宅基本上都没有铁栅栏防护，一些小商店的橱窗夜晚照样灯火通明，店内物件清晰可见，玻璃橱窗的外面也没有任何防护措施。“防人之心不可无”，这里却看不到这种迹象。走在爱丁堡的街道上，来自陌生人的微笑随处可见，笑容都很自然、随意，反映出心态的轻松。在爱丁堡到伦敦的飞机上，邻座的一位少妇很自然地拿出了当地的口香糖，让我们品尝，接着是随意的攀谈，得知她本人在爱丁堡市政府工作，其丈夫在英国海军服役，现在驻扎在德国的某一军事基地，她现在是去那里看望丈夫，我心里暗暗地说，出门在外，“不要和陌生人说话”是中国人的常识，而我们刚刚认识不过10分钟，她就透露了这么多信息……到了伦敦希思罗国际机场，她一直把我们送到国际登机入口处。对待陌生人，轻松、自然、随意、发自内心，让人感受到一种信任和温暖——这就是我们当时的感受。而这位少妇的行为，与爱丁堡一楼没有铁栅栏之间，似乎有着某种逻辑联系，即这里是一个低“陌生度”的地方，这里的人民“防人之心”比较低。

如果用“陌生度”这把尺子来衡量中国人的安全感，可以说我们尚处于高“陌生度”、高“防范型”社会。上述种种出现在英美的现象，在中国不能说没有，但明显是“多乎哉，不多也!”从我住所的窗户望去，对面公寓的五层楼上已经封上了铁栅栏，多功能的防盗门安装到家家户户，人们警惕的眼睛从窥视镜里打量着外面的世界，注视着陌生人的动静。另外，可以注意到，20 世纪五六十年代非常普遍的简易型自行车锁今天几乎绝迹，取而代之的是各种坚固的 U 形锁、钢丝锁，重的可达数公斤，锁的变化折射出人们的警惕和防范之心；一把不放心，有的还要加上一把，我见过最多的一辆新车上竟然锁了 3 把锁，而且都是重量级的，这些都明白无误地透露出“防人之心不可无”的心态。而这种心态，在某种程度上也真实地反映了我们社会的安全状况。据《北京日报·理论周刊》报道，中央党校中国社会形势分析与预测课题组对党校部分学员进行了主题为“今明两年的社会问题与走势”的问卷调查，结果显示：领导干部们对 2006 年存在最严重的社会问题的关注焦点中，“社会治安”首次登上最严重社会问题的首位，取代了多年来一直居首位的“收入差距”。调查显示，领导干部对 2006 年中国社会发展中存在的主要问题的判断情况，最严重问题的前三位依次是：社会治安（36.6%），居民收入差距（23.2%），腐败（8.0%）。其他依次是：社会风气（7.1%）、失业（6.3%）、地区发展差距（5.4%）、看病难看病贵（5.4%）、农民负担（2.7%）、教育不公平问题（1.8%）。①

以器物为象征的防范是这样，人际交往的防范也是如此：“不要和陌生人说话”、“不给陌生人开门”已经成为人际关系的基本常识，也成为父母嘱咐孩子时出现频率最高的句子。近日，《零点宜居指数——中国公众城市宜居指数 2006 年度报告》面世，该调查显示，有多达 55.5% 的市民不知道邻居的工作单位，42% 的市民不知道邻居的名字，33.3% 的市民不知道邻居家庭有几口人，10% 的市民根本就不认识自己的邻居。总体评价为，城市当前社区建设处于不及格水平（53.8 分）。记得有一篇文章题为“对门有多远”，文中写道：“明天，我一定能买一张机票飞向天涯海角；但是明天，我不一定能抵达对门客厅的沙发。永远有多远？就有我到对门的客厅

---

① 新华网，http：//news.xinhuanet.com，2006-12-18.

那么远。……阿姆斯特朗已经从月球回来好多年了，他说他代表人类迈出了一大步；而我、我们，甚至还没有抵达对门，其实，这只需一小步。”①

《报告》又称，“文化兼容性”是判定一个城市开放程度与宜居程度的标准之一。调查结果表明，在中国的主要城市里，本地人对外地人的包容程度不如表面所见那么高，城市之间包容性表现的差异也较大。外地人对沟通、就业和就学三方面的平等性评价低于本地人。其中，在就业和就学上，外地人认为，城市的平等容纳能力较低。② 而这里的所谓“文化兼容性”，实际上就是“陌生度”，就是对待陌生人的态度。

近日，摩根斯坦利首席经济学家史蒂芬·罗奇发布最新的经济研究报告，称中国目前的国民储蓄率接近50%，家庭储蓄率约为目前家庭收入的30%。在世界各大国家中，中国人储蓄意愿最为强烈。罗奇援引“世界各国消费”数据解释说，2005年，包括美国、欧洲多国、日本、中国和印度等世界主要国家和地区中，中国当年的个人消费总额仅略高于印度，还不到美国的1/8。而与此同时，中国家庭对每年能储存起来金额的数量也越来越不满意。一些城市家庭认为，他们的平均生活费高于年收入的10%左右，对就业和收入的不安全感，让他们不得不进行预防性储蓄。③

形成这种高“陌生度”、高“防范型”现象的原因是多方面的。其中最主要的是中国目前还处于社会转型时期，贫富距离拉大，社会分化严重，弱势群体庞大，不确定性增多，所以社会安全感下降。恰如媒体所分析的：“‘社会治安’状况其实只是一种表象，就像一个人的体温，高烧的原因往往有许多种，而我们要对症下药，却不能仅仅头痛医头。‘社会治安’成为最严重的社会问题，是有深层次原因的。事实上，‘社会治安’与其他社会问题，诸如收入差距、腐败、社会风气、失业、农民负担等的本质是一样的，都是转型期深层社会矛盾的表征或诱因。”

不是对熟人，而是对陌生人的态度，才是衡量一个社会、一个国家的文明程度、社会进步的标准。“陌生度”低，对陌生人友好、松弛，反映出这个国家的心态健康，社会安全感高；反之，“陌生度”高，对陌生人防范、警惕，则反映出这个国家的社会紧张，社会安全感低。当下，中国的状况还不尽如人意，但这是发展中必然要经历的阶段。

---

① 张小失. 文学故事报，2004（11）.

② 零点研究咨询集团，第一财经日报. 零点宜居指数——中国公众城市宜居指数2006年度报告.

③ 北方网·时代财经栏目，http：//enorth. com. cn，2006－12－06.

你好，笔邻！

邻居，其实也是一种社会关系。人生在世，总要和人打交道，人与人之间的频繁接触，构成人类的社会活动。接触，有主动，有被动。主动，出于某种目的驱使，具有极强的主观选择性；被动，出于某种机缘的安排，没有商量、选择的余地。邻居，就是一种被动的社会关系。说被动，也不尽然。古时有孟母择邻而处的故事，就是变被动为主动，给儿子创造个好环境。但大多时候，与谁为邻，居住多长时间，由不得你，它是由各种阴错阳差的机缘、复杂综错的因素组合而成的，尤其在房地产市场日益活泛之时。

邻里关系，是构成人生质量和幸福的重要因素。大千世界，纷繁多姿，做邻居也是各种各样。不论何种缘由处上一段，就是邻居。国家边界相接，叫毗邻；人家墙壁相连，为紧邻；周围人家错落，合院而居，为近邻；同住一个小区，为四邻；同在一个办公室，是室邻；上学的同桌，是桌邻，“想起了同桌的你”，就是怀念一段往昔“邻居”的生活……处得如意，盼望久邻；相处不好，快搬家，赶紧择邻。此外，出门乘飞机，坐车船，住旅店……人生在世，无时无刻不与周围环境发生广义的“邻居”关系，它会微妙地影响你的情绪和心气。有芳邻则如锦上添花，遇恶邻则像屋漏逢雨，雪上加霜。对面的喜好夜半卡拉OK，并不优美的嗓音大有绕梁不绝之势；楼下总吵架，声嘶力竭的叫骂声声入耳；门洞里有人欠债，债主三天两头来讨债，大分贝的敲门声夹杂着粗豪的呼唤声不绝于耳；家住高层，人常出差，而且老忘了关水门，水淹七军，家里家具被淹，新铺的地板起卷，痛苦与水花齐飞，心情共脏水一色……与此为邻，人生的良好感觉顿时打了折扣，幸福百分比像冬天的水银柱，降至冰点。邻里的素质决定着你的情绪，被动的接触，却会主动地左右着你的生活质量。

近来，又悟出一种新的邻居关系：笔邻。结庐人境，身处尘世，不能免俗，拙作时有见报，难免窃喜。有自己文章的报纸，还是愿意留下，做个纪念。摩挲回味之余，自然也留心周围几位“邻居”：文章怎样？观点如何？有无过人之处？有无共鸣之点？一版之中，几篇文章错落有致，颇像三五人家毗邻而居。又有书法绘画青黄杂糅，间杂其中，恰如房前屋后花木扶疏，梅竹环绕，曲径通幽，点缀灵性。于是“身”旁就有了几位邻居，古人云：“有韵为文，无韵为笔。”拙作多为随笔散文之类，无韵，是为笔邻。笔邻，本质上同其他类型的邻居一样，也含有不可选择的被动性：几号见报，与谁为邻，由不得你，同发稿的时间、版面的安排、精神气候的变化、编辑主题的需求等因素密切相关。但在许多方面，笔邻与其他类型的邻居还是同大于异。

其实，在笔邻的不可选择中，实际已经包含了一种选择，即编辑、报纸的精心筛选：它已经基本把具有同等思想和写作水准的稿件撮合到了一起，这就保证了“笔邻”们的档次质量，“谈笑有鸿儒，往来无白丁”，绝不会让你有不堪与之为伍的尴尬。笔邻是一种熟悉与陌生的奇妙结合，与物质性的近邻正好相反，一般邻居住得虽近，面孔熟悉，精神却不相通；笔邻虽然离得很远，从未谋面，精神却颇多共鸣之处。一般邻居的交流，有声却浅薄，仅止于打打招呼，柴米油盐；笔邻的交流，无声却深刻，思想的锋芒，情感的潜流，时时令人回肠荡气，回味无穷，故经常有一种熟悉的感觉。有的笔邻，从未见过面，恐怕今生今世永无机缘了。但白纸黑字却是实实在在的，比邻而居，永远相伴。笔邻又是永久性与临时性的奇妙结合—— 一旦为邻，起码就这一篇文章来说，是永久为邻了。但只是这一次而已，下次还可以“择”邻而居，与新的笔邻做伴。

古人有云“海内存知己，天涯若比邻”，是说知己远隔天涯海角，但只要精神相通，犹如比邻而居。但一个“若”字，毕竟只是一种美好的假设，而笔邻却借助现代化的通信工具，轻松地做到了这一点，若改“比”为“笔”，为“海内存知己，天涯若笔邻”，则十分恰当。吾虽不才，但是以文会友，因笔成邻，周围环绕的笔友却是遍及海内外。翻阅旧作，拜访笔邻，不觉在纸上结识了许多人。有的大名如雷贯耳，有的早就心仪已久，李白有云：“生不用封万户侯，但愿一识韩荆州！”与笔邻为伍，心中亦有此感，读其文，想其人，如同面对面与之交流。

在此，愿借《天津日报》副刊《满庭芳》的方寸之地问候一声：海内存知己，天涯若笔邻。您好，笔邻！

（原刊于《天津日报》副刊，1999 年 7 月 28 日）

群体传播与大众传播

“沉默的螺旋”与指鹿为马

在西方传统舆情学研究中，主导倾向曾认为民意、公共舆论是一种代表多数人意见的“社会合意”（Social Consensus），其产生是一个“问题出现+社会讨论+合意达成”的公平、理性过程。在这一过程中，大众传媒作为“喉舌”、“社会风向标”、“大众精神纽带”发挥着公平、合理的作用。但德国社会心理学家、舆情研究者诺依曼却从事实出发对此产生了怀疑，经过艰辛的探索研究，将其成果凝结为“沉默的螺旋”理论（The Theory of Spiral of Silence）。这一概念最早见于诺依曼1974年在《传播学刊》(*Journal of Communication*）发表的一篇论文中，1980年以德文出版的《沉默的螺旋：舆论——我们的社会皮肤》一书，又对这一理论进行了系统阐述。1984年译成英文，由此声名远播。

1965年，联邦德国进行议会选举，主要竞选对手一方是社会民主党，另一方是基民盟和基社盟的联合阵线。在整个竞选过程中，双方支持率一直处于胶着状态，但在最后投票之际却发生了选民的“雪崩现象”——后者以压倒性优势战胜了前者。诺依曼当时担任阿伦斯巴赫舆论研究所所长，为了找出发生这种现象的原因，她对选举期间追踪调查的全部数据重新进行了分析。诺依曼发现，尽管双方的支持率一直未变，但对获胜者的“心理估计”却有明显的倾斜，即认为基督教两党阵线将会获胜的人不断增多，到法定投票日期前变成了压倒多数。诺依曼认为，在选民中，存在着一种对“周围意见环境的认知”的压力，正是这种压力导致了许多人最终改变了投票对象。此后，诺依曼又对“意见气候”（Opinion Climate）和“多数意见”（Opinion of Majority）对个人的压力进行了多次实证研究，在此基础上她提出了“沉默的螺旋”假说。这一假说由三个相关的命题构成：第一，作为一种社会动物，避免陷入孤立是人的社会天性，所以处于“优势”、“多数”之时，一般容易大胆表达自己观点；而一旦发现自己处于“劣势”、“少数”之时，则会屈从于“意见气候”的压力，而转向沉默或附和。第二，“优势意见”的表达和“沉默劣势”的扩散是一个螺旋式的扩散过程，这种扩散具有互动性，即：一方的沉默使得另一方的强势愈加强大，而这种强大反过来又导致更多的人转向沉默。第三，大众传媒在这一“螺旋”过程中发挥着营造“意见环境”以制约和影响舆论的作用。基于以上三点分析，诺依曼指出，公众舆论是一种代表多数人意见的“社会合意”这一传统观点有极大的偏差。

“沉默的螺旋”的价值在于揭示了一种普遍存在的社会舆情现象，即所谓“公众意见”、“公众舆论”未必代表社会多数人的意见。既然它所揭示的是普遍存在现象，就具有广泛适用意义。换言之，在“沉默的螺旋”理论问世之前，“沉默的螺旋”作为一种社会现象早已存在；因为有社会存在，就必有舆情存在；有舆情存在，就必有舆情规律存在。在中国古代社会，在某种程度上反映出这种舆情规律的是“指鹿为马”这一古老成语。据《史记·秦始皇本纪》：“赵高欲为乱，恐群臣不听，乃先设验，持鹿献于二世，曰：‘马也。’二世笑曰：‘丞相误邪？谓鹿为马。’问左右，左右或默，或言马以阿顺赵高。或言鹿（者），高因阴中诸言鹿者以法。后群臣皆畏高。”今日的陕西省周至县蒙观镇有个鹿马村，传说历史上指鹿为马的故事就发生在这里。当然，也有学者对此提出质疑，指出，司马迁不可能知晓当时的场景及对话，并依据古代文献资料指出：成语“指鹿为马”中的鹿马并非现实中的两种动物，而是秦代文字变革中两个易混的字，一为“鹿”，一为“马”，在先秦古文字小篆中，这两个字的字形非常接近，极其容易混淆。由于为高层内幕，赵高指鹿为马的本事不为人知，以讹传讹，本意遂失。但是，若依据史实全面分析，赵高是个善于玩弄权术的阴谋家，除“指鹿为马”之外，“玄黄易色”、“束蒲为脯”等成语典故也都反映了他这一根本性格，故“鹿”和“马”究竟是指文字，还是指实物，关系不大。是鹿还是马，这是个选择，颇像现代政治中对两个党派的选择，而“左右或默”、“或言马以阿顺赵高”，就是“沉默的螺旋”所针对的“劣势意见害怕陷入孤立，保持沉默，最终向强势意见的转化”。这里，“沉默的螺旋”假说所包含的三个相关命题中至少有两个都有所体现：①作为一种社会动物，避免孤立是人的天性，人屈从于“意见气候”的压力，而转向沉默或附和。②“优势加强”和“劣势沉默”是一个螺旋式的互动扩散过程，一方的沉默使得另一方愈加强大。从某种意义上，可以说“沉默的螺旋”是一种隐形的“指鹿为马”，而“指鹿为马”则是一种显形的“沉默的螺旋”。

当然，两者的区别也是明显的。由于封建专制主义根深蒂固，“指鹿为马”是中国古代舆情政治的常态模式，它更接近于社会心理学中的“服从”概念，即舆情环境的“意见压力”主要来自某种有形的权威力量，迫使人做自己不想做的事，说自己不想说的话；而“沉默的螺旋”则更接近于社会心理学中的“从众”、“趋同”概念，即舆情环境的“意见压力”主要来自某种无形的“多数群体”的压力，个体在这种压力的影响、暗示下，不知不觉地会改变自己的立场。

早在“沉默的螺旋”问世前的 1952 年，美国心理学家阿希就揭示了“群体压力”的奥秘。他设计了一项“从众心理实验研究”，其内容为：A 与 B 为两张卡片，卡片 A 上画一条标准直线，卡片 B 上画三条直线，其中只有线段 2 与卡片 A 上的标准等长。实验内容是要求被验人指出卡片 B 中的哪条线段与卡片 A 上的标准线段等长。阿希设计了没有群体压力（个人独立判断）和有群体压力（与他人一起判断）的两种实验环境。在第一种条件下，对 11 组卡片的判断结果是：参加实验的 37 个人中有 35 人的选择全部正确，只有 2 人发生了 1～2 次的错误，其错误率仅有 0.7%。但在第二种实验环境下，结果大不相同。在这里，阿希组织了 8 人一组的实验对象小组，其中 7 人为知情者，他们按照阿希指定的错误选择回答问题，小组中真正的被验人只有 1 位，而实验的目的正在于观察该人在面临群体压力的条件下会作出什么样的反应。实验结果是：在 123 个被验人中，有 76% 的人在多数意见的影响下至少做了 1 次错误选择，而全部答案的错误率竟高达 36.8%，错误率为第一实验组的 108 倍！这一实验结果的重要意义在于：在认知判断的情境下，个人的选择将受团体压力的影响。在是非曲直如此简单、答案如此明确的事例中，尚且如此，若在较为复杂、暧昧的情境之下，盲目从众、易受误导实在情理之中。从这一角度看，诺伊曼的“沉默的螺旋”理论是阿希“从众心理”在舆情研究领域的合理延伸。

“职业枯竭”者遭遇“单面人”

无须仔细翻阅报纸，浏览媒体，现代人都能感觉到一个幽灵就在我们身边徘徊、游走，对社会中的一部分人而言，它甚至逐渐成为生活中难以摆脱的梦魇。它，就是被专家称为“职业枯竭”的一种现代人的身心状态。在我们高唱“工作着是美丽的”、“时间就是金钱，效率就是生命”、“优胜劣汰”的同时，“职业枯竭症”也不动声色地逼近了我们，把一部分人纳入它的有效射程。心理学家在调研中发现，“职业枯竭”已经成为我国职场中广为流传的职业病。且看媒体报道：

> 30出头的小赵毕业于本市的一所著名大学，凭借自己的勤奋和能力，毕业几年后已经在一家大型企业站稳了脚跟，拿着令人羡慕且稳定的薪水，有了幸福的家庭。但是近来，他发现自己突然变得越来越“懒”了：懒得工作、懒得看书、懒得说话，甚至连以前最喜欢打的羽毛球也懒得打了。他告诉记者，大学刚毕业时，他很庆幸能够找到这样一份工作，专业对口、收入颇丰，且稳定。工作伊始，小赵满怀信心地投入进去。可一年之后，他发现自己的工作永远是那样井然有序、按部就班，所有的行为都和计划的没有什么差别，没有任何新鲜成就，自己再也不像刚来时那样为了某个任务的完成而欣喜了。在接受记者采访时，小赵总是说：“很累，不想工作，但不得不工作。”他说，每天都是例行公事，一沓沓文件摆在那里，好像一座山一样，永远也搬不完。第二天醒来又要重复前一天的工作，没完没了，看不到尽头。甚至有时下班后还得抱一堆工作回家，或为了一个重要的会议而加班，感觉特别疲劳。每天走出家门时心情还不错，但到了单位就感到压抑与无聊。小赵最后很沮丧地说：“我现在很忧伤，总觉得自己像一潭死水，没有新鲜的活水来补充，也没有任何的波澜和起伏，似乎就是在等待枯竭的那一天。”①

---

① 今晚报，2006－02－20.

小赵描述的，就是一种典型的“职业枯竭”状态。所谓“职业枯竭”，就是一种在工作重压之下身心俱疲的状态，一种身心能量被工作耗尽的感觉，也称为“心理枯竭”。从临床心理学角度看，职业枯竭症是因过度密集、单调的工作而对个人的全面需求有所忽略，以致出现筋疲力尽的感觉。或是由于委身于一个目标、生活方式或因未能在关系中产生预期回报而引起的一种沮丧挫败状态。从社会心理学上说，职业枯竭是指从事助人职业的工作者，由于工作所要求的持续情感付出，由于在与他人相互作用过程中所遇到的各种矛盾、冲突所引起挫折感的加剧，而最终导致在情绪、情感、行为方面的枯竭状态。专家指出，从职业环境上来说，在社会期望值高、工作负荷量大、付出性强、工作压力大、社会支持低、工作自主性差、缺少提升机会的环境中工作，易患职业枯竭症。瑞典的研究人员曾经对2.4万在公共和私营机构工作的员工进行调查，结果发现那些发展迅速的公司员工，长期因病不上班和住院的水平最高，其中女工更为严重。具体而言，有四类人群是职业枯竭症的高发群体，第一类是教师、警察、心理咨询师、医护人员等助人工作者；第二类是工作投入者；第三类是高压力群体；第四类是自我评价低者。上海一项调查显示，在同一岗位工作满两年的人群中有33.3%的人出现了工作倦怠现象，有2.6%的人患上了职业枯竭症。调查中发现，有20%的教师和40%的心理咨询师有职业枯竭症。患上此症的人，不仅对工作失去兴趣和动力，还会危及身心健康，甚至出现自伤或伤人的情况。

目前，从外在社会因素来说，对“职业枯竭”的成因，专家们有多种解释，归纳起来主要有：社会改革力度加大，生活节奏变快，社会竞争加剧，职业压力加大，就业压力由社会转向个人，工作量超负荷，上向比较参照物增多……其实，认识这一问题还有别的思路，比如马尔库塞的“单面人”理论。从这一理论来看，“职业枯竭”所描述的状态，恰恰是“单面人”理论的形象写照和直观诠释。换言之，“职业枯竭”描述了现代人一种困境的表象，而“单面人”则揭示了形成这种困境的深刻内在原因。

单面人（One Dimensional Man），又译“单向度的人”，是马尔库塞在其重要著作《单面人——发达国家精神意识形态研究》中提出的一个概念。赫伯特·马尔库塞是以批判著称的法兰克福学派的重要成员。马尔库塞素以把理论研究和干预现实相结合著称于世。在20世纪60年代末发生于西欧、北美的学生运动期间，他的声望达到了顶点，被公认为这场运动的“精神领袖”、“青年造反者之父”，被视为“发达工业社会最重要的马克思主义理论家”，甚至与马克思、毛泽东一起合称为“三 M”（Marx、Mao、Marcuse）。1964 年《单面人》出版，为他赢得了世界性的声誉，被媒体称颂为“新左派之父”，成为欧美最有影响的知识分子。马尔库塞认为，由机器、技术、市场、物质产品等元素构成的“现代社会”是一个单面的社会，它在提供丰富的物质资源满足人的物质需求的同时，压抑了人的精神自由，它的标准化、批量化、模式化把统一的行为和生存方式强加给个人，从而泯灭了人的丰富个性。在这个社会内，人变成了单面的人，一方面满足于享受物质的丰富性，另一方面在社会的各种宣传媒体的刺激下满足于享受社会设计和控制精神资源。与“单面人”相对应，他还提出了“虚假需求”的概念。所谓“虚假需求”，与“真实需求”相对立，它不是源于人之本性的自主的需求，而是源于消费社会大量制造的过度的、多余的物质需求之中，人在这种“需求的假象”中迷失、陶醉，最终失去自己丰富多彩的追求和个性，失去了自主力，失去了对社会控制和操纵的内在反抗性和否定性，舒舒服服地成为“工业文明的奴隶”，成为虽然屈从于社会机器但又自感幸福的“单面人”。“虚假需求”导致“虚假快乐”，人在物质商品的簇拥包围中，有时会产生一种特殊的幸福感，然而，这种幸福感只是人们丧失了“不幸意识”之后的虚假的快感而已，即马尔库塞所谓的“在不幸之中的幸福感而已”。大工业机器社会为维持本身既存的生产秩序，不致使社会遭受破裂，于是使用物质、精神等手段进行对于人类需求的收编工作，最终达致“人类本能需求”与“社会需求”之间的“虚假的统一”。

其实，换个角度看，“职业枯竭”者所遭遇的状态，恰恰是“单面人”所描述的境地。随着中国逐步融入现代社会，随着世界生产、生活方式的逐步同质化，西方社会昨天所经历的、体验的，正在逐步被今天的中国人所经历和体验。所以，在今天，在中国，“职业枯竭”者遭遇了“单面人”，尽管这种遭遇有些滞后，有些姗姗来迟。仔细琢磨那些描述国人“心理枯竭”的词句，再对照着读读马尔库塞的《单面人》，会感觉他们竟然如此相似。只不过，一为理性的、思辨的、抽象的，一为感性的、直观的、形象的。1964—2006 年，几乎半个世纪的时光，伴随着汹涌澎湃的商品物质大潮，“单面人”也在中国登陆了，尽管是以另外一种方式。

（原刊于《今晚报》副刊，2006 年 3 月 9 日，现有增改）

“芙蓉现象”与“把关人”

或贬或褒，或抑或扬，仁智互见，众说纷纭。无论怎样评价，近来，“芙蓉姐姐”硬是凭借网络传播的优势，在注意力资源极其短缺的大众传播时代，闯进了大众的视野，形成所谓的“芙蓉现象”。对此，中性的、支持的意见虽然也有，但反对的、批评的仍是主流。打开 Google、百度等搜索引擎，可见各种议论铺天盖地，归纳一下，针对“芙蓉现象”主要有以下较为尖锐的批评视角：①“呕像”说。②媚俗说。③畸形自恋说。④挫折补偿说。⑤哗众扬名说。⑥虚拟梦想实现说。⑦媒介恶意炒作误导青少年说。⑧审美疲劳乘虚而入填补空白说。这几种意见基本可以概括大众对“芙蓉姐姐”的批评，已较为全面和系统。笔者无意也无力再添加一种意见，只是想从传播学角度就此现象作一探讨。从某种意义上讲，存在的就是合理的。存在的现象固然令人兴奋，但现象背后的道理或许更有价值。

首先，“芙蓉现象”之所以能成气候，与传统传播理论的一个关键概念“把关人”的缺席有关。“把关人”（Gatekeeper）这一概念，最早是由美国传播学的奠基人之一库尔特·卢因提出的。“二战”期间，美国为节约战争开支，开展了一场号召民众食用牛下水的宣传活动。卢因在对其进行研究时发现，只有家庭主妇们接受了宣传，把牛下水买回家中，并做成菜肴摆上餐桌，她们的丈夫或孩子才有机会接触并接受这种食品。在这一过程中，家庭主妇实际上起着一种“把关人”的作用。1947 年，卢因发表了《群体生活的渠道》一文，把家庭主妇购买、烹制食物与信息传播过程联系起来，指出：“信息总是沿着包含有‘门区’的某些渠道流动，在那里，或是根据公正无私的规定，或是根据‘守门人’的个人意见，对信息或商品是否被允许进入渠道或继续在渠道里流动做出决定。”这就是卢因根据“把关人”理论的雏形，揭示了传播者对于一切由他传递的信息都要进行筛选和过滤。其后，卢因的学生怀特做了一份个案调查。他发现一位已有 25 年新闻工作经验的 40 多岁的日报编辑在一周的时间里共接收了来自美联社、合众国际社的总长度为 11 910 英寸的电讯稿，但他只采用了其中的 1 297英寸，还不到总稿量的 11%。放弃其他稿件的原因是“没有趣味、写得枯燥含糊、登得太多了、不好、狗屎”等。怀特得出的结论是，这些原因是高度主观性的，是建立在“把关人”自己的实际经验、态度、期望基础上的价值判断。据此，他于1950年发表了著名的《把关人：一个新闻选择的个案研究》一文，不仅首次为新闻传播中“把关人”的存在及其作用提供了第一手资料和证据，同时还确立了“把关人”在传播学研究中的地位。这一理论揭示了：大众传媒的信息报道不是也不可能是“有闻必录”，而是一个取舍选择的过程。在这一过程中，传播者和传媒组织形成了一道道“关口”，通过这道道“关口”，传达到受众那里的新闻只是众多新闻素材中的少数。“把关”，不仅是记者、编辑、编审、主编等基于个人主观判断的取舍选择活动，还是一种组织行为。因为新闻选择过程中有一系列的把关人：记者决定着哪些素材应该写成新闻稿，编辑决定着哪些新闻稿应该刊播，编审和总编决定着哪些内容应该成为重要新闻等。他们在新闻信息“生成”的过程中形成道道关口，影响或从根本上决定着哪些信息可以和大众见面。

使“芙蓉姐姐”蹿红的是网络传播。网络传播的最大优势是它的交互性、信息的双向流动性及受众的主动性，很明显，这就造成传统传播意义上无处不在的各类“把关人”的弱化与缺席，因为“把关人”只适用于信息的单向流动。信息一旦双向自由地流动，受众一旦有选择的主动性，就可以完全抛开“把关人”，“芙蓉出清水”。无须很复杂的推理，若按照传统新闻信息制作程序，“芙蓉姐姐”在第一道关口就会被淘汰出局，即使侥幸通过，也必然会在其后的关口被卡住，根本进入不了大众视野，何谈“蹿红”、“人气”，形成什么“现象”。中国某大报总编辑曾说过：总编辑的主要任务，一是把关，二是策划。在传统传播中，“把关人”单方面享有“话语权”，而在现代网络传播中，这块蛋糕已经被另一方所切割、分享。换言之，如果不从是非善恶的道德角度观察，而从传播方式和传播制度的角度分析，“芙蓉现象”实际上是向传统的“把关人”理论提出了有力的挑战，并且挑战成功，逼迫理论重新出招。

理论总是灰色的，只有生活之树常青。现实已经以其生动、流变和锐气向理论提出了挑战。很显然，传统的理论已经不能解释今天的传播现实活动。那么，网络时代的大众传播还需不需要“把关人”？如果需要，又该如何“把关”？这也是很有意思的一个传播话题。笔者的意见是，网络时代的大众传播仍需要“把关人”，只不过其身份角色要有所变化和转移。传统新闻传播中的所谓“把关”可称为“提前把关”或“硬把关”，其特点是“把关”行为发生在新闻产品形成之前，具有较大的强制性、确定性，结果可以预见和控制。而网络媒介并非可以随心所欲，需要并且实际上存在着“把关人”。在网络新闻问世之前，存在着一级媒体职业把关人，二级网站把关人。而在网络新闻问世之后，也存在着种种“把关”，这就是广大网民、网友所形成的舆论共识。这种把关可称为“延迟把关”、“滞后把关”、“隐形把关”或“软把关”，其特点是“把关”行为发生在新闻产品形成之后，它不具有较强大的控制力，传播效果有较大的不确定性。据中国互联网信息中心发布的2002年中国互联网调查报告表明，截至2002年7月，我国上网计算机总数已达1 613万台，上网用户总数4 580万人。也就是说，从理论上讲，至少有4 580万人可以在网上自由发布信息，他们都取得了一定程度上的话语权。从某种意义上讲，他们就是网络时代的“把关人”，行使着传统“把关人”一样的权力。

仍以“芙蓉现象”为例——综合媒体消息，6月19日，“芙蓉姐姐”意欲进军影视界，并借近期旺盛的人气参加了互动电影北京地区的海选活动。当时，她不仅当场表演了一段“手舞足蹈”的朗诵，还为自己在互动电影《谁说青春不能错》中选择了一个“小家碧玉，爱使小性儿，心眼多，为人挑剔”的“7排24号”角色。由于“芙蓉姐姐”的巨大社会争议，主办方很难抉择，于是在7月10日特地把她现场表演“歌词朗诵”的精华片断放上了新浪网，让网友为其表演打分。结果网友们纷纷做起了评委，据悉，截至7月30日下午15时，共有13 624名新浪网友参与了评分。其中40分以下票数为11 109票，40~60分1 044票，60~80分589票，80分以上的只有882票。绝大多数网友对芙蓉姐姐要拍电影的举动说了“No”。这就是网络时代“把关人”的典型案例。又如上文所列举的网友对“芙蓉现象”的八类批评，就是这种“软把关”、“延迟把关”的典型代表。这种把关虽然有点姗姗来迟，但其经过美丑筛选和时间过滤的“把关”效果无疑有一定的社会影响力和效度。起码，再有什么“荷叶姐姐”、“葡萄姐姐”问世，大众的审美神经大可不必这样兴奋了。

（原刊于《今晚报》副刊，2005年8月11日）

“超女现象”与“同辈群体效应”

五月红“芙蓉”，八月火“超女”。
老鼠爱大米，“粉丝”恋“超女”。

2005年8月20—24日，第四届世界亚洲学者大会（International Convention of Asia Scholars）在上海召开，笔者应邀赴会。行前，去天津劝业场一带购物，刚走到“劝业场”三个大字之下，忽闻嘈杂欢呼之声，原来是天津的“玉米”们在拉票，当时正是5进3的前夕，她们充满稚气的脸上滴着晶莹的汗水，闪动着纯真的兴奋，不断劝说着路人：“一定要支持宇春！”“她太出色了！”她们自费印刷的传单上这样写着：“她的舞步，帅气，那是自然的流露；她的歌声，独特，厚重大气；她的微笑，明媚，似徐徐春风，让人不知不觉醉在其中……”结尾为：“天津玉米群——宇你同在。”

抵沪后，所下榻的扬子饭店，地处上海心脏地区，旁边就是“来福仕”购物中心，其地理位置及繁华程度都相当于天津的劝业场。不料，20日晚上，刚拐过汉口路，在“来福仕”大厦下面也遭遇了与天津极其相似的一幕，传单、激动、兴奋，也是一群“玉米”在为宇春拉票，气势如虹，超级狂热。我一时还没反应过来，心想“超女”粉丝们的速度也太快了吧，她们什么时候也到上海来了？我在飞机上没看见她们啊！但区别很快就出现了，那是一群南方女孩儿在用上海普通话热情地喊道：“宇春，宇春，爱你最深……”十分好听。这证明“来福仕”的粉丝们不是“劝业场”的那一群——此“粉”非彼“粉”也。

天津，上海；劝业场，来福仕。但“超女”粉丝并非停留在这一层面，他们的触角神经已经深入社会的各个角落。8月30日，某著名高校文学院就不失时机地举办了“‘超级女声’三人谈”，主持、主谈均为高等学府资深研究人员和教授，辅谈为“超级女声”的粉丝们和“超级女声”文化现象关注者。会上，学者们从大众文化、社会空间、经济运作等方面发表了对“超级女声”现象的看法，并与现场的同学们进行了互动交流，气氛活跃、热烈。“超女现象”，各界评价已多，这里只从一种直观印象谈开去。

无论是在津、沪与粉丝们面对面接触，还是看电视转播的“超女”节目，可以判断这一群体主体的年龄大约在20岁，也就是所谓80后一代。据悉，“玉米”们的年龄都在25岁以下，其他如“笔杆”、“凉粉”、“河粉”等也都不相上下。在电视画面及网上图片上，很难看到30岁以上的面孔。当然，作为三甲决赛中的高潮之一，74岁高龄的夏奶奶自费从上海飞到长沙，为宇春助威，也不是没有，但毕竟属于特例。可以说，作为在第一线、在前台直接参与这场“全民狂欢”的粉丝及“超女”们，大致属于一种社会学所说的非正式群体中的一种——同辈群体。

正式群体是指有着明确的目标，其成员有固定的编制，并占据着所规定的地位，扮演着安排好的角色的群体，如政府、机关、学校、班级等；非正式群体是指自发形成的，成员间的关系没有明确的规定，并且带有明显的情感色彩，即以个人的喜好、兴趣为基础而建立起来的松散群体。这一群体有着明确的目标、共同的价值观念、强烈的群体认同及归属感，但没有明确的角色分工，是一种以想象为纽带而结成的虚拟群体。同辈群体就是非正式群体中很重要的一种。所谓“同辈群体”，是指一个由地位、年龄、兴趣、爱好、价值观等大体相同或相近的人组成的关系亲密的群体。对其最生动的诠释就是“超女粉丝群体”。在此，关键词是年龄的接近。难以想象，如果在现场欢呼的是一群年龄为四五十岁的人员，会是一番什么景象！可以说，如果没有以“同辈群体”为中坚力量的“粉丝”参与，“超女”绝对不能形成气候，也无法构成“现象”。

若从社会心理学的角度观察的话，造成“超女”火爆的主要是一种“同辈群体效应”。若把“超女现象”的各种元素与“同辈群体”理论一一对照，就会看出其间惊人的契合程度。

首先，同辈群体成员之间在兴趣、爱好上相近，并根据自己的意愿来安排活动内容，极少带有功利目的和强制性质。“超女”海选时的报名人数达15万，三甲决赛时手机投票短信近千万条，电视观众更是以千万计，他们都在参与中淋漓尽致地享受了自己的兴趣，找到了自己的快乐。“想唱就唱，要唱得漂亮，就算是没有人为我鼓掌，我也会勇敢地自我欣赏……”就是这种心理的真实写照。

其次，同辈群体可以自由组合和自由选择，并在平等的基础上与同伴交往。这使其成员产生较高的心理认同感和群体归属感。青春期的孩子对群体归属感的诉求特别强烈，尤其是对非正式群体那种自由、随意、率真、唯美的向往，是生活中的正式群体中难以找到的。正式群体既然难以找到，就必然要到非正式群体中寻找，事实证明，青春期时所需要的群体归属感主要是在年龄接近的同辈群体中找到的。“众里寻他千百度，那人却在灯火阑珊处”，青春期强烈的群体归属感和认同感一旦找到了自己的目标，就会产生强大的心理愉悦，这是“超女”火爆的另一原因。

再次，同辈群体一旦结成，就会产生自己的一套行为规范、价值准则、语言系统以显示这一群体的与众不同。同辈群体成员有自己心目中的偶像、榜样，甚至在发式、服装上都有一致或相近的要求。由于同辈群体成员的年龄、兴趣、爱好相近，成员间的地位平等，他们可以相互倾吐不愿向成年人透露的思想、看法、情感，有共同的语言。同时，每个成员在群体中可自由充分地表现自己。这些都使他们得到了极大的心理满足。像“超女扫盲词典”上的“粉丝”、“玉米”、“笔杆”、“凉粉”、“河粉”、“PK”这样的词汇，尽管《现代汉语词典》上有，但意思不同，不谙内情的人就不知所云。这就是这一“同辈群体”的独特语言表述。

最后，同辈群体是一个独特的、极其重要的社会化因素，尤其在进入青春期后，同辈群体的影响日趋重要，甚至在某些方面远远超过父母和家庭其他成员的影响。这是由同辈群体和这一时期个体身心变化的特点所决定的。“超女”的竞争可谓白热化，PK过程极其残酷，但这一过程，也正是“超女”们友谊结成的过程。何洁出局，李宇春哭得昏天黑地；一“超女”PK下场，众“超女”真心相送，热泪沾衣情谊长；李宇春以绝对优势拔得头筹，众“超女”相拥喜极而泣……这一幕幕感人的场面绝非故意作秀，而是青春期孩子们纯真感情的自然流露。可以说，正是“超女现象”中的“同辈群体效应”，使这些孩子们完成了从一个“个体人”到“社会人”的转变。无论是宇春，还是靓颖，无论是笔畅，还是何洁，纯洁、率真仍在，但她们的脸上明显多了几分沉思和凝重。什么是竞争？什么是社会？什么是友谊？……相信她们的理解会比参赛前更深。

（原刊于《今晚报》副刊，2005年9月20日）

“人肉搜索”的是非曲直

近来，全国人大常委会委员朱志刚提出，“人肉搜索”泄露公民姓名、家庭住址、个人电话等基本信息，严重侵犯公民基本权益的行为，其造成的危害甚至比出售公民的个人信息更为严重，因此建议将“人肉搜索”行为在刑法中予以规范。此言一出，无悬念地引起网友热议，正方、反方各执一词，争得十分热闹。

所谓“人肉搜索”是一种网上搜索行为，它是一种类比式称呼，主要是用来区别传统网上搜索——如中国网民常用的如百度、谷歌等。顾名思义，这种搜索不是通过电脑这种机器的现成“记忆”完成的，而是指通过集中许多网民的血肉之躯的力量去搜索某种信息的一种方式，说白了就是“人找人、人问人、人碰人、人挤人、人挨人”。由于中国网民数量已超美国，达2.5亿之众，网民遍布城乡各个角落，所以“人肉搜索”的威力是巨大的；另外，传统搜索引擎是机械的，它只能掌握社会已经公开披露的信息，而“人肉搜索”是灵活、有智慧的，它能够利用网友的“无处不在”和“无所不晓”获取社会尚未公开披露的信息，因而所搜索的信息更具深度和广度，可以弥补“机器搜索”先天之不足。按照中文字面翻译的“人肉搜索引擎”一词最早出现在2001年。

既然也是搜索引擎，“人肉搜索”就必然有它的特殊作用，起到其他媒体起不到的作用。最经典也最风光的“人肉搜索”是在揭示“纸老虎”真相时所发挥的作用，“纸老虎”事件中的“终极证据”——年画虎，就是网友通过人肉搜索得到的。

据悉，2007年10月13日，仅在陕西省林业厅召开新闻发布会的第二天，网友“yixians”就在号称全球最大的中文摄影网——色影无忌交流论坛上发帖，请教华南虎照片是否经过后期处理，质疑的帖子越聚越多，“平面虎”的呼声也越来越高。于是，网友“小鱼啵啵啵”在天涯和猫扑网站的人肉搜索引擎上都留了质疑“纸老虎”的问题，号召网民进行“人肉搜索”。随后，一位叫“攀枝花xydz”的网友在“小雨啵啵啵”的提问后面留言，说有重要的线索，让“小鱼啵啵啵”把QQ号码留给他。第二天早上八点半，两人联系上，“攀枝花 xydz”向“小鱼啵啵啵”发了一张年画虎的截图，基本可以判定：年画虎就是周正龙拍的虎。十时左右，第一张虎画就被传到色影无忌网站上，帖子点击率很快超过了 30 万，而若加上转载点击率已经过亿。随后，一些网友从年画的左下角找到了年画虎的编号“8301”，和一个模糊的“龙”字，于是众多网友试着用“龙年画”、“龙墙画”、“龙贴画”等关键词在百度上搜索，最终锁定了义乌的威斯特公司。接着，网友找到了威斯特公司经理骆光临的联系方式，还用百度快照找到了虎的原画，显示的上传时间是 2005 年，而这前后只用了两个小时，为其后识破“纸老虎”立下头功。

另外，“512”汶川震后，由于通信、交通大面积中断，失散的人们难以知道自己亲人的生死及下落，灾区犹如一片信息“孤岛”。尽管有关政府部门、医院、报纸、网站都在以不同的形式发布遇难者或幸存者的信息，但这些杂乱的信息即使用常规的搜索引擎也难以有效查询。此时，谷歌的技术人员率先制作出了专门用于寻找亲人的“人肉搜索”引擎。该寻亲搜索平台在短期内收集了大量的急救医院和震区安置点的消息，供急切寻找亲人的网友搜索。据悉，截至 5 月 21 日，谷歌中国的这个平台已经收录了 344 个网站的 147 473 个网页，以及 80 家医院的 382 84 条记录。

可问题在于，像一切工具一样，“人肉搜索”也是一把双刃剑，可以助人，亦可伤人。2007 年年末，北京的一名小学生张殊凡在接受电视台采访时，说到一些网页“很黄很暴力”。没想到这短短的五个字却再次成为一些网友攻击的目标，其手段主要是“人肉搜索”，张殊凡的相关资料被人在网上公布，用漫画恶搞等更是泛滥成灾，张殊凡的正常生活被严重干扰，并承受着与年龄不相称的巨大精神压力。当然，“人肉搜索”最经典的负面例子是被称为“人搜第一案”的“死亡博客事件”。2007 年 12 月 29 日，北京女白领姜岩跳楼身亡。她生前写下的、后来广为人知的“死亡博客”中，将原因归咎为丈夫王菲的不忠，并贴出了丈夫和第三者的照片。网友展开“人肉搜索”，将王菲及其家人的个人信息公诸网络。王菲先是在网上被“通缉”、“追杀”，并不断收到恐吓邮件，继而又被怕受牵连的公司辞退，再就业屡屡被拒，连门都不敢出，甚至连身边的亲人都受到了骚扰。王菲不堪精神压力，于 2008 年 3 月 28 日起诉相关的北飞的候鸟、大旗网、天涯社区 3 家网站，要求赔偿 7. 5 万元损失及 6 万元精神损害抚慰金，北京朝阳区法院随后受理此案。三家被告网站则认为，相关个人信息由网民发布，网站不应担责，拒绝赔偿。至 7 月 9 日，此案已三次开庭，审判结果将择期宣判。

可见，无论仁智互见，怎样评价，“人搜”确实已经进入并影响着公众生活，且已经进入法律视野。它有积极意义，也不无消极影响，如干扰公民的正常生活，侵犯公民的隐私权，这正是人大常委会委员呼吁立法的社会背景。一种反对意见认为，公民的姓名、家庭住址等信息是中性的，不属于隐私，也不会对当事人造成危害，可现实中越来越多的“网络窦娥冤”说明，“人肉搜索”的危害并非仅仅是信息披露，问题是信息公布之后，事情并未完结，当事人要忍受侮辱和谩骂，承受巨大的精神压力。至于这些“纷扰”是否会造成实际的伤害，恐怕不必再作分析了吧？

当然，除了立法，正确的引导和网民的自律也很重要。网络不是虚幻的，网民的素质是国民素质的一部分。“人肉搜索”既然是双刃剑，就存在着促进社会进步的积极因素。5 月 20 日，四川地震灾区理县新桥医院抗生素药品全线告急，医护人员一筹莫展。下午 4 时，两辆车驶进驻地，4 个年轻志愿者将带来的 20 箱抗生素捐赠给医疗队，解了燃眉之急，而志愿者始终不肯透露任何个人信息。7 月底，医院请求新华社重庆分社搜索这 4 位志愿者，新华网论坛上即“人肉搜索”，发布“抗震救灾中谢谢你们的帮助：重庆新桥医院院长找寻‘混混军团’”的帖子，那张标明志愿者的合影，被“贴”在显著位置，新桥医院确定专人专电接受线索电话。帖子发出后立即在论坛上引起了强烈反响，在短短半天的时间里，点击量就超过5 000，网友跟帖近百条。通过“人肉搜索”，数千名网友努力从茫茫人海中“举报”。“人肉搜索”在此次行动中的积极意义，就令网友刮目相看。这样的“人搜”多一些，我们的社会就会多一些进步。2008 年 6 月下旬，《中国青年报》社会调查中心通过腾讯网对 2 491 名公众的一项调查显示，近五成（47. 3%）公众认为人肉搜索是不是网络暴力要“视情况而定”，近八成（79. 9%）公众认为应该更好地规范人肉搜索。

（原刊于《今晚报》副刊，2008 年 9 月 16 日）

“恶搞”：娱乐时代媒介权力的转移

一、恶搞：媒介权力转移的一个信号

“恶搞”，又称作“Kuso”，是一种特殊的互联网文化。“Kuso”一词源于日本，是日语“くそ”的发音，原意为“可恶”或“粪、屎”等意思，是用于发泄不爽情绪时的口头语，后来演变为“恶搞”的代名词。“Kuso”这个词之所以风行起来，是因为在日本电玩界曾出现了一股“认真玩烂Game”的风潮。由于日本的电玩市场极大，有时会出现一些几乎毫无可玩性的游戏。例如，1996年8月，某美国公司制作的一款游戏在日本发售，它的图像糟糕，难度极高，从而激发了某些玩家的好奇心，他们一边忍受着糟糕的游戏，一边大叫“Kuso”以发泄情绪。后来，“Kuso”发展成一种以“戏仿”为主要行为特征的另类创作风格，主要指对公开发表的原创作品进行重新组合及加工处理，以求达到某种滑稽、幽默、搞笑的喜剧效果。

“恶搞”文化的旺盛期是2006年，这一年年初，以《一个馒头引发的血案》、《春运帝国》作为标志性事件，“恶搞”大有星火燎原之势；年末，无心插柳的小胖“被迫成名”，使得“恶搞”现象进入了普通公众生活，央视还特意邀请“小胖”钱志君作客《实话实说》栏目，讲述事情的来龙去脉和是非曲直。其后，奥运吉祥物“福娃”、歌曲《吉祥三宝》、舞蹈《千手观音》均被“恶搞”，并广为传播。于是，新闻与传播学界就此展开了热烈讨论，仁智互见，直到2010年，还有陈国洲著文《恶搞不是时尚》，参与讨论“恶搞”文化。①

可见，无论喜欢还是不喜欢，无论怎样评说，“恶搞”已经成为大众生活中不可回避的文化现象。关于这种现象，网上讨论和学界分析已经很多，也不乏针锋相对的对立观点和激烈争论。这篇小文只是试图从一个较为宏观的视角介入讨论，谈谈个人的看法。笔者认为，所谓“恶搞”现象体现出了娱乐时代的权力转移。历史上的任何阶段，凡是涉及“权力转移”，

---

① 陈国洲. 恶搞不是时尚. 中国新闻研究中心，http：//www. cddc. net，2010－01－12.

总是伴随着刀光剑影、金戈铁马；而“娱乐时代”的权力转移却是无声无息的，在悄然不觉中完成。

1990年，美国著名未来学家阿尔文·托夫勒在他的“未来三部曲”之一的《权力的转移》中就指出，我们正处于一个“权力转移期”：

> 但在我们生活中，权力仍是人类最不了解却最重要的一环，特别是对我们这一代的人，因为我们正处于“权力移转期”。眼前的世界正进行解构，取而代之的是一个完全不同于以往的新权力结构，而且这种权力转移正在社会各个阶层展开。在办公室、超级市场、银行、教室、医院、学校和家庭里，旧的权力形式正依照新轨道进行重新分配。①

2006年，美国《时代》周刊的年度人物“颁奖辞”也涉及了“权力转型问题”：

> 但是，通过一个不同的视角来看2006年，你会看到一个不同的情况……它是多数人从少数人那里夺取权力，互相无偿地帮助的故事。这不仅改变了世界，而且还改变了世界改变的方式。Web 2.0是一个大型的社会实验。与所有值得尝试的实验一样，它可能会失败。这个有60亿人参加的实验没有路线图，但2006年使我们有了一些想法。这是一个建立新的国际理解的机遇，不是政治家对政治家，伟人对伟人，而是公民对公民，个人对个人。②

从这种角度看，“恶搞文化”所体现出的“权力转移”，主要是在娱乐时代，由于新媒体的出现，话语权逐渐由前喻文化向后喻文化的方向转移。

二 、娱乐：作为一种“意识形态”

阿尔诸塞曾说过，意识形态是一个诸种观念和表象的系统，它支配着一个人或一个社会群体的精神。齐泽克也曾说，作为一种信念，一组观念、

---

① ［美］阿尔文·托夫勒. 权力的转移. 吴迎春，傅凌译. 北京：中信出版社，2006. 3.

② 互联网使用者当选《时代》周刊年度人物. 新华网，http：//news. xinhuanet. com，2006－12－17.

信仰、概念等，意识形态的内在概念被用来使我们确信其“真理”，但实际上服务于某种隐含的特定权力利益。如果按照这种理解，把“意识形态”理解为某一时代支配着人们日常行为和意识的一种思想和精神的话，我们的时代无疑已经逐步进入一个“娱乐时代”，“娱乐”已经具备了一种类似以往“意识形态”的权力。为理解这一点，不妨借用两句话，一句是大家都熟悉的歌词：“你是电，你是光，你是唯一的神话。我只爱你，you are my super star。你主宰，我崇拜，没有更好的办法。只能爱你，you are my super star。”在此只要把歌词中的“你”换成“娱乐”的话，则思过半矣。另一句是美国学者尼尔·波兹曼的说法，所谓“娱乐时代”是指：

> 在这里，一切公众话语都日渐以娱乐的方式出现，并成为一种文化精神。我们的政治、宗教、新闻、体育、教育和商业都心甘情愿地成为娱乐的附庸，毫无怨言，甚至无声无息，其结果是我们成了一个娱乐至死的物种。①

关于如何评判这个时代，前辈思想家没有留下什么可资借鉴的精神遗产，在任何传统思想体系的文字著作中都很难发现它的踪影，无论是《我的奋斗》还是《共产党宣言》都没有预测到它的到来。而在今天，无须仔细观察，也无须多敏锐的感官，我们都能够感觉到：随着全世界计算机联合起来，一个幽灵，一个娱乐的幽灵，在我们身边徘徊，我们随处可以感觉到她的呼吸和存在。从“超女”海选的火爆场面，到人们对网络游戏的如醉如痴；从各式各样的“选秀”节目，到动漫等“文化产业”的崛起；从新闻、资讯的娱乐化倾向，到“百家讲坛”的学术明星……我们都可以嗅到这个时代强烈的“娱乐”气息，感觉到她那无所不在的支配和控制力量，大有“娱乐潮流，浩浩荡荡，顺之者昌，逆之者亡”之势。而支配和控制，恰恰是权力主体的基本特征。

如果说在娱乐大潮中，权力主体的基本特征是“控制”和“支配”的话，那么，权力客体的基本特征就是“默认”和“顺从”，而这种顺从和服从是在浑然不觉中进行的，其状恰如尼尔·波兹曼所说：

> 娱乐确实是一种思想体系，因为它带给我们一种新的生活方

---

① ［美］尼尔·波兹曼．娱乐至死．章艳译．桂林：广西师范大学出版社，2004．4．

式以及一系列新的关系和观点。对于这一切我们没有表示同意，也没有表示反对，我们没有进行任何讨论，我们只能顺从。①

“娱乐权力”的威力在于，虽然它在改变着我们的日常行为、习惯和认知方式，但是它影响人、控制人的方式却十分隐蔽，不为人所注意。借助互联网迅速传播蹿红的“恶搞”是一种借助网络发展起来的互动性“草根”文化，其惯用手法是解构、反讽、模仿，而其本质精神和基本功能则是“娱乐最大化”，无所不“娱”，无所不“乐”。简言之，正是所谓“恶搞文化”把这个时代的娱乐精神推向了极致。此类例证已很多，篇幅所限，不赘。

三、权力转移：从前喻文化到后喻文化

在此，“喻”是“传喻”之意，指的是人类文化的代际传递类型或传承方式。所谓“前喻文化”和“后喻文化”是美国学者玛格丽特·米德提出的文化社会学概念，她在《文化与承诺：一项有关代沟问题的研究》中指出：

前喻文化、并喻文化和后喻文化是我所区分的三种不同类型的文化，这一区分是人类所生活的历史阶段的真实反映。前喻文化，是指晚辈主要向长辈学习；并喻文化，是指晚辈和长辈的学习都发生在同辈人之间，而后喻文化，则是指长辈反过来向晚辈学习。②

所以，前喻文化，也可称为“长辈文化”；并喻文化，也可称为“同辈文化”；后喻文化，也可称为“晚辈文化”。在一个变化缓慢、相对封闭的社会中，社会权威来源于过去的知识和经验，所以，占统治地位的是前喻文化；而在社会急剧转型的时期，新技术、新知识、新事物大量涌现，年轻的晚辈们占有了老一辈所不具备的新知识，占统治地位的则是后喻文化。在所谓“后喻文化”中，由于白发苍苍的长辈们以往的知识和经验不足以指导现实，所以就丧失了以往的权威，而年青一代在对神奇的未来的

① ［美］尼尔·波兹曼．娱乐至死．章艳译．桂林：广西师范大学出版社，2004．4．

② ［美］玛格丽特·米德．文化与承诺：一项有关代沟问题的研究．周晓虹，周怡译．石家庄：河北人民出版社，1987．

后喻型理解中获得了新的权威。在所谓“恶搞文化”中，这一点体现得尤为明显。

从某种意义上讲，“恶搞一代”与陈凯歌导演的冲突，是一种典型的代际冲突。“恶搞一代”与上一代人最大的区别就在于，他们是伴随着电视、娱乐、游戏成长起来的一代人，身上有很强的“娱乐精神”，甚至可以说，娱乐就是他们的信仰和意识形态。“恶搞”的传者和受者的年龄在 15 ~ 30 岁之间，多数出生于70 年代中后期或者 80 年代，成长于改革开放后的商业化消费化环境中。商业化将文化的情感升华、道义和道德的教化功能大大压制，而将感官娱乐的功能——瞬间愉悦、刺激感官、娱乐好奇心、娱乐窥视欲等大大强化，并渐成主流。这些人的成长环境中没有民族危亡，没有国家动乱，也没有物资匮乏，所以如何生存、群体意识、社会责任在他们的意识里逐渐淡化；而“超级玛丽”、“红色警戒”、“星际大战”、“新石器时代”、“传奇”等电子网络游戏则从小就融入他们的“文化”血脉中，并成为他们生活中的主要“快乐源”。“娱乐精神”的融入使得他们精力旺盛，思维活跃，乐于接受新生事物，喜欢寻找刺激、快乐、疯狂、好奇，往往具有叛逆精神和不拘一格的想法。《一个馒头引发的血案》的作者胡戈就曾说：“我小时候经常看喜剧片，以及电视小品和科幻电影，受它们影响很大。”“周星驰的电影我看得很开心，我喜欢他的创意，他的电影充满了奇思怪想，出人意料。他对我的创作有很大的影响，是一种潜移默化的影响。他的不拘一格能打破人的思维定式。”而与他们旺盛的求新知和求新奇的能量和欲望相伴随的，是他们在表达权、话语权中所处的弱势地位。无须仔细调查，就可以判断这一年龄阶段的年轻人大多在各种“权力”面前处于劣势。由于年龄的关系，这一群体的社会地位总体上还很低，例如学校里老师面前的学生，各类招聘会行色匆匆的“找工作者”，公司里老板面前唯命是从的员工，某一专业领域里权威、“大腕”面前初出茅庐的学步者……在传统社会中，由于没有表达和宣泄的渠道，他们可以做“沉默的大多数”，而网络社会的互动、参与、反馈等积极特性使他们能够发出自己的声音，甚至对传统的话语权和话语方式进行反抗，所谓“网络狂欢，草根夺权”是也。从这个角度分析，可以说，在所谓“恶搞”中，无论是传者还是受者都可以品尝到一种反抗权威、草根狂欢的“虚拟权力”快感。虽然“虚拟权力”还不是一种实在的支配权，但由于网络社会把握“话语权”的特殊性。于是，在“恶搞”现象中，我们看到了：在娱乐时代，那种话语权完全由“前喻文化”的权威和长者控制和支配的一统局面不见了，代之而起的是“后喻文化”的年轻人要占有一席之地，并顽强地证明自己的存在。人民网关于“您是否认为胡戈的无意之作侵犯了版权”的调查有 1 471 人参加，其中 13.9% 的网民认为“侵犯了版权”，73.6% 的网民认为“没有侵犯版权”，12.5% 的网民认为“难以说清”；1 101人参加了“您是否同情胡戈”的调查，其中 91.1% 的网民“同情”，另外 8.9% 的网民“不同情”；参加“您对此有何意见”这一调查的 1 152 人中，91.4% 的人“劝陈导演放弃起诉”，只有 8.6% 的人“支持陈导演”。[①] 新浪网的调查显示，参加“陈凯歌和胡戈，您更支持谁”调查的 29 009人中，有 93.08% 的网民支持胡戈，另外 6.92% 的网民支持陈凯歌。[②] 美国研究机构 Perseus Development Corporation 调查显示，美国 90% 的博客是由年龄低于 30 岁的网民创建，39.6% 的博客由 20～29 岁的网民创建，51.5% 的博客由 13～19 岁的美国网民创建，而年龄大于 30 岁的网民创建的博客不到美国博客总数的 8%。目前，中国网民数量已达 1.3 亿，中国互联网信息中心（CNNIC）第 13、14、15 次的调查报告对网民主体的分析显示，中国网民绝大部分为 35 岁以下的年轻人，其中 18～24 岁的年轻人比重尤其高，在第 15 次调查中达到 35.3%。其中每周上网 5 小时以上的网民中，年龄在 34 岁以下的达到 86.5%。而在所谓“恶搞文化”中，无论传播者者还是接受者，基本都属于这些年轻群体，如《无间道之萨达姆秘史》的作者于鹏 26 岁，《一个馒头引发的血案》的作者胡戈 31 岁。在这些几乎是“一边倒”的数据背后，体现的绝不仅仅是某种娱乐趣味和偏好，而是一种两代人的代际冲突，一种娱乐时代的话语权由“前喻文化”向“后喻文化”转移的趋势。

《中国青年报》社会调查中心曾联合腾讯网新闻中心开展过一项有 6 290人参与的调查，结果显示，93.7% 的人对“恶搞”雷锋、黄继光、董存瑞等英雄表示反感，但无一人对《一个馒头引发的血案》、“后舍男生”翻唱系列等“恶搞”表示反感。43.6% 的人表示，对于网上流传的“恶搞”段子，大部分都很喜欢，只有 7.0% 的人表示不能接受。[③]

美国后现代理论家易哈卜·哈桑曾指出，后现代性的根本特征之一是不确定性。不确定性就导致了模糊性、间断性、弥散性、多元性和游戏性

---

① 无极“馒头血案”案引发互联网上版权保护大讨论，人民网，http://it.people.com.cn.

② 陈凯歌《无极》遭遇胡戈馒头血案：热点调查，新浪网，http://ent.sina.com.cn.

③ 唐勇林. 民调显示“恶搞”到自己 63% 的人会怒火中烧. 中国青年报，2006-09-04.

等等一系列解构而不是建构的特征。①他在描述什么是“后现代”时，用了如下关键词：反形式、游戏、无政府状态、弥散、反叙述、不确定性。由于“解构而非建构”是“后现代”的关键词，而“恶搞”的基本精神又是“解构”，它是一种借助网络发展起来的互动性“草根”文化，利用解构、反讽、模仿等表现手法表达一种娱乐精神。多数“恶搞”作品其最初的创作目的，都是创作者为了自娱自乐。只是不经意间经大众传媒尤其是网络的传播，客观上使更多受众得到了娱乐。在这个过程中，作为大众传播方式之一的网络传播，其娱乐功能得到凸显。所以我们说，“恶搞”文化也具有某些“后现代”蔑视权威，挑战既有，颠覆、解构大于建设的特征。

① 陆扬，王毅．文化研究导论．上海：复旦大学出版社，2006．195～196．

此“山寨”非彼“山寨”

“山寨”袭来风满楼。

“山寨”，是2008年的产儿。从孕育到出生、成长，“山寨”之崛起，正好用了一年时间。岁末之际，“山寨”这个词汇更是不甘寂寞，借助互联网的高强覆盖率，从一种普通的商品名称，成功地闯入了公众的话语和精神生活视野。《中国青年报》盘点2008年IT界大事，首列“山寨风刮出圈内，成了时下最流行的话语之一”。试看：年初，山寨手机横空出世，设计和功能让人瞠目结舌的山寨手机雷得人外焦里嫩……很快，“拉风”的山寨相机、山寨笔记本电脑浮出水面。本来是专攻低档市场的山寨产品成了流行指向标。山寨的狂风吹遍了大江南北，长城内外，有井水处皆山寨，山寨走出IT界，进入七十二行。山寨版周杰伦、刘德华、刘翔走红网络，山寨搜索百谷虎号称“集成百度、谷歌、雅虎三大搜索引擎”，山寨春晚叫板央视春晚。甚至有网友找出了山东正版“山寨”的派出所。①

像当下无数“新生”事物一样，“山寨”也自然成为一个有争议的对象。一个汇集不同意见的舆论磁场，主要是在网络媒体上，围绕着“山寨”又形成了一个新的“热点”，各路网络豪杰，唇吻之际、指点之间，依然是见仁见智、异说纷纭，依然是互不相让、舍我其谁……

其实，如果把当下坊间所讨论的“山寨”分成几个层面，问题似乎要更清楚一些。依笔者之见，夫“山寨”如风，先是“起于青萍之末”，后来才“缘太山之阿，舞于松柏之下……蹶石伐木，梢杀林莽”，也就是说它有一个起源、延伸、变化的层次问题，或者说“山寨”有原始义、引申义和变化义，而在讨论中，争论双方又往往把这几个层面混为一谈，不能遵守思维的同一律，即在同一思维过程中，要保持概念、命题和语境的一致，否则就有“偷换”之嫌，妨碍思维结果的合理性和正确性。目前关于“山寨”的讨论恰恰在这方面有些问题，而问题的根源不在于论者本身的

① 王超. 盘点2008 IT大事：山寨最火　寒潮中的IT也受伤. 中国青年报，2008-12-25.

讨论立场和命题不对，而在于他们往往混淆了不同层面的“山寨”，使得沟通和对话都很艰难。所以，搞清楚当下坊间所说的“山寨”的几个不同层面就很必要。为明了起见，笔者建议把“山寨”分成原始义、引申义、变化义三个层面，而由这三个层面，又可有经济、文化、政治意义上的“山寨”现象。

“山寨”之原始义，是指有嫌疑仿冒或伪造第三方商品的生产厂家的手机。这种手机，外形常与知名一线品牌的热门产品极其相似，没有自己的品牌，甚至有些是打着 Sunyericsun、NOKIR、SAMSING 这样的擦边球品牌。其机型特点为大多基于 MTK 手机平台，屏幕下方有五个图标，手写，铃声音量超大。做工良莠不齐，无明显品牌标识，机身正面或背面常见大大的 Bluetooth、Touchscreen、MP4 等字样。包装盒上什么都敢印，除了自己的真实厂址。其天生的这种“野性”，颇像旧时占山为王、与官府分庭抗礼的绿林好汉，他们往往据守在筑有栅栏等防守工事的山中营寨之中，朝廷也奈何他们不得。所以，这些手机通常被称为山寨机。

“山寨”之引申义，是指一些除了手机之外模仿名牌的产品。与原始义比较，“山寨”之引申义已经覆盖了手机之外的很多产品。试看这则报道：“一会儿欣赏着从山寨 MP3 里传出来的‘山寨流行歌’，一会儿摆弄着山寨手机屏幕上不断变幻闪动的镜头，一会儿轻点鼠标，为自己喜欢的山寨明星摇旗呐喊……曾经是‘恶搞文化’忠实粉丝的阿威，如今一开口必称自己是一个彻底的‘山寨文化’追随者。从身上穿的，手中用的，到耳边听的，无一不‘山寨’的他从不忌言‘山寨产品’，‘山寨文化’正以前所未有的快乐和感觉，满足了他的文化想象和豪奢欲望。”①

“山寨”之变化义，则似乎已扩展到了上层建筑层面，或指一种草根精神，或指一种草根文化，或指一种草根政治。忽如一夜春风来，星星之火，可以燎原，借助网络之力，“山寨”一词又突然与“文化”接轨，掀起了“山寨文化”的风潮，“山寨文化”瞬间占据了网络的每一个角落，成为网络上最具吸引力的词语，什么“山寨《百家讲坛》”、“山寨刘翔”、“山寨周杰伦”、“山寨诺贝尔奖”、“山寨《红楼梦》”，当然还有呼吁“人民春晚人民办，人民春晚为人民”的“山寨版春晚”，据说其中有一个舞蹈《千手罗汉》，就是对《千手观音》的模仿……一日偶然上网搜索，竟然看到在深圳市街头，有几位青年女子的服装上印有“山寨电视台”字样，旁

---

① 山寨文化——草根对抗庙堂．文汇报（香港），2008-12-18．

若无人地在街头采访，并辅以各种姿态。总之，凡是权威的、正规的之外，总会有一个“山寨”的存在。

很明显，这三个层面的内涵是不同的，尤其是原始义、引申义与变化义之间，差别就更大：前者是指经济领域里的假冒、仿造，而后者明显已经是一种底层或边缘的文化精神了。在此，“山寨”一词已经悄然发生了“意义转移”，即从“模仿”转移到了“底层”、“草根”、“边缘”，而争论双方在讨论时，用的虽然还是“山寨”或“山寨精神”一词，但所指内涵已经完全不同了。简言之，对本文所说的“山寨”的原始义、引申义，确实在销蚀着中国的原创意识和创新精神，批评的空间很大，基本可以否定；而变化义，即“草根精神”、“草根文化”，问题又很复杂，难以一下子全盘否定或肯定。而问题更复杂的似乎在于：由这三个层面又衍生出经济、文化、政治意义上的“山寨”现象。

就前者而言，也就是经济层面而言，可以熊培云先生的《山寨精神的背后是谋杀中国的创新精神》为代表，他指出，“山寨产品”是缺乏创造力和自信心的表现，一个无序的市场所带来的破坏力是难以想象的。其结果必将是瓦解中国正在成长的“知识型社会”，并且进一步摧折世界对中国产品的信心。“所以，当许多人正在热情高歌‘山寨经济’时，我更愿意关注‘山寨’背后是否有谋杀，关注抄袭者弹冠相庆的背后，创造者是否血流成河。”秋风的《山寨精神不是平民精神而是流氓精神》，也表达了这样的担忧，他指出：“表面上看起来，那也是个市场，也有激烈的竞争，似乎也有信誉。但是，它的整个运作是建立在违反基本的法律、商业规则之上。比如，肆意侵犯他人的知识产权，其作坊也不遵守任何劳动法律，对消费者也基本不承担产品责任。从这个意义上，它比之计划体制下的黑市，更加等而下之。”所以，这种“山寨精神，与自由无关”。很明显，在此之所以否定“山寨精神”，主要是从经济秩序、市场制度、良性竞争出发的；在此，虽然也出现了“创造力”、“自由”等“大词”，但究其根本是源于保证一个健康、良性的市场经济的思考。正是从这一“原点”出发，才有了由否定经济、市场意义上的假冒、缺乏创造力的“山寨”，延伸到否定由此自然导出的其他“山寨”。有些评论正是遵循这样的逻辑，例如：“还有人盛称山寨产品、山寨文化的平民精神。但事实上，这不是平民精神，而是流民精神，甚至是流氓精神。一字之差，这精神可就差了十万八千里。……所以，山寨产品是中国市场体系劣质化的一个标志，山寨文化不过是文化堕落的另一重表征而已。”（秋风，《山寨精神不是平民精神而是流氓精神》）如果注意到以上论者的“原点”逻辑，会感到这样的批评是切中肯綮的，因为目前中国正在转型，其中之一就是从“中国制造”转向“中国智造”，为此就需要提倡原创精神，而“山寨经济”表面热闹，但从原创角度讲，一无可取，严重销蚀中国的原创力，是否值得提倡，不言自明。

但问题的复杂性似乎在于：“山寨”不仅有原始义、引申义，还有变化义。如上所言，这变化义已经扩展到了上层建筑层面，或指一种草根精神，或指一种草根文化，或指一种草根政治。而在这一层面，支持“山寨”者们往往已经抽去了“伪冒”、“仿造”的实质，而将话语重心“悄移”到了“底层”、“草根”、“亚文化”等，而一旦从这一角度理论，似乎就可以“理直气壮”了，因为这一角度不知不觉地与“人民”、“大众”、“群众”这些字眼发生了联系，而根据伟人教导，“群众是真正的英雄”，“人民，只有人民，才是创造世界历史的动力”。于是，就可以“理直气壮”地指点江山，激扬文字了。而这些正是“山寨精神”坚定不移的支持者们的逻辑。

试看：“网络的链接有多长，‘山寨文化’就能‘文化’得多广，一片又一片的山寨电影风靡网络，一个又一个制作粗糙却很能博人一笑的 DV，获得了越来越多网友的点击……山寨文化早已远离‘恶搞文化’、‘雷词文化’这些纯粹的‘草根文化’领域。”（《香港文汇报》，《山寨文化——草根对抗庙堂》）很明显，这里谈的已经不是经济、市场意义上的“山寨”，而是文化意义上的“山寨”了，而以“底层”、“草根”、“平民”为依托的“××精神”，在中国向来就有肥沃的土壤。恰如香港《亚洲周刊》文章《“山寨中国”与“孙悟空社会”》中指出的：“他们不甘永远做牛做马，要成为身影刁钻的猴子，拔毛千变，不断细胞分裂，一呼百应，形成一个奇异的社会，以民间的力量，凝聚成一种独特的文化。他们嘲讽潜规则。那位筹备‘山寨春晚’的老孟说，他的春晚绝对不会搞‘假唱’。他们身体力行，揭开了一些主流机构的伪善面具，以草根的智能，弥补了这个时代的缺陷。”（《亚洲周刊》2009 年第1 期）在此，“山寨”已经明显地“变脸”，成功地从经济领域进入文化领域，其代表作则是“山寨春晚”。据悉，“山寨春晚”人气日益见旺，其官方网站（www. ccstv. net）的题头是“人民春晚人民办，办好春晚为人民”几个字。最早的广告语“向央视春晚叫板，给全国人民拜年”，前一句已被悄然撤下。一位网民企盼道：“我满心欢喜地等待着除夕夜，我那山寨版的组装 PC，土音箱里传来报幕员嘹亮的声音（可能根本没有报幕员，而是网络词典的电子语音）：‘全国网民，海外网胞，这里是首都北京，山寨人民电视台、山寨人民广播电台、山寨春晚现在开始啦!”（果冻，《每一座山寨都是一个梦想》）但问题在于，这里所讨论的“山寨精神”，已经远离了其原始义或引申义，即为人所诟病的“假冒”、“仿造”、“侵权”，而变成“草根”、“底层”的文化代言人了。

至此，问题还没有完结。除一般文化领域外，“山寨”还可以进入政治文化领域。同样是依托“底层”、“草根”、“平民”等无可争议的“天然正义性”，获得一种更高的地位。而这种悄然变化，恰恰是通过“文化山寨”而完成的。试看这种链接——“只有在山寨的世界里，那些原来充满无力感的草根阶层，找到焕发生命的力量。那些从农村流向城市的两亿民工，因为没有户籍而被视为‘二等公民’，不能享有和城市人一样的医疗和教育的权利。但他们在价格低廉、功能奇炫的‘山寨手机’中，可以手一摇就换一首歌，或是用五毛钱就下载一部电影到手机里，可以一个人在拥挤的宿舍里看一个晚上。”（《“山寨中国”与“孙悟空社会”》）于是“文化山寨”就又具有了政治色彩，这是因为：“中国是‘山寨文化’的沃土，因为中国草根阶层有太多的能量需要释放。他们往往长期被边缘化，被主流的权力所忽视。只有在‘山寨文化’中，他们才可以抒发自己被压抑的情怀，才可以展现他们反权威、反垄断的精神，走出那些自相矛盾的主流论述。”这种思路的合理延伸就是：“以‘草根文化’对抗文化霸权，以普通大众的激情，反抗精英规则的压制，‘山寨文化’之所以能以星火燎原之势得到民间下层消费者和大多数网民的热烈追捧和欢迎，价格低廉甚至于免费欣赏是原因之一，更为根本的原因在于，‘山寨文化’无一不深深地打上了草根创新的智慧烙印。”还有论者指出：“‘山寨文化’作为一种体制外的文化，一种有别于主流文化的亚文化，它对于那些高高在上的庙堂文化，更是能起到促进其变革创新的促进性作用。”这里提出的以“草根文化”对抗“庙堂文化”和“文化霸权”的问题，已经明显属于政治文化领域范畴了。

综上，在目前的话语体系中，“山寨”具有原始义、引申义和变化义，而由此又可以分成经济、文化、政治几个层面。在目前的讨论中，如果搞清这几个层次，对话似乎就更容易些。目前中国正在转型，其中之一就是从“中国制造”转向“中国智造”，为此需要提倡原创精神，而“山寨经济”表面热闹，但从原创角度讲，一无可取，严重销蚀中国的原创力，是否值得提倡，不言自明。至于“山寨”一词从经济范畴游移到了文化领域，而后又具有政治色彩，它与“草根”联姻，与“底层”接轨，又与“亚文化”联袂，似乎难以全盘否定。从这一角度立论支持也未尝不可，但一定要明确：此“山寨”非彼“山寨”，在为“草根”保留一席之地的同时，一定要警惕“山寨”这一概念已经悄悄发生了转移。明了这一点，不仅能更准确地理解“山寨”现象和“山寨”问题，也可以作为其讨论和对话的参照。

（原刊于《今晚报》副刊，2009 年 1 月 20 日，现有增改）

“山寨春晚”与游民文化

岁末年终之际，“山寨文化”风头正劲。随便嵌入“山寨”这一关键词，各种“山寨”已令人目不暇接。当然，春节临近，“山寨春晚”自然成为其中的“大哥大”、佼佼者。目前，各类“山寨春晚”运动大有燎原之势。2008年年末，从事计算机行业的川籍“北漂”施孟奇突发奇想要办一台山寨春晚，于除夕夜在网上直播，用原创、网络和贴近生活“叫板央视春晚”。消息公布后，全国网友反响热烈。眼看场面越搞越大，施孟奇干脆开通了网站，向网友报道晚会的最新进展，网站名字叫做“CCSTV”(China Countryside TV)。此外，还有杭州网友“山寨春晚”、“山寨版深圳春晚”、湖南网友“酱油春晚”等，形成一股势头劲猛的“山寨春晚大军”。“CCSTV山寨春晚”于12月13日截止节目征集，共征集到700多个节目，唱歌类作品最多，结果如何，全国网民拭目以待。

其实，目光放得远一点，可以说，从“超女”的全民娱乐到“恶搞”视频的调侃，从草根阶层的诉求到“山寨文化”的火爆，其中似有一种内在联系，一种具有“中国特色”的文化心理现象，这就是“游民精神”，或“游民文化”。尤其是近期风靡的“山寨”，亦作“山砦”，本来就是指筑有栅栏等防守工事的山庄，泛指山村，旧时绿林好汉占据的山中营寨，如水泊梁山。“山寨”挑战的对立面一般是官府、庙堂、主流和权威。“山寨春晚”或“山寨文化”，骨子里的精神气脉就是“游民文化”。

一个世纪之前，著名报人黄远生曾写《游民政治》一文，其云：“吾国数千年之政治，一游民政治而已。”其后，著名学者王学泰著《游民文化与中国社会》一书，被学界称为“发现了另一个中国”。他指出，中国传统文化精神除了讲究入世济民、仁义礼教的儒家和讲究出世无为、自在逍遥的道家之外，还别有一家文化，一个“隐性社会”，它对中国社会起到了重要有时甚至是主宰的作用，这就是“游民文化”。所谓“游民文化”有如下特征：一是脱序性，即脱离正常秩序，游离于正常体制之外。在王先生看来，中国古代社会确为宗法社会，但在这一主流社会之外，存在很多“脱序”之民。由于朝代的更替、持久的战乱、土地兼并、自然灾害等原因，有很多人失去土地和家园，失去了进入主流社会上层的途径，成为被迫脱离主流社会的人，成为典型的“草根阶层”。二是造反与挑战精神，这是因为“游民处在社会的最底层，他们意识到，只有在剧烈的社会冲突中才会改变现有的一切。他们不理会秩序，欢迎冲突，甚至欢迎剧烈的社会冲突和社会动乱”。三是讲义气，游民是在主流社会失去容身之地的人，他们所托命的空间称作江湖。江湖风波不定，向来险恶，为保障生存，义气或忠义、仁义成为他们的最高道德准则，所以其聚集之处往往叫做“忠义堂”或“聚义厅”。既然是“在家靠父母，出外靠朋友”，那么朋友是否可靠，则全凭义气，而关羽就是这种千秋义气的突出代表。

台湾学者李敖曾感叹中国传统的源远流长，说我们今天任何一种事物，都可以在遥远的过去找到“历史上的老相好”。闻一多曾说，在大部分中国人的灵魂里，都斗争着一个儒家，一个道家，一个土匪。鲁迅也说过，中国民间之盛行《三国演义》和《水浒传》，是因为社会还有三国气、水浒气的缘故。今天是历史的延续，尽管物是人非，斗转星移，游民意识这位“老相好”，今天还或多或少地活在我们的精神血液里，只不过更加隐蔽而已。王先生指出，游民阶层历史悠久，传统深厚，拥有巨大的潜力，并且曾被利用，组织起来，其惊人的力量远远超过隐性社会，而改变过显性社会的版图和颜色。因此，游民意识形态、游民的思想作风，不可能不散播到中国社会的每个角落。就“山寨春晚”和“山寨文化”而言，其鲜明的草根基因、旺盛的反主流精神，以及挑战权威的意识，都无不存在着“游民文化”的影子。

有评论指出，中国是“山寨文化”的沃土，因为中国草根阶层有太多的能量需要释放。他们往往长期被边缘化，被主流的权力忽视。只有在“山寨文化”中，他们才可以抒发自己被压抑的情怀，才可以展现他们反权威、反垄断的精神。如从另一角度观察，我们可以说，中国也是“游民文化”的沃土，今日之“山寨”，有着往日之“游民”的鲜明印记。例如，“游民”的典型特征之一就是“脱序”，而在社会激烈转型时期，贫富差距加大，处于社会底层的草根平民容易产生一种无力感、失落感以及急于宣泄的冲动，于是造成“山寨文化”的兴起，以与庙堂抗衡。尽管由于历史潮水的冲刷，社会和科技的进步，今日依托网络之“山寨”，已非往日依托梁山之“山寨”，但看看这些题目《山寨版春晚网上同步直播受热捧，与央视公开叫板》、《山寨春晚挑战央视殿堂》、《“人民春晚人民办，办好春晚为人民”》，我们还是看出两者惊人的相似之处。

（原刊于《今晚报》副刊，2009年1月24日）

文化传播与跨文化沟通

小黄金周与社会休闲学

2005年1月，国家发改委发布了题为“2005：双稳健政策下的宏观经济走势”的报告，建议“将每周休息两天改为休息一天，剩余的一天一起移至月末，一次休息4天，变成月月‘小黄金周’，并适当延长春节休假时间”，以减轻黄金周旅游带来的负荷。3月初，出席全国政协十届三次会议的天津委员梁燕君正式向大会递交提案，建议实行带薪休假制度、“小黄金周”制度和增加传统节日为法定节假日，以缓解“黄金周”的压力。梁燕君在提案中说，推行“小黄金周”，将每周休息两天改为休息一天，剩余的一天一起移至月末，一次休息四天，变成月月“小黄金周”，适当延长春节休假时间，同时取消“五一”、“十一”、“黄金周”，以解决目前休闲旅游资源配置的不合理状态。

对此，民众舆情反应如何？根据上海零点市场调查有限公司提供的数据和分析，有近半数人不赞成“小黄金周”。通过电话随机采访，该公司共调查了404位上海市民，其中男女各占50%。该调查置信度为95%，误差在±3%之内。其中18~25岁和46~60岁是分布较为集中的年龄段。受访者月收入在2 001~3 000元的占25.2%，平均月收入为2 352.36元。此外，大专及以上学历的受访市民共占52%。有45.8%的受访市民表示反对，表示现行的“黄金周”及带薪休假都比小黄金周受欢迎。谁最有可能从小黄金周中受益？对此受访市民的看法比较一致：52.7%的人认为是商业部门，25.2%的人觉得是消费者，而选择“政府部门”和“生产部门”的更是只有4.2%和3.5%。三成人表示“小黄金周”外出旅行将增多。在本次调查中，虽然只有17.1%的受访者认为小黄金周会使自己得到更多的休息时间，而55.2%的人觉得不会有什么变化，但还是有43.3%的人表示会利用小黄金周的4天假日外出旅游。如果实行小黄金周而取消现在的黄金周，有31.2%的人每年的外出旅行时间将比现在多，43.1%的人表示不会有所变化。

“小黄金周”是新鲜事物，而且关涉全体社会成员的共同利益，所以从酝酿到落实，绝非一朝一夕。但它毕竟是一个明确的信号，即如何更科学、更有效、更高质量地休闲，已经提上国家大政方针的议事日程，中国正在由生产型社会、少数人休闲的社会向普遍休闲型社会过渡，尽管整体上看还是“路漫漫其修远兮”，但毕竟已透出丝丝曙光。这就要涉及一些社会休闲学的知识，为即将到来的休闲社会进行必要的知识和理论储备。

社会休闲学，或称休闲学，是西方近年来新兴起的一门学科，它以人的休闲行为、休闲方式、休闲需求、休闲观念、休闲心理、休闲动机等为研究对象，探索休闲与人的生命意义和价值，以及休闲与社会进步、人类文明的相互关系。休闲学往往借鉴和采用哲学、社会学、经济学、行为学、人类学、文化学等多学科的思维方法和理论工具，形成了休闲哲学、休闲社会学、休闲行为学、休闲经济学、休闲心理学、休闲美学、休闲政治、休闲运动、休闲宗教学等。这一学科的核心观点是，劳动是人的本能，休闲也是人的本能，更是人的生命的一种状态，是一种“成为人”的过程，是一个人完成个人与社会发展任务的主要存在空间；休闲不仅寻找快乐，也在寻找生命的意义。

早在公元前4世纪，亚里士多德就指出：“我们需要崇高的美德去工作，同样需要崇高的美德去休闲。是的，休闲可以使我们有意义地生活。”1893年，法国社会主义者、马克思的女婿拉法格出版了《懒惰的权利》一书，敏锐地预见到了休闲对人生的重要意义。他批评了法国“二月革命”中工人的思想，他认为，工人主张获得工作的权利，只能算作原原本本接受统治阶级所要求的禁欲思想而已，劳工的思想尚未完全确立，更高的要求应该是“懒惰”的权利才对。这一观点在当时未能被人重视，直到休闲时代来临，学者们才注意到这一说法的核心是要追求更多自由支配的时间的权利。马克思在谈到未来共产主义社会时曾指出，在这个社会中，成为富足标准的将不是工作时间，而是业余时间，特别是闲暇时间。马克思称闲暇时间为“自由时间”，即“可以自由支配的时间”。这种时间不被直接生产劳动所占用，而是用于娱乐和休息，从而为个人的自由发展开辟广阔的空间。1899年，美国学者凡勃伦出版了《有闲阶级论》（*The Theory of the Leisure Class*），学术界公认这是现代休闲学诞生的标志。凡勃伦试图从经济学家的视角分析和证明休闲与消费是如何联系在一起的，他十分敏锐地注意到：资产阶级新权贵在获得物质享受的同时，已开始追求精神生活的丰富和享乐，“闲暇时常采用‘非物质的’，是准学究或准艺术的以及讨论各种事变的知识”。他在该书中提出，休闲已成为一种社会建制，成为人的一种生活方式和行为方式，并论述了宗教、美学、学术讨论与休闲的关系，分析了闲暇时间消费的各种形态和消费行为方式。凡勃伦还提出了“炫耀性消费”（Conspicuous Consumption）的概念。1952年，瑞典天主教哲学家皮普尔的《休闲：文化的基础》问世，被誉为西方休闲学研究的经典之作。皮普尔在他这本仅几万言的书中，以深刻而精辟的语言阐释了休闲作为文化基础的价值意义，指出休闲是人的一种思想和精神的态度，不是外部因素作用的结果，也不由空闲时间所决定，更不是游手好闲的产物。休闲有三个特征：首先休闲是一种精神态度，它意味着人所保持的平和、宁静的状态；其次，休闲是一种为了使自己沉浸在“整个创造过程中”的机会和能力；另外，休闲是上帝给予人类的“恩赐”。20世纪80年代，法国休闲学家罗歇·苏的《休闲》问世，他从语义学角度考察了“休闲”一词的内涵，英文“Leisure”一词来源于法语，法语来源于希腊语和拉丁语。“休闲”在希腊语中为“Skole”，在拉丁语中为“Scola”，意为休闲和教育，认为发展娱乐，从中受益，并与文化水平的提高相辅相成。英文中“Leisure”休息的成分很少，消遣的成分也不大，主要是指“必要劳动之余的自我发展”，表明了“休闲”一词所具有的独特的文化精神底蕴。

近二三十年来，西方一大批有建树的休闲研究学者脱颖而出。云南人民出版社推出的“休闲研究译丛”共五本书的作者们，就是其中的佼佼者。分别是：①托马斯·古德尔、杰弗瑞·戈比：《人类思想史中的休闲》；②约翰·凯利：《走向自由——休闲社会学新论》；③卡拉·亨德森等：《女性休闲：女性主义的视角》；④杰弗瑞·戈比：《21世纪的休闲与休闲服务》；⑤杰弗瑞·戈比：《你生命中的休闲》。中国在此方面也有动作，著名学者于光远、成思危、龚育之主编的“中国学人休闲研究丛书”也由5本构成：《论普遍有闲的社会》（于光远）、《民闲论》（陈鲁直）、《走向人文关怀的休闲经济》（马惠娣）、《休闲：人类美丽的精神家园》（马惠娣）、《中国公众休闲状况调查》（马惠娣），已经由中国经济出版社出版发行。这套丛书较系统地探讨了有关休闲的理论与实践问题。

我国自1995年5月起，开始实行5天工作制，1999年实行“三个长假日”，全年假日多达114天，占全年时间的三分之一，目前又在酝酿试行“小黄金周”。可见，无论怎样认识与评价，休闲作为一个新的社会文化经济现象，已经大踏步向我们走来，正在对人的日常生活结构、社会结构、产业结构以及人的行为方式产生深刻的影响。因此，研究休闲与社会发展的互动关系，构成了一个在理论、实践与政策等层面上都必须高度重视的问题。

正如里夫金在《工作的终结》中所指出的那样："我们正在进入一个历史新时期，在这个历史新时期中，在产品和服务的生产上，机器正在越来越多地代替人工。虽然具体时间表还难于预测，但我们已开始坚定地踏上通向自动化未来的道路，很可能在接下来几十年内，至少在制造业，我们会走进一个几乎无工人的时代……众所周知，工作的终结可以招致文明的死刑，工作的终结也可以表明一场伟大的社会改造运动的开始，人类精神的再生。未来掌握在我们的手中。"

（原刊于《今晚报》副刊，2005年6月6日）

春晚情结悖论与“想象的共同体”

中央电视台春节联欢晚会始于1983年，至今已历时23载，其规模之大，参与者之众，受众之多，覆盖面之广，影响力之深远，堪称世界之最，据说已经准备申请吉尼斯世界纪录。一年一度的春晚，在当代中国人的春节风俗中和吃年夜饭一样不可或缺，二十多年来，大年三十晚上看晚会，早已成为中华民族辞旧迎新、团聚守岁的必不可少的文艺形态，就像贴春联、吃饺子、拜年一样，成为新的民俗形态和中国特有的“春节文化现象”。2004年年底，央视国际网站专门设立“2005年：说不尽的春节联欢晚会”讨论专区，热情的网友提出的建设性意见足足占据了三十几个页面，而若以“春节联欢晚会”为关键字在百度和Google上搜索，可找到五六十万篇报道和评论。“春晚”已经成为民族文化现象，已在国人心中形成某种不能割舍的“情结”。

但考察近年来的舆情民意，对大众中如此浓烈的“春晚情结”，持反对意见者日增，逐渐形成了“春晚情结悖论”。这种“悖论”由两个层面构成：①好还是不好？②办还是不办？第一层面，仅从今年的评价来看，持肯定性意见较多，尤其是晚会大胆地在歌舞、小品、相声这传统的“三大支柱”之外，发现并竖起了第四根支柱——放大具有个体特质的边缘性节目，以旧为新，打造出了《千手观音》。但反对、批评意见也不少，什么“旧模式里转圈”，“影视明星扎堆”，“老面孔扎堆自娱自乐”，“观众审美疲劳”，有的还很激烈：“老黄瓜抹绿漆——假冒新鲜”。还有专家认为，由于“春晚”上出现的多是“老面孔”，其人、其节目平时在其他频道也看得到，“春晚”与“非春晚”在节目质量上有惊人的同质性、同构性。所以，近年春晚骨子里早已老化，只有枝枝叶叶上小打小闹式的创新。还有人提出了春晚的“审美疲劳”问题，如红色的反复运用，大红、粉红、桃红、紫红，红得喜庆，可红得没有太大创意，红得让人有点“审美疲劳”。于是自然地过渡到第二层面：办还是不办？近年不断有人提出疑问：央视春节晚会到底还有人看吗？为什么年年受到观众批评还要办下去？“受累不讨好”，是老百姓对春晚最通俗的诠释。有的干脆宣布，除夕不看

“春晚”，寻找其他娱乐方式。于是，就形成了“春晚悖论”——年年难办年年办，年年不满年年看。春晚情结，已经成为中国年俗文化中弃之可惜、食之无味的“鸡肋”。春节晚会的质量、创新、受众满意度，已经成为中国娱乐界的一块心病，一道硬着头皮也要闯的“年关”。

每年春节前后是关于春晚讨论的高潮期。今年也不例外，对“春晚现象”、“春晚情结”，人们从各种角度发表了意见。笔者的意见是：还是要办下去。这样说，是基于一种民族文化的理由，这个理由就是，实际上中国的春节晚会这种外在形式，要远远大于其所表现的内容，或者说，形式就是内容本身，形式比内容更重要。在此，形式之所以大于内容，是因为“春晚”实际上是在特定的时间充当了“中国”、“中华民族”这一“想象的共同体”的载体，使“中国”、“中华民族”这些抽象的概念有一个具体的形象化的过程。“中国”是什么？“中华民族”是什么？太大，太抽象，是一种“想象的共同体”，需要具体落实。而文艺的形式化、形象化，就是最好的手段之一。20世纪80年代诗人舒婷曾写下《祖国呵，我亲爱的祖国》一诗，曾用诸多个体形象诠释“祖国”：

> 我是你河边上破旧的老水车，数百年来纺着疲惫的歌；我是你额上熏黑的矿灯，照你在历史的隧洞里蜗行摸索；我是干瘪的稻穗；是失修的路基；是淤滩上的驳船，把纤绳深深勒进你的肩膊——祖国呵！

民族，是一种“想象的共同体”（Imagined Community），是一种“心理事实”（Psychological Existence）。这一原创性观点，是由美国学者班纳迪克·安德森提出的。直接促成他写作《想象的共同体——民族主义的起源与散布》的导火线是1978—1979年间爆发的中国、越南和柬埔寨之间的三角战争。这一历史事件使他陷入深思：为何民族主义的力量会强大到使同一意识形态的三个社会主义国家不惜兵戎相见？可见，在意识形态、宗教立场、市场利益这些决定当代世界潮流、社会发展大趋向的力量之外，还有一种更隐蔽也更强大的社会心理力量在支配着人们的行为，这就是民族主义。他指出：“依循着人类学的精神，我主张对民族作如下的界定：它是一种想象的政治共同体；并且，它是被想象为本质上有限的，同时也享有主权的共同体。……它是想象的，因为即使是最小民族的成员，也不可能认识他们大多数的同胞，和他们相遇，或者甚至听说过他们，然而，他们相互联结的意象却活在每一位成员的心中。”（《想象的共同体——民族主义的起源与散布》）其具体论述为：

> 民族被想象为有限的，因为即使是最大的民族，就算他们或许涵盖了十亿个活生生的人，他们的边界，纵然是可变的，也还是有限的。没有任何一个民族会把自己想象为等同于全人类。虽然在某些时代，基督徒确实有可能想象地球将成为一个信奉基督教的星球。
>
> 民族被想象为有主权的，因为这个概念诞生的时代，启蒙运动与大革命正在毁坏神谕的、阶层制的皇朝的合法性。民族发展臻于成熟之时，人类史刚好步入一个阶段，在这个阶段里，即使是普遍宗教最虔诚的追随者，也不可避免地被迫要面对生机勃郁的宗教多元主义，并且每一个信仰的本体论主张与它所支配的领土范围之间也有不一致的现实。民族于是梦想着成为自由的。衡量这个自由的尺度，与这个自由的象征，就是主权国家。
>
> 最后，民族被想象为一个共同体，因为尽管在每个民族内部可能存在普遍的不平等与剥削，民族总是被设想为一种深刻的、平等的同志爱。最终，正是这种友爱关系在过去两个世纪中，驱使数以百万计的人们甘愿为民族，这个有限的想象，去屠杀或从容赴死。

如此，安德森完成了他关于民族主义起源和流布的复杂论证：民族主义以一种和资本主义发展过程类似的“不平均与合并的发展”（Uneven and Combined Development）方式，从美洲、欧洲、亚洲、非洲，一波接着一波先后涌现；他们既属同一场历史巨浪，而又相互激荡，各擅胜场。然而为何“民族”竟会在人们心中激发如此强烈的依恋之情，促使他们前仆后继为之献身呢？安德森认为这是因为“民族”的想象能在人们心中召唤出一种强烈的历史宿命感。从一开始，“民族”的想象就和种种个人无可选择的事物，如出生地、肤色、种族等密不可分。更有甚者，想象“民族”最重要的媒介是语言，而语言往往因其起源之不易考证，更容易使这种想象产生一种古老而“自然”的力量，无可选择，生来如此的历史宿命感，使所属成员在“民族”的形象之中感受到一种真正无私的大我与群体生命的存在。恰如那首歌所唱道：

洋装虽然穿在身，我心依然是中国心。我的祖先早已把我的一切烙上中国印。长江、长城、黄山、黄河，在我心中重千斤。无论何时，无论何地，心中一样亲。

借助这一理论支撑点，我们可以说，“春晚”存在的理由，就是为“中华民族”这一“想象的共同体”搭建了一个“心理事实”的虚拟化平台。人们欣赏春晚，除了一般的审美原因，还有更深一层、更隐蔽的潜在心理需求：寻找归属和认同，在“春晚”中感受自己作为“中华民族”这个大家庭成员之一的真实的生命感受，在歌舞、小品等这些文艺形式中感受到一种民族的“大我”与“群体生命”的存在。这也正是“年年难办年年办，年年不满年年看”这种“春晚情结悖论”现象存在的理由。如上所论，在此，形式要远远大于内容。

1922年，美国著名传播学家李普曼在《公众舆论》中提出了“拟态环境”（Pseudo-environment）说。他认为，现代社会越来越巨大化和复杂化，大众由于实际活动范围、精力和注意力有限，不可能对与他们有关的整个外部环境和众多的事物都保持经验性接触，在超出自己亲身感受、感知以外的事物，人们只能通过各种大众传播媒介去了解。这样，人的行为已经不再是对客观环境及其变化的反应，而成了对大众传播媒介提示的某种“拟态环境”的反映。此外，《公众舆论》还表达了这样的基本思想：媒体创造了我们头脑中的象征性的想象，这些想象有可能与我们经历的“外在”世界完全不同。李普曼论证了大众媒体是现实世界的某个事件和我们头脑中对这个事件的想象之间的主要连接物。

若把班纳迪克·安德森的“想象的共同体”和李普曼的“拟态环境”结合起来考察“春晚现象”，可以说，在这一过程中，电视这一大众传播媒介，实际上起到了把抽象的民族这一“想象的共同体”落实为可闻、可视、可观的具体形象的连接物的作用。如果说，“想象的共同体”是一种“心理事实”的存在，那么，电视等大众传播媒介就是这种存在的最好载体和平台。它所构建的“拟态环境”，从一个感性的侧面，使国人真切地感受到“中华民族”这一“想象的共同体”的事实存在。

基于这种原因，春晚的路还要走下去。因为它无可替代，而无可替代的东西永远不会消失，比如广播和信封。

（原刊于《今晚报》副刊，2005年3月14日，现有增改）

文化传播与原生态需求

杨丽萍的《云南映象》引起轰动，报道、评论已多，无须详述。在Google搜索引擎上以“云南映象”为关键词，显示约有18 300项符合查询内容；而用“百度搜索”，则找到相关网页约24 500篇。其中不乏“爆满”、“轰动”、“震撼”、“陶醉”、“净化”、“回归”、“舞神”、“出神入化”、“从云南跳到世界”、“跳遍全球”等赞誉之词。自2003年8月在昆明首演，杨丽萍率《云南映象》巡演全国，至今已在中国各地演出了129场。每到一地均引起轰动。2003年11月在杭州首场演出，剧场爆满，精湛的表演征服了杭州观众，演出结束，观众将剧院大堂围得水泄不通，他们高呼着杨丽萍的名字，请“舞神”签名。2004年3月8日，中国舞蹈的最高奖项第四届中国舞蹈“荷花奖”揭晓：《云南映象》获舞蹈诗金奖、最佳女主角奖、最佳编导奖、最佳服装设计奖和优秀表演奖。此外，《云南映象》在国外的“走势”也非常好，据悉，杨丽萍将进军国际文化市场，在美国等十几个国家举行160余场演出，名字也将改为《寻找香格里拉》。

“原生态”，无疑是理解《云南映象》和杨丽萍的关键词。这一点，无论从杨丽萍的创意、编舞的指导思想，还是从舞蹈本身的内蕴、观众的反馈，都可看出。对此，报道已多，评论已多，无须赘述。为了留给观众一个“原生态”的印象，杨丽萍曾带领创作者深入云南少数民族地区进行了一年多时间的采风，从民间邀请了上百位业余演员，其中大多数是农民，有的在放牛时吆喝了一嗓子，便被请到了舞台上。“把那些濒临消失的民间艺术挖掘出来，抢救下来，给观众、给后人留下一个活着的民俗文化博物馆。”此举甚至使起初有意投资合作的某歌舞团深感失望，终止了和杨丽萍的合同，撤资退出。但杨丽萍坚持了下去。她坚持任何一个细节都必须是“原生态”。绣花是一点都不能马虎的，色彩没有准，重印重来；土布就是土布，不要拿化纤来。当然，最具“原生态”的还是舞蹈本身。对此，她解释说：“人们现在忘却了舞蹈的本源是什么，人还在不会语言的时候就得手舞足蹈啊。你别忘了舞蹈是跟生命、跟所有情感联系在一起的，然而人们忘却了它的本质，认为舞蹈就是舞蹈，是一种表演性的。其实舞蹈是与生俱来的，比如我们坐在这里，它就是一种姿态，或者我们去拿一样东西，它也是一种舞蹈。其实舞蹈在民间是无处不在的。”

在某种意义上，《云南映象》的成功是市场反馈给文化传播产业的一个信号：在审美心理上，观众存在着强烈的“原生态”需求，或者说，对“原生态”艺术的渴求造就了一个庞大的文化市场。《云南映象》就是其中一颗闪亮耀眼的钻石。在当今越来越趋于程式化、标准化、规范化的艺术市场上，“原生态”无疑处于短缺状态。按照市场规律，物品稀缺则价格上涨，物品过剩则价格下降。文化市场也不例外地遵循这一规律。实际上，杨丽萍构思《云南映象》之初就决心进行市场化运作、企业化管理，《云南映象》的成功在于杨丽萍巧妙地运用了当今艺术市场上最稀缺的文化资源——“原生态”。所谓“原生态”，还有一个名字，叫“去现代化”。通俗地理解，就是离现代世界、商品社会的总体发展趋向，如产量、包装、利润、效率、批量化、城市化等越远越好。某种意义上，艺术的追求与工业或经济的追求正好相反，形成一种二律背反——越是经济发达的社会，其审美追求越趋向追求“原生态”，越趋向回归人的生命本能。在这一大文化背景下，某些看来滞后、落后的东西，很有可能最大限度地满足人的心理需求，成为艺术领域中最先进之物。这就是艺术与经济发展的二律背反。

那么，处于“现代化”中的人的基本心理需求究竟是什么呢？对此，美国学者梅琳达·戴维斯进行了认真的研究。从 1996 年开始，她集合了学者、官员、工程师、科技怪杰、企业总裁、编舞、艺术家、得奖编剧、行销大师、有创意的教育工作者，发起了“欲望计划”，一起研究 21 世纪的困惑：现代人到底要什么？经过长达 6 年的研究，戴维斯与“欲望计划”小组发现：现代人最大的危机，是要克服内心深处的混乱。“食物、权力、性爱是过去人类的原始欲望”，戴维斯在她的新书《新欲望文化》中指出，“而现在，追求内心圆满境界的原始欲望将主导一切”。戴维斯将研究集结为一本书，名为《新欲望文化》。书中说，现在是后物质时代。今天，看不见形状、摸不到温度的东西，占据我们的时间越来越多，对我们的影响越来越大。20 世纪之初，三分之二的美国人是靠制造业谋生；而 21 世纪之初，九成的美国工作人口是白领，三分之二人口的工作与知识、经验相联系。就像饥寒交迫时会有求温饱的本能欲望，现代人面对工业化所造成的冷漠和异化，也产生了新的求生欲望——欲追求内心的平静、至高的欢愉，也就是戴维斯所说的圆满境界——即使只有片刻也好。过去，消费者梦寐以求的标准是房子、汽车、科技新产品；而现在，消费者心中的第一顺序是安全快乐的家庭、平静的心灵。戴维斯研究揭示，一般来说，现代人有五种欲望，换言之，在追求极致欢愉的最高欲望指挥下，现代人也有五种策略迎战无形的攻击、努力达到圆满的境界。

欲望一：渴望逃离此地此刻
欲望二：渴望立刻有好心情
欲望三：渴望人群的拥抱
欲望四：渴望成为另一个人
欲望五：渴望心灵的导师

仔细分析这五种欲望或策略，都与一个字有关："异"，即异地体验、异样感受、异类生活……总之，要摆脱此时此地的此种生活状态。戴维斯认为，这五种策略也就是消费者亟欲满足的五种新欲望，只要能够激发、满足这些欲望，也就开启了无限商机。无须一一分析，《云南映象》的"原生态"类型审美所满足的恰恰是现代人的这种需求，所以也就开启了"无限商机"。若分解其中组成"原生态"的"异质"元素，恰恰均符合戴维斯归纳的五种欲望，尽管杨丽萍可能不知道其"欲望计划"，不知道"愉悦最大化"。但她坚持"原生态"，把演出市场定位于现代化城市，而非广大农村，则与戴维斯的理论不谋而合——现代城市人都有"渴望逃离此时此刻"的欲望，都有"渴望成为另一个人"的潜意识，而《云南映象》的"原生态"恰恰为现代城市人焦躁不安的灵魂提供了一个理想的休憩家园。

此外，《云南映象》成功的背后还有更深层的经济原因。世界现已进入体验经济阶段，而文化产业正是其中坚力量。正如有关学者所言，文化、娱乐——而不是那些看上去更实在的汽车制造、钢铁、金融服务业——正在迅速成为新的全球经济增长的驱动轮。20 世纪 70 年代，美国学者阿尔温·托夫勒在《未来的冲击》中曾指出：体验经济将逐渐成为继农业经济、工业经济、服务经济之后的一种经济形态。这一观点长期以来并未引起重视，直到 20 世纪末，当社会经济环境的变化使人类"体验"对经济产生重大影响时，托夫勒的卓识远见才重放异彩。1998 年，美国战略地平线 LLP 公司的创始人约瑟夫·派恩和詹姆斯·吉尔摩在《哈佛商业评论》上发表《欢迎进入体验经济》一文，正式标志着"体验经济"（Experience Economy）作为一种理论范畴的确立。作者指出，经济价值演变过程可分为四个阶段：商品、货币、服务和体验。从宏观来看，人类经济活动在经历了农业经济、工业经济、服务经济等时代后，体验经济将是最新的发展浪潮。农业经济时代，土地是最重要的资本；工业经济时代，产品是企业获得利润的主要来源；服务经济时代，产品是企业提供服务的平台，服务才是企业获得利润的主要来源，服务会使产品卖得更好；而在体验经济时代，“出售体验”则是经济的更高层次，它力求以创造个性化生活及异常体验来获得利润。《欢迎进入体验经济》这样描述体验经济的理想特征：在这里，消费是一个过程，消费者是这一过程的“产品”，因为当过程结束的时候，记忆将长久地保存对过程的“体验”。消费者愿意为这类体验付费，因为它美好、难得、非我莫属，不可复制、不可转让、转瞬即逝，它的每一瞬间都是一个“唯一”。

体验，瞬间的唯一体验，已成为“开启未来经济增长的金钥匙”。

体验经济的新鲜之处在于，体验本身代表一种已经存在但先前并没有被清楚表述的经济产出类型，其本质就是以文化产业为基本支柱的现代经济。如今，在发达国家，文化产业已经成为国民经济的重点和支柱产业，在高科技的支持下，以影视传媒、视听出版、演艺娱乐和旅游、网络、体育、会展服务为基础产品的文化产业，已占其 GDP 极大比重。文化可以创造财富，文化本身意味着财富。2002 年《福布斯》公布的囊括 538 名全球巨富的排名榜中，虽然盖茨仍以 587 亿美元个人资产稳坐第一，但以行业论，从事媒体和娱乐行业的亿万富翁竟多达 62 人之众，数量居第一；而历来坐头把交椅的金融家，却以 1 人之差屈居第二。可见，当今世界，文化产业正在挤占传统产业的市场份额。

经济搭台，文化唱戏，已是昨天的小城故事；今天，在体验经济时代，文化与经济实际上已共居于同一竞争平台。《云南映象》就是证明，它的成功不仅在于轰动，还有启示：消费者愿意为异常“体验”买单，无论是国内市场或国际市场，“原生态”可以造就一个庞大的文化需求市场。实际上，若仔细观察一下文艺领域的其他动态，就可以更坚信这一点。

“女子十二乐坊”将中国古老民乐与西方演奏技巧相融合，创造出一种充满全新气息的东方特色音乐。十二件充满古色古香东方传统韵味的民族乐器，十二位洋溢着现代青春活力的女子，十八首动人的乐曲，充分展示了传统与现代、民族与世界、柔情与豪放。贯穿整个乐曲之中的笛声、琴声，交织出古老悠久的中华大地博大美丽的壮丽画面。“女子十二乐坊”魅力音乐会首次打入日本唱片销量排行榜第 3 名，热销 64 万张。

据报道，近来在德国城市不来梅举办的第三届国际奥林匹克合唱比赛上，中国南开大学学生合唱团一举荣获这一世界最高合唱赛事的三项金奖，在当地吹起了一股清新的“中国风”。其中，《天地太极》借鉴中国宫廷乐等传统音乐素材，加入了太极拳、武术、书法等表演形式。伴奏全部使用编钟、古筝、大鼓、木鱼等中国传统民族乐器。演员则身着民族服饰载歌载舞，一边打太极，一边吟唱。歌声或清亮，或舒缓，间或有让人眼花缭乱的仕女宫灯舞，兵马俑舞，武士手旗舞和刀、枪、戟等的武术表演。表演在指挥孟超美当场用毛笔书写下“天地太极”四个汉字后结束。成功糅合多种中华传统文化于一曲的《天地太极》，展示了中华民族文化的独特魅力，让观众和评委目瞪口呆。观众们看到精彩处，甚至忘记演出当中不能鼓掌的赛场规定，情不自禁地拍起手来。合唱团谢幕时，已是掌声如潮。

这些，不都显示了我们“原生态”文化在世界文化传播市场上的魅力吗？

（原刊于《今晚报》副刊，2004年8月17日，现有增改）

陶渊明责子与“文化资本”

东晋大诗人陶渊明，写过一首《责子》诗，其云：

白发被两鬓，肌肤不复实。
虽有五男儿，总不好纸笔。
阿舒已二八，懒惰故无匹。
阿宣行志学，而不爱文术。
雍端年十三，不识六与七。
通子垂九龄，但觅梨与栗。
天运苟如此，且进杯中物。

清人王世祯《古诗笺》的本诗按语中说，渊明有舒俨、宣俟、雍份、端佚、通佟五子。诗中提到的舒、宣、雍、端、佟，皆为其小名。据诗中描述，老大阿舒年十六，四体不勤，一身懒骨；老二阿宣已近“志学之年”——十五岁，不继父志，不读书，不习文；老三阿雍、老四阿端为孪生兄弟，同为十三岁，不识数算，智商堪忧；最后一位阿通九岁了，只知道夺食抢物，仨梨两枣而已，无远大志向……唉，眼看着几个儿子一天天长大，又看不到成才的任何希望，可怜天下父母心，为父的陶渊明心中的焦灼、无奈可想而知。比较一下辛弃疾《清平乐·茅檐低小》中所描述的“大儿锄豆溪东，中儿正织鸡笼，最喜小儿无赖，溪头卧剥莲蓬”，辛氏诸儿起码还知道劳动创造财富，大儿锄草，中儿织笼，一为大田劳作，一为手工编织，将来都可自食其力。而陶渊明种豆，却无帮手，有《种豆》诗为证：“种豆南山下，草盛豆苗稀。晨兴理荒秽，带月荷锄归。道狭草木长，夕露沾我衣。”如阿舒能像辛氏大儿一样，锄豆南山，也可帮父亲一把。有专家从现代医学角度分析，陶渊明诸儿多痴愚恰与他所说的“且进杯中物”有关，男人醉酒后同房，所生子女迟钝愚笨的概率极高。陶令天天酒不离口，所谓“过门更相呼，有酒斟酌之”（《移居》），其自传云：“性嗜酒，家贫不能常得。亲旧知其如此，或置酒而招之；造饮辄尽，期在必醉。”（《五柳先生传》）如陶令有知，似应在《责子》诗之外，多写一首《自责》诗。

艺术手法上，《责子》已达到“无技巧”、“欲辨忘言”的高超境界，寥寥数十言，通体白描，不仅把五个儿子的各自特点刻画得活灵活现，而且写出作者对儿子的训责、恨爱、忧虑、无奈，以及人到晚年对孩子的殷切期待及恨铁不成钢的怅然心情。宋人梅尧臣有云：“作诗无古今，唯造平淡难。”（《读邵不疑诗卷》）陶诗正是这种典型。

欣赏一首诗，可有不同角度。除了一般所及的视角之外，《责子》诗实际还触及文化资本的转换与传承的问题。表面上，陶令是在为孩子的前途担忧，若深一层看，它实际还透露出对家人后代无法继承自己知识、文化的隐忧，所谓“虽有五男儿，总不好纸笔”是也，而这同他爱读书，“每有会意，便欣然忘食”（《五柳先生传》）不可同日而语。

文化资本是法国学者皮埃尔·布迪厄提出的概念。2002 年 1 月 23 日，法国著名社会学家和哲学家皮埃尔·布迪厄因癌症去世，享年 71 岁。他在思想界的地位可用格拉斯·约翰逊的一句话来概括：作为思想家，皮埃尔·布迪厄对 20 世纪后半期的影响，恰如萨特曾经对 20 世纪前半期的影响那样重要。在其名著《资本的形式》中，布迪厄第一次完整地提出了文化资本的理论。他认为，资本可以表现为三种基本类型：①经济资本，它可以直接转换成金钱，这一转换过程是以私人产权的形式制度化的；②文化资本，其特点为不可直接进行人际转换，但在某些条件下，它可以转换成经济资本，这一转换过程是以教育资质的形式制度化的；③社会资本，它由社会义务构成，在一定条件下也可以转换成经济资本，而这一转换过程是以某种高贵身份的形式被制度化的。文化资本，实际上是一种信息资本（Information Capital）。而单就文化资本而言，又主要表现为三种形式：①身体化的存在，即文化人；②客观化的存在，即文化产品；③制度化的存在，即文化制度。

文化人，是文化资本存在的第一种形式。其特点表现为实体化、身体化的状态，它体现在行动者精神和身体持久的性情倾向之中，是与资本的投资者和拥有者的身体、肉体相联系的，存在于文化、教育、修养等具体形式之中，行动者必须通过自已身体化的、具体化的实践活动来获取它。更为重要的是，这种类型的文化资本具有特殊的累积性和传递性。就积累而言，它与个人及其生物特性有着密切的联系，它不能超越个体行动者及其表现能力，并随着拥有者的肉体身心能力一起衰落和消亡；就传递、转换而言，“这种具体的资本是转换成个人有机组成的外来财富，是转换成个人习性的外来财富，和金钱、产权以及贵族头衔不一样的是，它无法通过馈赠、买卖和交换进行当下的传承”（《资本的形式》）。若换成比较中国式的表述，就是曹丕在《典论·论文》中所说的：“文以气为主，气之清浊有体，不可力强而致。譬诸音乐，曲度虽均，节奏同检，至于引气不齐，巧拙有素，虽在父兄，不能移其子弟。”文化知识作为一种资本、一种遗产的最大特性，就是不能像经济资本那样随意地直接转让给他人，包括自己的后代，所谓“虽在父兄，不能移其子弟”是也，这也正是陶令望着五个“总不好纸笔”的孩子伤心而又无奈的又一重要原因。

身体化的文化资本的最大特征是不可重复的个性。文化人的肉体消亡了，与之相依相随的活生生的才气、智慧、能力也就同时随风飘逝，“物是人非事事休”；当然这不排除其精神仍然以作品的形式“活”下来，代代传承，但作为他本人所独有的个性、气质、才华却永不存在，原创能力也无法延续，引起后人的无限遐思，所谓“怅望千秋一洒泪，萧条异代不同时”（杜甫《咏怀古迹》）。李白《夜泊牛渚怀古》有云：“牛渚西江夜，青天无片云。登舟望秋月，空忆谢将军。余亦能高咏，斯人不可闻。明朝挂帆席，枫叶落纷纷。”“空忆”、“不可闻”的惋惜语气中，寄寓着后人的多少怅惘！

再把思维延伸一下，陶渊明《责子》所蕴涵的意思实际上还有基因的传承问题。

20世纪70年代，英国学者里查德·道金斯撰写了一部很有名气的书——《自私的基因》，引起了极大的社会反响。道金斯指出，包括我们人在内的动物、植物和微生物这些世界上所有的千姿百态的生命体，只不过是基因借以生存的机器，所谓“天地者，万物之逆旅；人生者，百代之过客”。从肉眼看不见的病毒，到巨型生物红杉、蓝鲸和大象，从最低级的细菌，到具有复杂结构和高级智慧的人类，它们都拥有同一类型的复制基因。这种基因就是我们通常所说的DNA。生物个体总在不停地消失。人类的寿命算是较长的，但一个人在世上能活到七八十岁可说古稀了。古代的皇帝要他的臣民们呼他万岁，但他们的寿命不比普通人长。而世界上的基因可望生存的时间比万岁还要万岁，要以千百万岁来计算。

基因的天职就是复制，它不断地将自己拷贝到不同的生存机器中去。基因不会因改变了栖身的个体而被破坏，它调换了伙伴又继续前进。生存器只是它们的运载体。每个运载体的行程都是有限的，因为一切个体都有寿终正寝之日。但基因的寿命不会随着个体的死亡而终结，个体完成职责之后便被弃之一旁，基因将继续走它的路，永不停息。基因不仅是亘古长存的，而且是自私的。基因为了生存，必须与它的等位基因竞争。等位基因就是争夺它们在后代染色体位置的对手。在基因库能牺牲等位基因而增加自己生存机会的任何基因都会生存下去。反之，如果它们不自私，就会在竞争中被消灭掉。所以，生存下来的基因必定是自私的基因，不可能是利他的基因。

每个个体生命消失之后，遗留下两样东西：基因和米姆。我们活在这世上，实际上是当一辈子的基因生存机器，为基因传宗接代。但是，在三代之后，这个可悲的人生使命将会被渐渐淡忘。你的儿女，甚至你的孙儿女也许五官与你长得很像，也许同你一样酷爱音乐，也许头发的颜色也和你一样。但是，你的基因每隔一代就要减少一半。这样，随着一代一代的繁衍，用不了很久，你的基因比例就会变得微乎其微。基因也许是不朽的，但是构成我们个人的基因结合体最终会消亡。伊丽莎白二世是征服者威廉的嫡系后代，但是，她身上的基因也许没有一个是先王的。于是，生命短暂的我们应该寻找另一种基因——文化基因。道金斯将其称为“米姆”。道金斯认为，我们需要用一个名称来称呼这种新的复制者，它要能表达文化遗传单位，或是模拟单位这样的概念，“mimeme”这个词源出自希腊语，但我想要一个单音节词，读上去有点像gene（基因）。如果我把“mimeme”缩略成“meme”，我希望研究古希腊语言的朋友们会原谅我。不管你会怎么说，这个新词在词形上多少还有些可取之处，它可以和“memory”（记忆）联系起来，与法语“meme”也有点联系。这个词应和“cream”（奶油）押韵，读作“米姆”。米姆的例子数不胜数，例如，曲调、思想、妙语、时装以及制陶和建筑工艺等。基因通过精子和卵细胞代代遗传，在基因库里不断繁殖。同样，通过广义上说的模拟，米姆从一个大脑传到另一个大脑，在米姆库内不断繁殖。如果一名科学家听说或谈到一个巧妙的构思，会马上将它传给同事和学生。他会在文章里和课堂上提到这个构思。一旦它被人们理解了，我们将可以说它得到了繁殖，在大脑之间广为传播。

简言之，如果一个人对世界文化有所贡献，提出过一个伟大的思想，谱过一首好曲子，发明过一个电火花插头，或者作过一首好诗，他们就会永远流传下去，即使在他的基因已融入公库之后，他们仍旧永垂不朽。G.

C. 威廉曾经说过，苏格拉底恐怕早已没有什么基因遗留在当今世上了吧，可这又有什么关系呢？像苏格拉底、达·芬奇、哥白尼和马可尼这些伟人的米姆复合体仍然生机勃勃。这也与王国维在《论哲学家与美术家之天职》中的一段名言暗合，其云：

> 天下有最神圣、最尊贵而无与于当世之用者，哲学与美术是已。天下之人嚣然谓之曰“无用”，无损于哲学、美术之价值也。至为此学者自忘其神圣之位置，而求以合当世之用，于是二者之价值失。夫哲学与美术之所志者，真理也。真理者，天下万世之真理，而非一时之真理也。其有发明此真理（哲学家），或以记号表之（美术）者，天下万世之功绩，而非一时之功绩也。……夫人之所以异于禽兽者，岂不以其有纯粹之知识与微妙之感情哉？至于生活之欲，人与禽兽无以或异。后者政治家及实业家之所供给，前者之慰藉满足非求诸哲学及美术不可。…… 且政治上之势力，有形的也，及身的也；而哲学美术上之势力，无形的也，身后的也。故非旷世之豪杰，鲜有不为一时之势力所诱惑者矣。虽然，无亦其对哲学美术之趣味有未深，而于其价值有未自觉者乎？今夫人积年月之研究，而一旦豁然悟宇宙人生之真理，或以胸中惝恍不可捉摸之意境一旦表诸文字、绘画、雕刻之上，此固彼天赋之能力之发展，而此时之快乐，绝非南面王之所能易者也。

陶渊明《责子》诗，布迪厄的文化资本，道金斯的《自私的基因》，王国维的《论哲学家与美术家之天职》，其间隐然有一条内在逻辑红线，这就是真正有生命、有价值的是精神文化的传承，其势如薪火相传，生生不息。

“孔子学院”：中国亮出自己的名片

中国正在崛起，其势不可逆转。单纯说“崛起”，有点抽象，据中国科学院中国现代化研究中心主任何传启研究员预期，2050年的中国社会将是一个中等发达社会，其社会主义现代化水平将进入世界前四十名。在此基础上，再通过五十年的努力，中国社会主义现代化水平进入世界前二十名，最终全面实现社会主义现代化。2006年八国峰会前夕，俄罗斯的列瓦达中心和美国的专门机构“世界公共舆论”联手进行了一次关于大国影响力的民意调查，被调查者包括1 600名俄罗斯人和1 059名美国人，目标国家涉及英国、德国、意大利、加拿大、中国、美国、俄罗斯、法国、日本和印度共10个国家，此外还包括欧盟，民意调查设定的最低得分为0分，最高得分为10分。根据俄美两国调查机构公布的民意调查结果，中国的影响力在世界排名第四，前三名分别是美国、欧盟和英国。

随着中国经济的迅速发展和国力的不断提高，国际上掀起了学习汉语的热潮。据悉，目前已有3 000万外国人在学习汉语，并且人数仍呈上升趋势；已有40余万海外考生参加了汉语水平考试，汉语将越来越多地成为国际上相互交往、沟通、理解的工具。据新华网报道，国家对外汉语教学领导小组办公室将通过中外合作的方式，初步计划在全球开办100所孔子学院。2004年11月，全球第一所孔子学院在韩国汉城（现更名为首尔）正式揭牌。近年来，世界上许多国家对设立孔子学院表示了很大的热情，目前海外有近百家机构与我方接洽合作建设孔子学院事宜，截至7月中旬，全世界已开设了26家孔子学院，另有多家机构与我方签署了意向书。

在这里，要注意的是：孔子学院不是开设孔子思想课程的学校，而主要是讲授、推广汉语。可为什么不叫“中国语言文化学院”或其他以语言为标志的名称，而叫“孔子学院”呢？

另外，大家知道，汉语又分古代汉语和现代汉语，前者又名“文言文”，后者又名“白话文”。而目前“孔子学院”这些“对外汉教”所讲授的，主要是现代汉语，即白话文。而以孔子为代表的儒家及其经典著作的载体，是古代汉语，即“文言文”。今天看来，这不过是表达汉语的两种不同形式，实际上若在80多年前，“白话”、“文言”不仅是语言的区别，还是发生在新文学阵营同传统文人之间的激烈论战，是两种文化制度“你死我活”的斗争。1917年1月胡适发表《文学改良刍议》，主张以白话取代文言，作为新的文学语言。钱玄同把当时传统文学的两股主要力量桐城派和文选派斥为“桐城谬种”和“选学妖孽”。此外，新文化运动急先锋陈独秀写了《文学革命论》，傅斯年写了《文学革新申义》，鲁迅有《估“学衡”》、《答KS君》、《十四年的“读经”》；文言传统派则有林纾的《论古文之不当废》，章士钊写了《评新文化运动》和《评新文学运动》。“白话”派的阵地有《晨报》、《新青年》，“文言”派则有《学衡》、《甲寅周刊》。双方唇枪舌剑，此消彼长，最终以白话文的胜利告终，文言文从此退出日常社会生活的舞台。可见，“废除文言”是与“反孔”、“批孔”紧密联系的。而今讲授“白话文”的“汉教学院”以“孔子”命名，可以理解为“此一时，彼一时”也，“是非成败转头空，青山依旧在，几度夕阳红”，经过时间的过滤，现代价值已经从历史中剥离出来了，可以不必认真。但这里传递的另一个逻辑则是确定无疑的：目前，能够在世界上代表中国文化的不是现代文化，而是传统文化；代表传统文化的，是儒家文化；代表儒家文化的，是孔子。换言之，如果只允许亮出一张名片的话，传统文化是我们在国际舞台上与别人交往、确定自己身份时所亮出的一张文化名片。

这一点，可以从内外两方面分析。从内也就是中国“出口”的角度分析，“孔子学院”之名是“国家对外汉语教学领导小组”所定，对此，国家对外汉语教学领导小组解释说：“以孔子的名字命名对外汉语学院，表明了中国语言文化的源远流长和有深厚的底蕴。它还体现了中国语言文化在新世纪中融入世界的发展趋势。”这一事实表明：在众多的古代的、现代的伟人、名人中，当今中国人选择了传统、选择了孔子作为我们在国际舞台上活动的文化符号和认同标志。从外也就是外国“进口”的角度分析。在国外开设“孔子学院”主要是通过中外合作的方式，如在法国和瑞士，孔子学院的费用由双方各承担一半。这说明，国际社会也普遍接受代表传统文化精华的“孔子”作为中国文化的象征和符号。有意思的是，澳大利亚《时代报》的一篇相关文章的题目竟然是《孔子曰：是学习汉语的时候了》，文章说：“中国正着手实施一项雄心勃勃的计划。这项以伟大圣人孔子的名字命名的计划将在世界各地推广使用中国的语言——汉语。”

以传统文化的代表孔子的名字命名以讲授语言为主的对外汉语学院，不仅仅“表明了中国语言文化的源远流长和有深厚的底蕴”，还表明历经时间的流逝和岁月的筛选，历史最终还是选择了“传统”作为中国文化的标志性符号。如果只能选择一个人来代表中国的话，经过慎重的考虑，历史老人还是把这唯一的、珍贵的一票投给了孔子，而不是其他任何人。这，还不足以说明“传统有什么用”、“传统何以现代”吗？可见，传统的现代价值之一就是在国际舞台上亮出我们民族文化的名片。这种实用价值，还小吗？

（原刊于《今晚报》副刊，2006 年 10 月 1 日）

硬实力·软实力·传统文化

“软实力”是近年来风靡国际关系领域的最流行关键词，它深刻地影响了人们对国际关系的看法，使人们从关心领土、军备、武力、科技进步、经济发展、地域扩张、军事打击等有形的“硬实力”转向关注文化、价值观、影响力、道德准则、文化感召力等无形的“软实力”。

首先提出这一概念的是美国国防部助理部长、哈佛大学肯尼迪政府学院院长约瑟夫·S. 奈教授。20 世纪 90 年代初，约瑟夫·S. 奈就指出，“软实力”产生于一个国家的文化吸引力、政治行为准则和良性对外政策。2004 年，他正式出版了《软实力：世界政治中的成功之道》一书，认为“软实力”是国家通过自己的吸引力来实现发展目标，而不是靠武力威胁、武力报复以及经济制裁。“软实力”是国家实力的一种形式，必须把“软实力”纳入国家战略中。“软实力”的最大价值在于，它可以用自己的文化和价值体制塑造世界秩序，它的行为在其他国家眼里就更具有合法性，它也可以通过自己的价值和制度力量来规范世界秩序，而不需要诉诸武力和经济制裁。美国之所以成为一个世界性大国不在于它的领土扩张，而在于它强大的“软实力”，主要体现在：美国几乎吸引了 6 倍于德国的全球移民，居世界第一；美国是世界上最大的电影和电视节目出口国；在全球 160 万留学生中，在美国留学的外国学生占 28%，英国以 14% 居第二；2002 年，有 86 000 名外国学者在美国的教育机构工作。另外，美国的出版物居世界首位；美国的音乐制品是日本的两倍，后者居世界第二位；美国的电子网址是日本的 13 倍，后者居世界第二位；美国的物理、化学和经济学诺贝尔奖居世界首位；诺贝尔文学奖居法国之后，位于世界第二位；在科学杂志上发表的文章是日本的 4 倍，后者位居世界第二。约瑟夫·S. 奈还认为，美国的“软实力”还体现在对于各种文化的包容、社会的责任和人们之间的诚实与信任。因此，约瑟夫·S. 奈激烈地批评美国政府的伊拉克政策——“真正的问题不是我们击毙了多少敌人，而是我们的联盟扩大了多少。”他猛烈抨击美国政府对于伊拉克的战争政策，认为美国对于伊拉克战争并没有真正消除恐怖主义对于美国的威胁，反而使美国的“软实力”蒙受巨大损失，使美国的吸引力大大降低，一些国家，甚至包括意大利和西班牙都在疏远美国。

2005年12月，约瑟夫·S. 奈在美国《华尔街日报》上发表文章《中国软实力的崛起》。文章指出：中国的“软实力”正在崛起，而美国的“软实力”却呈现下降的趋势。美国应当看到这一点并作出相应努力。中国“软实力”的崛起和美国“软实力”的下降，两者并不矛盾。相反，这两者应该相互补充。许多学者认为，“9·11”后，美国推行单边主义，对外政策出现一系列失误，失道寡助，致使其在处理国际事务时力不从心。布什政府的政策，不仅在近中期内大大损害了美国的国家利益，而且给美国的“软实力”带来了无法估量的长期负面影响。而恰在此时，中国以“和平崛起”的姿态出现，强调“和谐社会”，在“软实力”方面的影响越来越大。中国的发展模式似乎在许多地区有了越来越大的魅力。美国学者肯尼思·利伯索尔认为，以中国发展模式为基础的“北京共识”正在威胁美国主导的“华盛顿共识”。许多发展中国家正在接受中国倡导的“消除贫困和保障生存权就是对人权最大的尊重”的理念，而美国主导的“没有民主自由，经济难以发展”、“人权高于主权”的理念正丧失市场。由此，美国学者得出结论，中国文化的影响在世界上对美形成“咄咄逼人之势”，而且“中国‘软实力’的上升是以美国‘软实力’的下降为代价的”。《中国的软诱惑》的作者埃斯特·潘甚至危言耸听地说，“随着美国国际地位的丧失，中国正在试图予以取代”。

组成中国“软实力”的因素固然很多，但其核心则是我们的传统文化。“软实力”所表现出的主要是一个国家、一个民族与众不同的风范，而中国的传统文化恰恰在这方面表现出蓬勃的活力和多元的色彩。1840年以来的中国历史，主要是在“挑战—回应”这一文明碰撞的模式下被动地应接西方的挑战。作为一个后发型的工业化国家，由于社会发展滞后，中国在许多领域都失去了“原创”的机会，从器物到制度，从物质到精神，都呈现出“模仿”、“跟进”的被动局面，很难产生自己的特点，与西方主流基督教文化相区别。中华传统文化源远流长，礼教人文积累深厚，有自己独特的语言、艺术、文学、哲学、服饰、礼仪的表述方式，有取之不尽、用之不竭的思想“软资源”。我们民族正是用这种与众不同的“软资源”，来与其他民族和文化相区别，来显示自己的“原创性”。换言之，对中国来说，传统文化的最大现代价值就在于它具有一种后发制人的“原创”性质。从“天人合一”到“和谐社会”，从汉字到中国菜，从汉服到中国功夫……中国在世界舞台上“软实力”的巨大影响力，主要来自传统文化，而非现代文化，因为只有前者才有我们的“原创”，才是别人借以识别我们民族性“自我”的身份证。这一点，也逐渐为国外学者所认识。2006 年 6 月初，“软实力”概念的提出者约瑟夫·S. 奈先生来华访问，他对记者说，中国文化在很多方面都具有吸引力。在中国的传统艺术和文化中，如中国人对人与自然关系的理解、中国的书法及绘画、中国功夫，甚至中国的饮食和传统服饰等，在美国都很受欢迎。他进一步指出，中国的传统文化，特别是儒家文化，在世界上一直具有相当的影响。从一个外国人，尤其是从“软实力”概念的提出者的眼睛里看中国的“软实力”所在，似乎更为准确。

实际上，两千多年前的儒家文化中就蕴涵着丰富的有关“软实力”的论述，只不过没有使用这一名词。“硬实力”是使人怕你，“软实力”是让人服你；“硬实力”施以力，“软实力”施以德；“硬实力”血战而尸横遍野，“软实力”不战而屈人之兵。“硬实力”可以开疆拓土、攻城略地，普天之下、莫非王土，但由于人心未服，难有长效。纵观历史，“硬实力”一根筋走到底，或可得逞于一时，却难保长治久安；而“软实力”则不然，它服人以德而不以力，这一点在《孟子·公孙丑下》中已有准确的表述：

> 天时不如地利，地利不如人和。三里之城，七里之郭，环而攻之而不胜。夫环而攻之，必有得天时者矣；然而不胜者，是天时不如地利也。城非不高也，池非不深也，兵革非不坚利也，米粟非不多也；委而去之，是地利不如人和也。故曰，域民不以封疆之界，固国不以山溪之险，威天下不以兵革之利。得道者多助，失道者寡助。寡助之至，亲戚畔之；多助之至，天下顺之。以天

下之所顺，攻亲戚之所畔；故君子有不战，战必胜矣。

其后，汉代贾谊的《过秦论》中也有类似的表述，区别在于为孟子找到了一个现实例证——秦国的灭亡：

然秦以区区之地，至万乘之权，招八州而朝同列，百有余年矣；然后以六合为家，肴函为宫，一夫作难而七庙隳，身死人手，为天下笑者，何也？仁义不施，而攻守之势异也。

而杜牧的《阿房宫赋》则有更为具体而深刻的分析：

嗟乎！一人之心，千万人之心也。秦爱纷奢，人亦念其家。奈何取之尽锱铢，用之如泥沙！使负栋之柱，多于南亩之农夫；架梁之椽，多于机上之工女；钉头磷磷，多于在庾之粟粒；瓦缝参差，多于周身之帛缕；直栏横槛，多于九土之城郭；管弦呕哑，多于市人之言语。使天下之人，不敢言而敢怒。独夫之心，日益骄固。戍卒叫，函谷举。楚人一炬，可怜焦土！

这或许是世界上较早的关于“软实力”思想的系统描述吧。

历史语境：重视与轻视

如何对待中国传统文化遗产，是一个极其宏观和复杂的问题，因为它牵涉了太多的古代与现代、中国与西方、农业与工业文明的内容，纠缠了太多的近代史上的恩恩怨怨，一两篇小文绝对说不清楚。鲁迅先生当年写了《拿来主义》一文，曾把中华文化遗产比作一所大宅子，批评了对待它的三种错误态度，他批评那些拒绝借鉴、害怕污染、不敢选择的逃避主义者是“孱头”；批评那些割断历史、盲目排斥的虚无主义者是“昏蛋”；把全盘继承、顶礼膜拜的投降主义者称为“废物”。从而提倡有所选择、有所放弃的“拿来主义”。

目前，随着“孟母堂”等现代私塾这一“新生事物”的异军突起，我们又面临着一个前辈们思考过的问题：究竟怎样对待老祖宗留下的传统遗产？对此，似乎也有了现成答案：“他（指拿来主义者）占有，挑选。看见鱼翅，并不就抛在路上以显其‘平民化’，只要有养料，也和朋友们像萝卜白菜一样的吃掉，只不用它来宴大宾；看见鸦片，也不当众摔在茅厕里，以见其彻底革命……只有烟枪和烟灯，虽然形式和印度、波斯、阿剌伯的烟具都不同，确可以算是一种国粹，倘使背着周游世界，一定会有人看，但我想，除了送一点进博物馆之外，其余的是大可以毁掉的了。还有一群姨太太，也可大以请她们各自走散为是，要不然，‘拿来主义’怕未免有些危机。”（鲁迅《拿来主义》）后来，毛泽东把这一原则概括为“取其精华，去其糟粕”、“批判继承，兼收并蓄”、“古为今用，洋为中用”。

但这毕竟只是一些大的原则，较为抽象，在具体操作中，究竟怎样合理地对待中国传统遗产，还有许多实践上、技术上的问题需要厘清。比如，“孟母堂”等现代私塾在中国的出现，就又一次引发了如何对待传统的争论。正方当然是强调弘扬传统，传承国学，复兴伦理，克己修身，反方则认为读经尊孔是一种复古主义，其云：

> 中国的近代历史上曾经出现过一次尊孔复古的倒退。从1912年起，袁世凯为达到称帝的目的，他与他的复辟势力在全国各地先后成立了“孔教会”、“尊孔会”、“孔道会”等复古组织，出版了《不忍杂志》和《孔教会杂志》等复古刊物，发表了“尊孔令”，鼓吹着“孔学博大”。与此同时，这股复辟势力在各地大搞尊孔祭天，举行“祀孔典礼”，大行尊孔复古之逆流。…… 从“孝德教育”、“三字经”、“四书五经”，到以尊师为名的“礼仪规范”，再到私塾及各类尊孔活动的重新出现与兴起，我们的确应该仔细考虑一下究竟该以何种方式来弘扬传统这一问题了。笔者并不反对弘扬传统，也热爱传统文化，但笔者更警惕弘扬传统成了招牌，人们被尊孔复古迷住了双眼。①

这里，就又一次提出如何来看待传统文化的问题，而这里的“如何看待”又和另外一个范畴——历史语境紧密联系。笔者窃以为，在对待这类与时代背景、历史语境密切相连的传统文化问题上，能否把握这样一个准则：重视历史语境与轻视历史语境相结合。所谓历史语境，即产生某一文化遗产的具体历史时代环境，这种“遗产”可以是一种物质形态，可以是一种文艺作品，也可以是具体的历史名人。如果不重视历史语境，我们就难以判断一种“遗产”的真正价值所在；如果完全拘泥于历史语境，我们就会陷入“语境泥潭”而不得自拔。这就要求我们，对所谓的历史语境，有时候要重视它，有时又要轻视它，甚至藐视它。

那么，如何把握这一准则，也就是说，什么时候重视历史语境，什么时候又轻视它呢？笔者窃以为，评价那些历史上特定时代和环境中出现的民族英雄、伟人时，要重视、强调历史语境，否则这些英雄就失去了价值和意义。这是因为，从古到今，所谓今天的“中华民族”是一个不断融合、同化的动态历史过程，以今视昔，任何一段历史都是不完整的，有其局限，在此，若不重视特定的时代环境，许多人物就失去了重量。例如，屈原、陆游、辛弃疾、岳飞、文天祥这些爱国人物，他们所反对、抗击的

---

① 方浩文. 腾讯新闻，http：//news. qq. com，2006－04－22.

"异族"、"敌国"早就成为"中华民族"大家庭的一部分，他们所维护的"国家"、"民族"也不过是现在中国的一个省、一个地区。在此，如果不强调这些历史人物所处的历史环境和矛盾冲突，肯定他们的行为和作用，就无从认识他们的独特价值。

而在评价一些物质性文化遗产、文学艺术性遗产和某种学说及其大师时，我们又要注意把他（它）们同具体的历史语境相剥离，也就是要轻视历史语境，只注重他（它）们在"今天"的价值。比如长城，无疑是中国物质文化遗产的代表，其功能是农耕民族抵抗游牧民族的侵略和袭扰，自有史可载的秦始皇开始，修筑长城耗费了无数民脂民膏和生命财产，以至于有"孟姜女哭长城"之说，实际上，长城的军事防卫作用十分有限，它没有阻挡任何北方异族侵扰、吞并华夏的企图。如果我们注重这种历史语境的话，长城的消极意义显然大于积极意义，它很有可能是专制、封闭和落后的象征。显然，今天对长城的评价不是这样。长城是中华民族精神的象征，是外国元首来华观光的必到之处，每天游人络绎不绝。人们所注重的是它的险峻、雄伟、异常、陌生等观赏价值，至于它的专制、暴政、劳民伤财的一面，已经在历史潮水的冲刷之下逐渐剥离、淡化，以至于被忽视，甚至最后完全消除。同样的例子还有故宫、颐和园、圆明园等名胜。还有一个例子是样板戏，略为熟悉"文革史"的人都知道其产生的背景，八个样板戏都同所谓"旗手"的江青有着千丝万缕的联系，也是饱受"文革"迫害的人们永久的记忆符号。有人回忆"文革"说，由于每天"请罪"前都要唱"样板戏"，以至于"文革"后他一听到《红灯记》、《智取威虎山》唱段就如坐针毡，因为勾起了往日痛苦的回忆。但这并不妨碍样板戏活跃在今天的文艺舞台上，一些唱段，如《沙家浜》中的"智斗"一场戏，已经成为最受欢迎的"保留节目"，男女老少，人见人爱。这也是"文化遗产"本身同产生它们的历史语境发生剥离现象的一例，既然已经剥离，就没有必要强调、重视历史语境了。

对于目前由"孟母堂"所引发的"传统回潮"讨论中所涉及的"尊孔复古"问题，明显也属于文化遗产与历史语境的剥离问题，属于应该"轻视"之列。传统孔教儒学中有糟粕，也有精华，糟粕如"专制集权，一家独大"、"家族统治，任人唯亲"、"血缘纽带，关系网络"、"重农轻商，市场缺失”等，曾阻碍了我们民族前进的步伐；精华如“天人合一，亲近自然”、“克己修身，人格涵养”、“天下己任，群体规范”、“内倾观照，心灵哲学”、“直观妙悟，形象思维”等，又是我们今天建设社会主义和谐社会所需要的精神营养。历史上，孔教儒学确实起到过保守的作用，近代史上的复古闹剧确实也是以孔教儒学作为依据进行的。但问题是，孔教儒学中也有积极的因素，也有我们民族精神的精华，在今天的现代语境下，我们也要把“孔教儒学”同特定历史语境的“复古、专制、守旧”剥离开来，如同我们已经把长城同“专制、残忍”剥离一样，轻视历史语境的存在。否则，就会老陷在历史语境泥潭中不得自拔，就会背负着复古守旧的重担而难以轻装前进，甚至把我们民族的精华当作糟粕一样抛弃掉。

影视传播

故事也是生产力

一

《色·戒》公映，看点很多。

珠光宝气的太太，灯影摇曳的酒吧，乐曲缭绕的舞场，细雨飘瓦的街巷，沦陷时期的上海，灾难深重的祖国……虽然还是权力、性爱、色情、欲望这些“大片”最基本的元素之间的博弈，虽然还是人性在沉沦和无奈中的挣扎，却给了观众耳目一新的感觉。因为，我们终于有了一个好看的故事。

从《十面埋伏》到《无极》，从《七剑》到《夜宴》，再到《满城尽带黄金甲》，由华人执导、意欲问鼎国际影坛的“大片”终于有了故事，剧中人再也不是说着莫名其妙的语言，生活在虚无缥缈的时代，不再是个性苍白，缺乏血肉。影片的时代背景、故事情节、人物心理与行为，处处经得起推敲和验证，这就为情节的发展和人物的感情纠葛打下了坚实的基础，也与我们民族的集体记忆相吻合。剧中人的双脚，终于站在了中国坚实的土地上，而不是在凌空缥缈的竹林间，或是碧波万顷的水面上……影片故事源于张爱玲的短篇小说《色·戒》，写于1950年。故事发生在抗战期间的上海，一帮知识青年派出女学生王佳芝扮成少妇，假装因香港沦陷搬到上海从商，施展美人计欲刺杀汉奸汪精卫属下的特务头子易先生。佳芝搬进易先生家中后，与易太太成为朋友，经两年精心铺排，成功勾引易先生到一家珠宝店，由同谋下手刺杀对方。但因佳芝对易先生动了真情，当杀手到达珠宝店外时，佳芝的感情压过了理智，竟通知易先生逃跑。易先生虽然因佳芝救了他一命而感动，但脱离险境后，他还是动了杀机，安排封锁珠宝店一带将之赶尽杀绝。回到家中，走进王佳芝曾经住过的房间，曾经的点滴欢愉在易先生的心中静静流过，他的脸上却依然是一贯的阴霾。一道阳光透过玻璃射进屋内，易先生走到窗前，干净的白色床单上空留下一段摇晃的背影。据说这部小说深得张爱玲的喜爱，她虽然在1950年就完成书稿，但是经过近30年不断修改，直到1978年才将这篇小说和其他两个小故事《相见欢》、《浮花浪蕊》结集成《惘然记》（取自李商隐诗句“此情可待成追忆，只是当时已惘然”）出版。张爱玲在卷首语中写道：“这个小故事曾经让我震动，因而甘心一遍遍修改多年，在改写的过程中，丝毫也没有意识到三十年过去了，爱就是不问值不值得。”影片《色·戒》有这样好的文学底蕴支撑，又一次说明文学创作和影坛兴衰的密切因果关系。

据业内人士披露，中国电影因其潜在的广阔市场，经常被国内外业内人士称为“钻石矿”。但实际上，除了在1995年前后由于国外大片的引进激发了一次小规模的“井喷”外，中国电影市场近七八年一直徘徊不前，30亿元左右的市场规模、10亿元上下的总票房，始终摆脱不了“熊市”困境。据中国电影家协会统计，即便有了电影产业化政策的“利好”因素，2004年国内电影总票房也只是小步增长到了15亿元，人均花费1.15元。中国电影集团总经理韩三平坦言：中国电影票房的一大特点是，高票房电影只占少数，而且集中在少数影院。理想的票房体系应该是扎实的金字塔结构——票房一亿元以上的电影四五部，七八千万元的五六部，五六千万元的八九部，以此类推。而目前，票房一亿元以上的片子有了，却缺乏中间票房的影片，有了“塔尖”却没有“塔身”。没有雄厚票房作基础的电影是经不起风浪的。中国电影整体上陷入了一个恶性循环的怪圈：老百姓不进影院，导致票房减少；票房减少导致电影投入资金不足；资金不足导致高质量电影产量减少；没有高质量电影，老百姓就更不进影院。①

二

而纵观世界，凡是文化强国、影视强国，首先是“故事”强国。

以美国电影为例，美国只有200余年的历史，可好莱坞编织故事、制造梦幻的生产力却远远超过我们这个有着2 000余年文明史的国家。除了我们耳熟能详的追求强烈感官刺激的“大片”之外，美国电影几乎在各个领域都表现出超强的“故事”编撰能力、叙述能力，从主流意识形态的政

---

① 邬焕庆，王英诚，万一. 新华视点：中国电影何时冲破“熊市”困境. 新华网，http：//news. xinhuanet. com，2005－11－12.

治片到家庭伦理片，从战争片到警匪片，从灾难片到喜剧片，从西部牛仔片到惊险片，从恐怖片到侦探推理片，从武打片到音乐歌舞片，从历史片到科幻片，还有常演不衰的爱情片……都有令人眼花缭乱的“故事”、题材和人物命运。美国的一些优秀电影的名字已经成为世界文化史的常识性概念，如《雨中曲》、《雨人》、《泰坦尼克号》、《珍珠港》、《一夜风流》、《四十二街》、《魂断蓝桥》、《罗马假日》、《乱世佳人》、《蝴蝶梦》、《野战排》、《辛德拉的名单》、《拯救大兵瑞恩》……几乎是全面开花，每个类型片中都有佳作，堪称“经典”。而在这种“故事繁荣，叙事昌盛”的背后，好内容、好故事、好编剧是其强大支撑。

“问渠那得清如许，为有源头活水来”，优秀的、高度职业化运作的编剧队伍，向一线表演队伍提供“源源不断”的活水，保证电影事业的血脉活泼畅通。仅以好莱坞的编剧流程为例，据业内人士介绍，在好莱坞，编剧是一个非常特殊的工种，它高度发达，又分工细致，如其中有些编剧只负责写对白，有些负责编织情节，有些着重人物勾画等。一部好莱坞影片的基础，其起源往往不是一部完整的剧本，而是某人或某群人的一个构思。当这个构思得到实权人物的认可和支持后，它才会扩展成一个“处理”（treatment）。通常“构思”只有半页或1页，而“处理”则可能长达5～10页。走完这一步，制片人才会雇来编剧。编剧完成初稿后，还会有一个十分特殊的角色——“剧本医生”（Script Doctor）加入来帮助修改初稿。好莱坞的“剧本医生”有几个显著的特点：首先，他们的要价非常高，而且按周索价，每星期二三十万美元；其次，他们一般都资历雄厚，很多都拿过奥斯卡最佳编剧奖或提名；再次，他们往往像走马灯似的被换个不停，难得有一个“医生”能“治疗”到底。“剧本医生”的工作与其说是会诊，不如说是接力赛。在银幕上出现的编剧名单也许只有1～3名，但参与修改的人士有时多达数十人，如《查理天使》共有17名“剧本医生”，而《石头族乐园》更有32人之多。罗森伯格是《绝世天劫》的第9位“剧本医生”，也是该片的最后一位编剧。

另外，以迪斯尼动画片制作为例，也可以看出影界对剧本的高度重视。迪斯尼动画长片制作工程浩大，制作人数多达五六百人，分工之细密，造就了许多极端专业的人才。在正式进入技术操作阶段之前，迪斯尼深知

“故事决定成败”的道理，因此其“剧本构思”阶段分工细密，追求好故事，重视好编剧。迪斯尼剧本成型主要包括三个阶段：

（1）点子阶段。动画的制作由构想点子开始，就迪斯尼公司内部而言，构想来源有三种途径：①由主管阶层下达行政命令（executive decision）产生：像《狮子王》（*The Lion King*）就是在总裁一声令下，认为现在应该拍摄一部类似《小鹿斑比》（*Bambi*）这种片子这样的想法之下促成的。制作群以《小鹿斑比》为跳板，加上了莎剧《哈姆雷特》（*Hamlet*）的故事结构来进行：主角狮子辛巴（Simba）在痛失父亲、自我放逐后，重新找回了自我。②由公司年度“敲锣秀”（Gong Show）产生。迪斯尼公司每年都会举办一次“敲锣秀”，安排一个场合请公司要人，包括总裁、董事长和其他高层人士，坐成一排，然后让每个想要介绍自己构想的人，利用自己设计好的海报或草图，在五分钟内介绍自己的故事概要。场内有一个大锣，时间一到，“哐”的一声就换下一位。《赫克力士》（*Hercules*）就是这样被选上的。③由公司内部的“创意执行”（Creative Executive）部门产生。创意执行部由大约七人组成，专门负责搜集世界各地的童话、传奇、民间故事，或研读坊间出版的儿童读物及外面送进来的剧本。每隔一段时间向公司主管报告，介绍值得拍成动画的构想，《花木兰》就是这么来的。以上这些渠道相互运作、协同作战，所以，一部片子往往很难界定是由哪一个特定部门构思来的。

（2）故事大纲阶段。有了构想点子后，公司会请剧作家先写出“故事大纲”或“本事”。像《花木兰》，起因是公司高阶主管想要拍一部以东方为背景的故事。因为那是迪斯尼从未触探过的题材，况且对西方人而言，东方富有绚丽神秘的色彩，会很吸引人。因此创意执行人员就开始寻找，起初考虑过一个名叫《中国娃娃》（*China Doll*）的故事，可是内容不过是类似《西贡小姐》、《蝴蝶夫人》等好莱坞已经炒烂了的白人男性沙文主义冷饭，了无新意，所以后来就放弃了。这时正好有位创意执行人员认识一位正在编辑世界民间故事的作家，公司就接受他的建议，采用了《花木兰》。因为《花木兰》的故事有趣，而且女主角性格具时代意义，跳脱了传统东方女性柔弱服从的刻板印象，更符合了迪斯尼近年来在题材挑选上想掌握时代潮流的企图。

（3）剧本创作阶段。接下来的分工，首先是拟定“剧本”（script）。迪斯尼动画跟真人电影不太一样，它承传了喜剧及默剧的深厚传统，强调肢体语言的视像表演方式，因此不太适合对白特别多的剧本。动画的角色关系及情节都应尽量以视像的方式表现出来，而不是用口语说出来。一个好的动画剧本要能够从视像的角度来写作，动画剧作家与故事画师频繁的互动更是重要。①

三

美剧如此，再看韩剧。

韩国影视产业近年来发展迅速，已成为继法国之后又一个能与美国好莱坞分庭抗礼的影视大国。韩国影视出口额 1995 年仅为 21 万美元，1997 年为 49 万美元，到 2003 年已增长到 3 098 万美元。韩国经济研究院 2004 年发表的《韩流现象与文化产业战略》报告说，单单一部电视剧《冬季恋歌》的“裴勇俊现象”，带来的经济效益本身就超过 3 万亿韩元（约 29 亿美元）。自 1983 年央视引进第一部韩国电视剧《嫉妒》开始，央视及各地方台相继推出了《爱情是什么》、《星梦奇缘》、《天桥风云》、《蓝色生死恋》、《澡堂老板家的男人》、《我的野蛮女友》等大批制作精美的影视剧，在黄金时间走进了中国的千家万户。2002 年，中国播放了 67 部韩剧，2004 年仅中央电视台就引进了三部韩剧，其中《人鱼小姐》近 200 集，连续播放了三个多月。2005 年 9 月，湖南卫视在黄金时间播出韩国电视连续剧《大长今》，将韩剧在中国热播推上了又一个巅峰。

韩国影视产业能够在几年内取得巨大成绩，最重要的一个原因是韩国政府把包括影视产业在内的文化产业作为国家战略产业。1998 年亚洲金融风暴后，韩国正式提出了“文化立国”的救国方针，先后制订了文化产业发展五年计划、文化产业发展推进计划等，明确提出了力争 5 年之内把韩国在世界文化产业市场上的占有率从 1% 提高到 5%。在韩国整个经济的崛起中，其文化产业的活跃和成长速度，使之成为一个公认的文化出口大国，一如其自称的那样，成为“世界第五文化生产大国”。韩国为大力发展文

① 张振益. 动画长片制作流程. 原载 http://forum.cgfinal.com.

化产业，实施了许多具体措施。除增加文化经费预算外，1999 年韩国国会通过了《文化产业促进法》，犹如支持信息、电子、汽车工业一样，给予文化、娱乐等产业以推进协助。1997 年设立了“文化产业基金”，提供新创文化企业贷款。韩国政府还在组织上采取一系列措施：1998 年韩国成立游戏产业振兴中心；2001 年又成立文化产业振兴院；成立较早的设计振兴院，在 2001 年搬进了价值 1 亿美元的大楼，每年得到政府 5 000 万美元的资助。为了促进文化产品的出口，其政府还特别成立影音公司，将韩文翻译为外语，几乎全额补助翻译与制作费。

在这样的支持背景之下，好剧本、好故事如雨后春笋般出现。分析韩剧热播的角度很多，好的剧本、好的故事无疑是其基础。综观 10 年来韩剧在中国的传播状况，可以看出它们类型多样，“故事”生产力强大：有温馨的家庭生活剧，如《爱情是什么》、《澡堂老板家的男人》、《看了又看》等；有浪漫的青春偶像剧，如《蓝色生死恋》、《冬季恋歌》、《情定大饭店》、《爱上女主播》等。1998 年出现的几部影片《美术馆旁边的动物园》、《上网》、《八月圣诞节》、《我心中的风琴》等则把这一类型片推向一个高潮。有“野蛮”型喜剧片，自《我的野蛮女友》之后，动辄拳打脚踢的野蛮美女和逆来顺受的懦夫男友形象与一向温柔体贴的韩国女性以及韩国“大男子主义”的男性形象形成了鲜明的对比。此后“野蛮风暴”系列的电影雨后春笋般地涌现出来，如《我的野蛮女金刚》、《我的野蛮女老师》、《我的野蛮初恋》、《野蛮师姐》等。有体现东方女性魅力的情色片，如金基德的《漂流欲室》、吕东钧的《韩国情人》等。有话题敏感的朝鲜半岛政治题材片，如姜帝圭导演的《生死谍变》，1998 年在韩国其票房是美国大片《泰坦尼克号》的三倍，《实尾岛》、《太极旗飘扬》等影片也多涉及半岛分裂题材，揭示了同族相残的民族悲剧。有令人魂飞魄散的恐怖片，如《退魔录》、《秘密》、《洋槐》、《狐狸阶梯》、《四人餐桌》、《蔷花红莲》、《鬼铃》等。还有反映年轻人积极进取的具有教化功能的电视剧，如《明朗少女成功记》。也有比较尊重历史，并在此基础上凸显民族特色的历史剧《明成皇后》、《大长今》等。可见，从国土面积和人口看，韩国是一个小国；但若从“故事”生产力看，韩国又绝对是一个“大国”。

四

他山之石，可以攻玉。可见，抓创作，抓剧本，从文学要“故事”已成为中国电影摆脱困境的出路。广电总局电影局副局长张宏森曾坦言：“如果中国不走大片之路，很难撕开一个突破口融入世界潮流参与竞争，因此我们会在可承受的范围内推行大片路线。”而另一方面，创作者往往过分追求技术层面的视觉奇观，忽略了观众对影片人文性、艺术性和美学价值的期待。张宏森认为，文学是电影的母体，足够的文学精神和品格是评价一部电影的重要标准。中国电影急需得到文学创作的支援，以具备足够的文学品格，满足观众对于人文精神的期待。张宏森指出，人数少，专业性不高，创新不足，文学修养有待提高等，都是中国编剧存在的问题。他“希望文学能够为电影提供良好的养分，呼吁写小说、诗歌以及其他作品的作家，能够过渡、补充到编剧队伍中来”①。

20 世纪50 年代，文化部副部长陈荒煤同志为了搞好电影事业，首先就是抓剧本创作，建设和提高整个电影文学队伍。其具体办法是：①在北京、上海和各厂分别办训练班、学习班以至学校，为各厂和各省、市的作协培养出许多能写电影剧本的作家。②帮助各电影厂、制片厂总结经验，要厂长善于做“红娘”。③促使导演和志趣相近的作家相互合作，取长补短，使许多作家逐渐“通电”，大大地提高了剧本创作的成活率。从 1953 年到 1958 年，由于普遍重视电影剧本和电影文学创作，文学对电影产生了积极影响，开始出现了《渡江侦察记》、《上甘岭》、《董存瑞》、《平原游击队》、《梁山伯与祝英台》、《天仙配》、《鸡毛信》、《羊城暗哨》、《家》、《十五贯》、《女篮 5 号》、《柳堡的故事》、《永不消逝的电波》等优秀影片。1959 年年初，周恩来总理向电影界提出“要两条腿走路”，要贯彻党的“百花齐放”方针，要重视提高影片质量，为国庆献礼。夏衍提出电影不仅要对人们进行思想教育，也应该给人们以艺术享受。在国庆 10 周年献礼片中，拍出了《林则徐》、《青春之歌》、《冰上姐妹》、《我们村里的年轻人》、《风暴》、《聂耳》、《林家铺子》、《回民支队》、《海鹰》、《万水千

---

① 摘自新浪网，http：//www. sina. com. cn，2006 - 11 - 12.

山》等影片。1961 年年初，荒煤同志又主持起草了《关于加强电影艺术创作与生产领导的意见》，总结前一个时期的经验教训，研究分析了如何根据文学、电影特定的规律，加强对故事片创作的领导问题。他还积极培养和扩大专业编剧和编辑队伍，不断吸收青年作家和业余作者参加剧本创作，使得当时中国影坛呈现繁荣景象。①

鉴往知来，综观中外影视发展，有没有“故事”，能不能讲好“故事”，向来是影视文化产业的关键所在。从这种意义上讲，故事也是生产力，讲好“故事”，也就是解放文化生产力。诚如影视研究专家石川教授所说：“好莱坞的成功，首先就是故事的成功。我们不能只盯着好莱坞技术的豪华、故事的程式化，而忽视他们高明的叙事过程，忽视他们对情节的精心打磨。历经百年之久，好莱坞已经摸索出一套成熟的电影叙事模式，在调整观众情绪、设置悬念、吊人胃口等方面，手段炉火纯青。无论场景多么宏大、音效多么震撼，也都是依附在成功叙事的基础上的。”②曾经投资拍摄了电影《霸王别姬》的制作人徐彬，感慨地概括了一部电影能够走红的资本：“一部电影聚集了十多个大腕照样会票房惨淡，怎样的电影才是好电影，能够收到好票房？观众的口碑最重要，而口碑来自电影的故事，电影的故事则是依靠编剧的功力，这是问题的关键所在。”③ 而影片《色·戒》的成功，则又一次证明了文学底蕴和影坛兴衰的因果联系。

---

① 陈播. 忆荒煤. 人民日报，1997-01-09.

② 石川. 国产影片为什么讲不好故事. 解放日报网，http：//www. jfdaily. com.

③ 张钢. 解读大片为何遭遇笑场　剧本不行是软肋. 北方网，http：//www. enorth. com. cn，2006-11-03.

“亦主亦奴”观《色·戒》

一

《色·戒》的看点很多。“亦主亦奴”，就是观察的一种视角。

饰演易先生的梁朝伟和饰演王佳芝的汤唯，无疑令人满意地完成了这一任务。之所以这样说，是因为他们都形象地诠释了原作中角色人性的多元、复杂和无奈的挣扎，以及男女不同的行为取向。因而，看演员的表演，是《色·戒》的另一重要看点。其中，梁朝伟所饰演的易先生，表现出了“亦主亦奴”这一复杂的人格倾向。

所谓“亦主亦奴”，是一种人格类型，其主要特征在于一个人兼有主子意识和奴才意识，两种完全相反的人格特征集中在一个人的身上，中国古代政治文化中的官僚群体就具备这样的人格特征。张分田教授所著的《亦主亦奴——中国古代官僚的社会人格》对此曾有全面的揭示，他指出：“‘官僚’社会政治角色的基本特征在于主奴合于一体。这也正是官僚称谓所标识的政治文化意蕴。官僚之身是主与奴的统一体，官僚之称是贵与贱的集合物。这就铸就了这一群体政治心态的总体模式：主奴综合意识，即主子意识与奴才意识共时性地存在于同一个体。”① 借用这一概念，可以更深入地理解《色·戒》中对易先生这一角色的塑造，因为“亦主亦奴”人格特征的根源在于集权暴力政治下的人格不平等，从这一点看，易先生与古代官僚处于同一生存语境之下，因而具有可类比性。

《聊斋志异·夜叉国》中有一段对话：“何以为官?”答曰：“出则舆马，入则高堂，上一呼而下百诺，见者侧目视，侧足立，此名为官。”易先生也是如此，身为汪伪政府的特务头子，出则保镖，入则保姆，生活优裕，一呼百应，手中握有生杀予夺的大权，处于权力的顶层，从这一角度说，

---

① 张分田．亦主亦奴——中国古代官僚的社会人格．杭州：浙江人民出版社，2000．

他无疑是主子，具有主子意识的种种优越感；而汪伪政权作为日本军阀的走狗，自己并不能决定自己的命运，在上海沦陷区尤其是如此，此外他们还遭受着重庆方面以及各种抗日力量的追杀，朝不虑夕，随时有生命危险，而且随着太平洋战争的爆发，日本军阀败局已定，个人命运始终与“汉奸”符号相始终，从这一角度看，无论在政权性质的寄人篱下上，还是在个人生命的安全系数上，他又是一个不折不扣的奴才，具有奴才意识的种种卑微、屈辱感。“亦主亦奴”，主奴综合意识集于一身——这就是易先生生存状态的心理底色。梁朝伟把易先生的这种底色表演得恰到好处——渗透于举手投足间的喜怒不形于色，若有所思的阴郁，胸有成府，不苟言笑，而又难以掩饰内心的空虚和软弱无力。为逃避这种空虚和软弱无力，他拼命地追求权力，在控制他人中得到某种补偿。用弗洛姆的话来说，过度的权力欲并非根源于力量而是来自懦弱。一个人越追求权力，则说明此人无法摆脱个人自我的孤独，无法依赖自己生存下去。不是自信和有力，而恰恰是软弱无力导致了虐待狂对统治的追求，假如一个人力量很强，即能在维持自己的自由和完整性的基础上实现他的潜能，那他就无须统治他人，也不会有统治欲。

二

作为影片的主要内容，易先生与王佳芝危险、复杂而又微妙的情爱关系，也正是在这种人格背景下展开的。为了摆脱其“工作”（就是折磨人、杀人）的枯燥、孤独与无力感，易先生的解脱方式之一就是追猎美女，在沉溺情色中得到瞬间的满足，从而摆脱不堪忍受的孤独感和孱弱感。表现在与王佳芝的性爱关系上，就是易先生那充满了性虐待狂式的行为。据悉，片中 3 场超露骨激情戏约长达 10 分钟，在《色 · 戒》勇夺威尼斯金狮奖后，电影局特地调看了全本《色 · 戒》，对影片给予高度评价。经与李安协商后，最终由李安亲自剪掉了约 7 分钟较为刺激的场面。其实，就笔者看内地“删节本”的感受，并不觉得床上戏是该剧成败的关键因素，没有它，电影照样好看，床上戏、激情戏不过是商业符号而已。就内地观众能看到的两幕“激情戏”而言，我感觉其最有价值的地方在于是为塑造人物服务的，而不是游离于剧情的“裸露”。恰如李安所说，《色 · 戒》是一部讲述欲望的电影，但他强调片中讲述的欲望绝不限于色欲。他解释道，“色”有色相的意思，人世万象，包括导演做电影，演员做表演，都是一种色相；“戒”不只是道德上的“戒”，更是知性上的“戒”，有“深省”的意思。在与王佳芝的第一场“裸戏”中，易先生一反含而不露的常态，撕碎旗袍，用皮带捆绑，不断撞击对方的身体，充满肆虐意味……种种具有明显性虐待狂式的行为都表现出一种掌控、摧残对象的欲望，充分反映出他从“奴才”状态——那难以摆脱的卑微、孤独、软弱无力感——重新又暂时回到“主子”状态——掌控他人身体和命运的统治欲望。换言之，由于在日常生活中，处于“奴才”状态的易先生所受的压抑太大，时间太久，所以，他一旦回到“主子”状态，其行为表现必然是激烈、暴力甚至虐待狂式的。他在此刻所表现出的虐待狂式的“爆发力”，与他平时所遭受到的压抑和挫折感恰成正比。而且，他明白，激情过后，又要重新回到那种孤独、孱弱、恐惧的“奴才”心理状态，因为他所服务的政权必然走向灭亡。

“亦主亦奴”双重人格的极端表现就是巨大的破坏性，在此，破坏是当事人获得心理补偿的一种途径。根据心理学家的研究，这种表面合理、实质不合理的破坏性，选择谁作为破坏的对象、用什么借口作为破坏的理由是无关紧要的，这仅具有次等重要性。这种破坏性是深陷“亦主亦奴”人格之中而不得自拔者内心的一种暴力激情，它总能找到要加以破坏的对象。对此，易先生对王佳芝的处理是最好的诠释。影片中，由于王佳芝感情的变化和微妙的怜悯，使得易先生逃过一死劫，邝志明等人的密谋败露，他们几人包括王佳芝随即被易先生的手下逮捕。此刻易先生命令把抓到的人，包括救过他性命的王佳芝，统统枪毙。镜头摇移，易先生又站在他太太背后看牌，心里想着王佳芝。他走进王佳芝曾经住过的房间，曾经的狂暴情爱、缠绵欢愉在易先生心中静静流过，他的脸上却依然是一贯的阴霾。一道阳光透过玻璃射进屋内，易先生走到窗前，干净的白色床单上空留下一段摇晃的背影。“他觉得她的影子会永远依傍他，安慰他。虽然她恨他，她最后对他的感情强烈到是什么情感都不相干了，只有感情。他们是原始的猎人与猎物的关系，虎与伥的关系，最终极的占有。她这才生是他的人，死是他的鬼。”当易先生不能再占有她的时候，就摧毁她，破坏她，这种貌似强大的背后实际上也表现出一种软弱和气短。因为即使易先生成功地消灭了外在的目的物，他孤独和孤立的状态依然不会改变，可是，这种孤独是一种有补偿的孤立状态，在其中，外在的那个暗杀小组再也不会产生威胁了，毁灭世界是想使自己不再受外界力量的毁灭。而按照历史规律，日寇、汪伪的毁灭只是时间问题。简言之，破坏或毁灭他人并非来自内心的强大，而是来自“亦主亦奴”无法忍受的无力及孤独感。

三

易先生身上的“亦主亦奴”人格已被剖解，那么，王佳芝这一形象是否也具有这种色彩？回答是肯定的。根据张分田先生的研究，在一个不正常的社会里，“亦主亦奴”是一种普遍存在的社会现象。他指出：“主奴综合意识是否为官僚群体所独有？庶民百姓、部曲奴婢是否有主子意识？皇帝老子是否有奴才意识？这些问题的答案是：一般说来，在中国古代社会，主权综合意识寄寓在每一个成年的社会个体的灵魂深处，上至帝王，下至奴婢，概莫能外。换言之，主奴综合意识是具有普遍意义的社会人格。”从这一点分析王佳芝的形象，其身上也具有明显的“亦主亦奴”色彩。不过，其区别在于，易先生的“亦主亦奴”属于非正常生存状态下的一种扭曲的人格，而王佳芝的“亦主亦奴”则属于一种她自己不能把握的人生状态。首先，王佳芝无疑具有把握自己命运的强烈主人意识，不愿当亡国奴，出演抗日爱国戏剧，发出“中国不能亡”的怒吼，毅然以红颜女子柔弱之身，承担起拯救苦难祖国之大任，谋划刺杀汉奸特务魁首，整日周旋于生死存亡之际……这些都说明她是一个有鲜明个性、有明确价值取向、有强烈主人意识的女性；而命运的残酷之处在于，要实现这种“当家做主”、不受人凌辱目标的手段却是先要去做奴隶，而且不是一般的奴隶，而是饱受多重摧残的“性奴隶”，而为了实现自己的人生价值、争取个人与民族的独立与自由，她也毅然地默默忍受了这一切，这就使她始终处于被虐待、被凌辱、“呼之即来，挥之即去”的“性奴”状态中。这种极其矛盾的生存状态非她自己能够把握、能够选择，是一种典型的“亦主亦奴”状态。而这种状态恰恰是这个人物的深度所在。从审美心理上来说，它给观众造成一种期待与悬念的张力，从人物塑造上来说，它使人物不趋于平面化，而是具有多重人格、多重心理、多重精神世界的立体感。王佳芝“亦主亦奴”生存状态的特点在于：她精神上具有强烈的主人意识，而行为上却不得不表现为奴隶状态。细而言之，其主人意识不仅仅表现在抗日爱国意识上，还表现在她行为的本质实际上是将易先生的命运掌握在自己手中，换言之，暗杀小组是否成功，取决于她的表演行为。从某种意义上讲，易先生之生死掌控在她的手中；而她掌控的方式，却是先要去做奴隶。在此方面，“亦主亦奴”这种无奈的人生状态在王佳芝身上展现得淋漓尽致。从“亦主亦奴”角度观察，王佳芝这一形象的深刻之处在于：在一个不正常的扭曲社会中，“亦主亦奴”是一种普遍的生存状态，它不仅存在于上层，也存在于下层，它“寄寓在每一个成年的社会个体的灵魂深处，上至帝王，下至奴婢，概莫能外”。而其本质属性则是制度的不合理和人与人之间的不平等。

《色·戒》的看点很多。从“亦主亦奴”的角度看《色·戒》及其床上的激情戏，就越发感觉它不是游离于剧情和人物性格之外的，而是起到了塑造人物性格的作用。这其中，确实体现了导演的功力及其对人物性格内涵的准确把握和理解。张爱玲曾解释说，色与戒不过两件事，所以两者中间，原本是在“,”和“、”之间拿不定主意，而被阅读者习惯的“·”，却是预告时的失误。按照语言学的意义，“,”和“、”都属于点号，用来表示停顿的结构关系，“、”表示并列词语之间的停顿；而“·”则属于标号，用来标明词语的性质，譬如姓和名，书名和篇名。这样看来，标题中的那个符号，“、”最恰当，而“·”最不合适，尽管后者已经成为印象中的定式。① “·”表示并列和完成，而“、”则表示游移和未完成，是一种在二者之间徘徊而难以取舍的精神状态。由此看来，以“亦主亦奴”的矛盾复杂人格来剖解其中人物，并非是没有依据的。

（原刊于《书屋》，2008年第2期，现有增改）

---

① 半夏．爱情不归宴．今晚报（副刊），2007-11-04．

《集结号》集结了什么？

（杜仲华，张春生．冯小刚：拂去“大片”的迷惘．今晚报，2008－01－08.）

一

集结号最终没有吹响，谷子地所率九连除他一人生还之外其余47名官兵全部战死在汶河以南的阻击阵地上。约十几年后，他才得知，当年下达命令的三团团长早就牺牲在了朝鲜战场上。团长的警卫员道出了秘密：当年大部队转移的时候，团长根本没让号手吹号，派他们阻击时，就已经决定用一个连的牺牲去换取大部队的安全转移。

从表面看，《集结号》极像一部“主旋律”电影，具备“主旋律”所要求的必要电影元素，尤其是革命英雄主义的牺牲精神和群体意识；而实际上，这部影片关注的却是一个极其私人化的问题：个人的付出和牺牲应该得到历史承认。从这一角度说，它似乎应该被称为心理电影或社会心理电影。或者说，打动观众的不是那些传统“主旋律”电影的宏观因素，而恰恰是其所不具备的十分私人化的微观心理因素，它把残酷惨烈的战争一一还原到了战争中的人——士兵的心理感受层面。正是从这种意义上，我们说在战争片中，《集结号》具有导向化作用，是中国“大片”的转折点，为国产电影的发展作出了值得借鉴的有益探索。

《集结号》的感人，不在于战争的残酷、场面的惨烈（当然这是影片情节逻辑发展的基础），而在于其后为寻找“证明”所经历的艰辛心路历程。在战争中，为了全局牺牲局部，为了群体牺牲个人，乃是常态。与庞大的战争机器和群体目标相比，士兵个人是渺小的，微不足道的，他们的心理感受历来不是影片关注的重点，而这些却是《集结号》关注的重中之重。可以说，观众流泪，主要集中在谷子地这个人物上，而在谷子地身上，最能打动人的是他那种近乎神经质的寻找，证明九连 47 人“不是失踪是烈士”的“正名”、“纠错”过程。冯小刚坦言，他看剧本后半部时曾多次流泪，谷子地扮演者张涵予也说，看了剧本后，把头埋进沙发里哭了半个多小时，从此心中抹不去谷子地这一形象，对这一人物他进入得很深，一年多也走不出来，直到现在。导演、演员哭了，观众才会哭。哭他们的壮怀激烈，哭他们的血气方刚，更哭他们命贱如草、默默无闻，更哭他们地下衔恨、九泉受屈……

正是那始终没有吹响的集结号，把观众集结到了久违的影院中。《集结号》公映后，好评如潮，票房骄人，不仅轻松跻身“两亿俱乐部”，同时也有极好的社会反响，获得了一个投资方、拍摄方、院线、观众、社会多方共赢的结局。冯小刚的电影从未像现在这样，得到中国主流电影人的一致认同——北京电影学院教授郑洞天断言，“《集结号》绝对是有史以来最好的大片”；中国电影艺术研究院研究员饶曙光认为，“《集结号》对中国电影具有方向性意义”；清华大学教授尹鸿则认为，“《集结号》体现了主流价值观，为主流电影提供了一个样板”。央视两大王牌节目都被《集结

（杜仲华，张春生. 冯小刚：拂去“大片”的迷惘. 今晚报，2008－01－08.）

号》的魅力所征服。继《新闻联播》播出《集结号》的放映情况，近日，《焦点访谈》又以“国产影片新探索”为名播出了10分钟关于《集结号》的专题报道。节目赞扬《集结号》在商业上取得了出乎意料的成功，为国产电影的发展作出了值得借鉴的探索。影片凭什么打动人？当然是巨大的精神和心理力量。观众为什么进影院？当然是要获得审美感受和心理共鸣。那么，从社会心理角度看，《集结号》究竟都集结了哪些基本原型？

二

渴望“正名”，是《集结号》所涉及的第一种社会心理原型。

从历史维度的广义上看，《集结号》集结了众多战死而被埋没的普通战士英灵的集体诉求。在谈到执导动机时，冯小刚曾说：“以前我很喜欢看《巴顿将军》，也很崇拜他。但现在我对他很反感，觉得他就是一个战争狂人、疯子。他对战争的操纵欲以及获得的成就感是通过千千万万普通士兵的血肉之躯换来的。所以，如果要拍战争片的话，我觉得那些普通士兵更值得纪念，有钱也要花在像谷子地、九连的战士这样的人身上。他们其实在战争中的牺牲最大，却轻易就会被历史抹掉。”《集结号》虽然只写了某部九连48人的故事，而其反映的主题却具有极大的历史包容性。近代以

（杜仲华，张春生．冯小刚：拂去“大片”的迷惘．今晚报，2008－01－08．）

来，由于特殊的国情，中国在进入“现代社会”的转型过程中步履维艰、历经磨难，所历战争之频繁、搏杀之惨烈，世所罕有。较大的战争就有鸦片战争、中日甲午战争、北伐战争、抗日战争、解放战争、朝鲜战争、对越反击战等，其间交织着千百万次具体的战役、战斗，而支撑着这些具体的战役、战斗的，恰恰是像谷子地等48人这样的九连兄弟。可以说，正是他们促进了中国今天的进步，而也正是他们很容易在“胜利”后被埋没，在牺牲后被遗忘。一将功成万骨枯，战后立功、授勋、嘉奖、擢升之类的荣耀只能光顾少数人，而那沉默的大多数则像沉没于海水下的冰山，逸出人的视野。不难想象，由于各种复杂的原因，有一个庞大的像九连“47人”一样的群体，被淹没在历史的尘埃之下。为这一庞大群体“正名”而形成的社会群体心理期待，无疑是驱使一部分观众走进影院的一种心理动因。而遍观各类“主旋律”、“红色经典”的战争题材影片，对此却基本没有涉及。所以，张涵予所扮演的谷子地那呼天抢地、淋漓尽致的表演，无疑集结了这一群体的集体呐喊，使得这种积郁已久的社会心理得到一种宣泄。因为个人的尊严与权益，永远是一个伟大社会的基石，毕竟，没有个人尊严的群体是谈不上伟大的。

三

期待“纠错”，是《集结号》所涉及的第二种社会心理原型。

可以说，《集结号》集结了历次政治运动中蒙受冤屈的“纠错”心理。表面上看，这一点和《集结号》所表达的革命英雄主义精神相去甚远，但如果把目光聚焦在“纠错”这一点上，两者又不无相似之处。《集结号》毕竟是给现时代人看的。现时代的大多数人没有经历过战争，但并不缺乏《集结号》所着力强调的强烈的“正名”、“证明”、“纠错”的心理。这是由近现代中国特殊的国情所决定的。1949 年之后的中国，逐步消灭了阶级，进入和平建设时期，但是由于特殊的国情和历史的复杂性，中国并没有立刻进入“现代化”的轨道，而是又经历了激烈的社会动荡，其表现就是以“阶级斗争”为合法性和原动力的历次政治运动，反右运动、四清运动、文化大革命、知识青年上山下乡运动、大规模国有企业职工下岗……史实俱在，不赘。从历史的发展来看，尽管残酷、惨烈，但这些是中国进入现代社会必须付出的代价。这一过程虽然不是以战争的形态表现的，但其残酷、惨烈，其关涉物质利益之大，其触及精神灵魂之深，并不亚于我们在《集结号》中看到的场景。这场没有硝烟的“战争”，特别像一个战役：为了整体的利益，必须牺牲局部的某些个人利益，包括生命。或者说，为了中华民族的整体利益，在摸索中前进的中国就要牺牲局部利益，并为此付出惨重的代价。这正像影片中出于大的战略考虑，需要牺牲九连兄弟这一局部利益。在这场步入现代化社会寻找道路的这一特殊“战争”中，其历时之久，损失之重，场面之惨烈，牺牲之巨大，也是世所罕见。篇幅所限，恕不展开。从某种意义上说，他们的牺牲是我们今天社会发展进步必须支付的成本，但问题是：像九连那 47 位牺牲的烈士身份无法证明一样，社会上也积累着、存在着一个由各种“运动”所造成的“证明”、“承认”、“正名”、“纠错”的庞大心理问题。实际上，上述的两种行为有着一个共同的目标：推进社会进步。一种是火与血的战争，目标明确，消灭敌人；一种是隐形的战争，探索中国发展的道路。“正名”之后获得的自尊，是一种普遍的心理原型，对于历经磨难、饱受战争蹂躏的民族尤其如此。而这种情绪，却不是以往战争片关注的重点。正是从这种意义上说，冯小刚的《集结号》激活、唤醒了一种集体情绪和诉求。当然，现实中由于错综复杂的原因，由于“纠错”机制和资源的有限与短缺，他们难以获得影片结尾那样的“正名”待遇和“圆满”结局，但这种心理情结的存在却是不争的客观事实。为自己一代和自己的父辈“正名”、“纠错”而形成的社会群体心理期待，无疑是驱使另一部分观众走进影院，并被深深打动的心理原因。

四

呼吁公平，是《集结号》所涉及的第三种社会心理原型。

从现时代观众心理底色看，《集结号》集结了改革开放以来当今社会对公平、公正的呼唤与诉求。电影《集结号》是根据杨金远的小说《官司》改编而成，顾名思义，其本身就是一个寻求公平的故事。《集结号》中烈士们的牺牲本身就是为了社会公平和社会正义，而这二者又恰恰是当下社会民众关注的敏感问题。由中国社科院社会学研究所主编的 2008 年社会蓝皮书《2008 年中国社会形势分析与预测》近日由社会科学文献出版社出版，蓝皮书指出，2007 年中国宏观社会经济继续保持良好发展态势，突出关注民生、更加注重公平成为社会发展的主题。它是由转型中的中国社会所遭遇的矛盾所决定的，有着深刻的国情背景。目前，中国人均 GDP 已达 2 010 美元，预计 2020 年可达 3 500 美元，根据国际经验，人均 GDP 达 1 000 ~ 3 000 美元这一阶段，被称为“现代化起步阶段”或“物质现代化”，此期全社会主要关注经济发展，它既是黄金发展期，又是矛盾凸显期，此期发展速度加快，注重经济效益，而各种环境、社会、生态问题也会接踵而至，如贫富差距加大，社会保障缺失，行业垄断加剧，公共物品短缺，社会公平失衡，所有这些交织在一起，都会造成社会心理压力，形成一种潜在的被剥夺感以及一种对社会公正的诉求。从问题本质和心理原型上看，这种诉求同谷子地为九连 47 名英灵寻求一种公正的结局有极其相似之处，尽管表现形式是如此的不同。当在这种背景下生活的中国观众走进影院欣赏《集结号》时，由于相同的对于公平的诉求，由于大多数人的“草根情结”，很容易产生潜在心理认同，获得良好的社会反响。

五

简言之，由于中国近现代特殊的国情所决定，要求“正名”，渴望“纠错”，呼吁“公平”，是社会上长期积累的几种基本心理原型。心理原型的特点是具有极大的覆盖面和弥散性。《集结号》上映之前，这种心理诉求无法在现实世界的操作层面、技术层面上得以实现，于是，一种精神上的承认、心理上的宣泄、审美的潜在认同，就成为另外一种表达渠道。电影《集结号》正是把上述这诸多的社会心理因素“集结”在一起，吹响了社会上积累已久的要求“正名”、“纠错”、“公平”的心理集结号，它激活了长期积淀在中国人心底的与影片相类似的情绪和精神，因而引起了强烈的心理共鸣。这一点在中国影坛上，无疑具有原创性意义。

（原刊于《凤凰周刊》，2008 年第 6 期，现有增改）

《南京！》[①] 大于“南京”

显然，前一个《南京！》是指正在热播的影片，后一个“南京”是指中国人心中那道永久的伤痕，即中国人心目中的“南京大屠杀”。前者是光和影的世界，是艺术，是情感，是缪斯在废墟上的舞蹈；后者是具体的历史事实，是客观的事件，是潘多拉盒子里的幽灵洒向人间的怨。前者是流动的，后者是相对稳定的。二者如影随形，相依共存，但又有着明显的区别。

首先，说《南京！》大于“南京”，是因为二者的时间坐标不同，状态不同。作为历史事件的“南京大屠杀”已经定格在70年前，其本身已经不会再有什么变化，而作为70年后的《南京！》则代表着现代中国人，尤其是没有经历过抗日战争的青年一代，对这一历史事件的理解和解读，及其社会影响。换言之，历史本身不会解读历史，解读“南京”的只能是《南京！》。历史是流动的，但是这种流动只能通过一种来自外部的传播、认知和解读来实现。而正因为有了70年的时间跨度，导致了看问题视角的不同。陆川的《南京！》争论激烈，毁誉参半，双方激辩焦点是出现了角川这一日本人的视角和结尾为日本军人招魂的祭祀舞蹈。这个《南京！》显然大于国人心目中的“南京”。说它“大于”，是指以往的“南京”都是中国人的视角，而《南京！》则出现了日本人的视角，这种“日本视角”通过角川这一侵华士兵的眼睛在进行“形象叙事”，以“普通人”而非“魔鬼”来定义日本士兵。对此，争议颇多。陆川则认为，以“普通人”视角来认识日本士兵比“魔鬼”更能揭示战争的本质，在此，“魔鬼”反而是一种简单化的开脱。他说：“我们的很多研究，甚至学者的研究，认为日本人在南京的大屠杀中是魔鬼，是民族的精神出了问题，干的是魔鬼干的事儿。真的我特别不同意这个看法。你把他说成魔鬼，你真的是给他找了辙让他

---

① 影片原名《南京！南京》。

跑了。为什么？精神病患者杀了人在法庭上是不受制裁的，人家都变成魔鬼了，你还说他什么？战争让我成了魔鬼，我杀了人，那就是战争的事儿了。其实不是。”在这一点上，无论怎样评价，《南京!》都要大于“南京”。

其次，说《南京!》大于“南京”，是因为从“日本视角”出发，以角川为核心，影片中构成了一种对战争的反思氛围。当然，我们会问，在此究竟是角川在反思，还是陆川在反思？对这一问题，其实不必深究，一部影片中的任何元素都是导演意图的体现，最终当然是陆川在反思，或者说是他在让角川去反思，反思战争的本质，以及战争中人与人之间的关系。陆川曾明确地说：“角川最终饮弹自杀那场戏是我最后想出来的。我认为到最后的时候对一场战争的反思应该不用再分什么日本人、中国人了，角川这个时候应该是代表我们所有人去反思，而不是仅仅代表他自己。”这虽然被论者指责为“幼稚”、“一厢情愿”、“主观叙事”，还有南京大学拉贝与国际安全区纪念馆馆长汤道銮女士在被问到“日本兵是否有人性”时，汤回答说：“我虽然不是南京大屠杀方面的专家，但南京大学历史系民国研究所出版过58卷的历史资料，我都看了，没有发现这么有良知的日本人。当然，不能说没有，只是我没发现。”但是，要看到，“反思”确实是目前在“南京”问题上的必要议程。所以，在此《南京!》的价值在于，它向日本传递了一个清晰的信息，即“要让日本人反思”这一思考已经提上中国人的心理议事日程。当然，《南京!》要求中国人也要“反思”，这主要体现在颇有争议的那段祭祀舞蹈的戏中。有论者认为这是在为日本军国主义招魂，其实其本意在于让观众看看我们究竟被怎样的一个对手打败了，从而反思自己的文化。陆川直言：“一个战争的本质是什么？一个战争结果的本质是什么？是异族的文化在我们废墟上舞蹈。”并道明了这样表现的意图：“说打倒日本帝国主义，这个口号也喊了七十年了，有没有人告诉我什么是日本帝国主义？我这次特别想把日本帝国主义搁到银幕上，让大家看看，这玩意儿就是日本帝国主义，我们拿什么去打倒他？这需要自己好好想想，我们自己有没有这么强大的能够代代相传的一种精神、一种东西，是能够去跟它相提并论的？”这些“反思”元素，显然是以往“南京”中缺乏的艺术元素。在这一点上，无论怎样评价，《南京!》也都要大于“南京”。

最后，说《南京!》大于“南京”，还因为前者具有国际视野，而后者只是一个局部事件。说它是局部事件，是说在人们心目中，它发生在某一地理区域，并未引起国际关注。在此不妨把“南京”和“奥斯维辛”进行比较。奥斯维辛无疑是一个国际事件，以此为题材的小说、电影、电视数量很多，1958 年美国记者罗森塔尔所写的《奥斯维辛没有什么新闻》（1958 年 8 月 31 日《纽约时报》）获得普利策新闻特稿奖。而“南京”，由于各种原因，则属于局部事件。近年来，虽然北美地区有张纯如的《南京浩劫：被遗忘的大屠杀》，德国和欧洲有《拉贝日记》，“南京大屠杀”逐步浮现于世人面前，而日本始终是一个“盲点”，尚未覆盖，而陆川拍《南京!》的目的就是要覆盖这一原先的“盲点”。他说：“我觉得我是怀着特别的、一个巨大民族的仇恨去拍这戏的，我是带着这个上路的。然后拍着拍着，我是觉得我们有必要把一些日本人到底是怎么回事儿给拍出来，这样对于解决这事儿有帮助。因为首先这电影我觉得不应该就在国内自娱自乐一下，如果你觉得我拍这个有野心的话，我想说我最大的野心就是把这电影放到日本。我就挺希望这片儿将来有一天走进去，走在他们的国家，能够影响他们的观众，然后让他们能够成群结伙地到中国来道歉。”当然，“把这电影放到日本”，目前看来还有难度；“成群结伙地到中国来道歉”，也不无幻想成分，但事情毕竟要做，而且需要“人”去做，扎扎实实地做。从这种意义上说，《南京!》也要大于“南京”。

总之，作为物理和军事意义上的“南京”已经结束，属于过去时；而作为心理和精神意义上的《南京!》则正在进行中，属于现在进行时，而随着中国的崛起和强大，这种感受会愈发强烈。这是一种新的“战争”，从某种意义上，每个中国人都必须要面对，其残酷性、心理折磨和艰难程度并不亚于物质战争，而为其“浴血奋战”的价值也并不亚于真实的战争。从这一角度看，张纯如和陆川都是出色的人权斗士，《南京!》也要大于“南京”，因为它有着比从物质和肉体上消灭“敌人”更高的目标。

（原刊于《今晚报》副刊，2009 年 5 月 13 日，现有增改）

中日关系三重门

——从麻生会见冯小刚谈起

2009年4月29日，正在北京访问的日本首相麻生太郎参观了日本文化中心，并在此接见了艺界人士冯小刚、王中军、邬逸聪等。麻生感谢冯小刚宣传了日本，他说，电影《非诚勿扰》有长达一半的镜头在日本北海道取景，影片上映后，中国人对日本的环境和日本人的生活细节更加感兴趣，许多中国人到北海道旅游，从而促进了两国人民的相互理解，从这个角度说，他对《非诚勿扰》剧组“非常感谢”。

> 四月是个残忍的季节，继4月22日《南京！南京!》公映后，《拉贝日记》也将于4月29日公映，两部南京大屠杀题材的电影，让艾略特在《荒原》写下的诗句，仿佛在现实中找到了对应。试映会上，发言的老人和学生掩饰不住激动的情绪和泪水，随着电影的全线上映，中国的观众避免不了要承受影片所呈现的残忍事实所带来的伤痛。①

阅读这则新闻时，突然迸发出一个“大胆的假设”：麻生会不会接见另一位涉及日本题材的中国导演——陆川，无须“小心地求证”，此念立即遭到自我否定：不会，当然不会。随着《南京！南京!》的热播，春深夏浅之际，绿肥红瘦之时，华夏大地上流动着无数哀伤的小溪，继而汇成悼念的大河。从来不愿意想起，永远也不会忘记，怕是国人的普遍心情。从张纯如到陆川，无论视角、手法有如何大的变化，但其骨子里的血脉是一以贯之的：忘记等于第二次谋杀。

4月21日，麻生太郎以“内阁总理大臣”的名义向靖国神社献上了一

① 载于《成都商报》。

种被称为“真榊”的盆栽供品；4月22日陆川的《南京！南京!》在全球全面上映；4月29日至30日，麻生对中国进行正式访问；4月29日，麻生接见冯小刚《非诚勿扰》剧组成员……这些事情相互抵触、矛盾，它们无疑是在人间四月天偶然“相遇”的，没有什么必然联系；而它们如此的不协调，而又相安无事地“并存”于一种现实背景下，又不得不引人思考现今的中日关系。可以说，上述这些不协调事情的并置共存反映出目前中日关系三个层面的状态，或称中日关系三重门。

第一个层面是政府外交层面，其关键词是“正视历史，面向未来”。用历次中日联合公告的语言说，就是“将继续遵循《中日联合声明》、《中日和平友好条约》和《中日联合宣言》的各项原则，双方决心共同开创两国关系的美好未来”。其着眼点是战略伙伴关系，是维持地区和平与稳定，在反恐、应对金融危机、解决朝核问题、应对公共卫生危机等方面，有着巨大的合作空间与需求。这就决定了其时态是“未来时”。如中日军事走向，麻生此次访华就说：“我们了解近年来中国恪守和平发展战略，致力于构筑永久和平、共同繁荣的世界的决心，并期待中国采取与此相符的行动，打消这样的不安和担忧。今后，日中两国都不会成为军事大国，不会成为彼此的威胁，并应该为和平发展而携手努力——我坚信，这才是国际社会对日中两国的期待。”换言之，这一层面看问题主要从“未来”着眼。

第二个层面是经济商贸层面，其关键词是“互补互惠，日中共赢”。中日经济具有极大的互补性，一个是GDP排名世界第二的发达国家，具有先进的科技实力，一个是最大的发展中国家，具有广袤的市场，恰如麻生所说：“中国的经济发展给国际社会带来了机会，当然也给日本带来了良机。”具体而言，4月30日，麻生参观了中日合作的在首钢总公司实施的干法熄焦节能示范项目。他表示，环保与提高能源效率并重这一理念已体现在中国的钢铁政策中。“中国是世界最大的粗钢生产国，日本拥有世界最高水平的节能环保技术，希望两者能结合起来实现更大的飞越。”麻生说，“希望中日加强在节能环保和应对人口老龄化方面的合作。”他建议双方挖掘太阳能发电设备、环保汽车等新的经济增长点。这就决定了这一层面的时态是“现在时”或“现在进行时”，也就是说这一层面看问题主要从“现在”的利益着眼。一切都在“进行之中”。如在记者招待会上，麻生就透露，2008 年胡主席访日时，双方就 70 项合作达成共识，现在已经有 80% 的项目在启动。特别是在环境和节能领域，两国官方和民间的项目加在一起一共实施了约 505 项的合作。麻生还透露，关于信息通信领域的合作，日本总务相鸠山邦夫本月 4—5 日会访问中国，并与中方讨论具体合作细节。

第三个层面是民间文化心理层面，其关键词是“还原真相，难忘国耻”，也就是从张纯如到陆川的这一条线索。围绕《南京！南京！》的评论或争论已多，无论见解如何纷纭，争论如何激烈，起码说明围绕这一问题的思维、心理是十分活跃的，恰如陆川所说：“外交跟文化是两码事，我觉得不管外交需要什么，民间得有声音。如果等外交特别需要民间有声音的时候我们没准备好，那这声音从哪儿来啊？我们现在是不需要声音，可是当我们需要声音的时候，那（民间）的声音不是立刻就有的。”简言之，这一层面主要关注的问题有：南京大屠杀的真相，日本参拜靖国神社问题，日本道歉、忏悔问题，日本兵认罪问题，日本反思问题，各类赔偿问题……这就决定了这一层面的时态是“过去时”，也就是说这一层面看问题主要是围绕着“过去”而进行的。进入这一层面的人往往容易沉浸于过去，精神纠结在历史的光和影的舞蹈之中。张纯如在《南京浩劫：被遗忘的大屠杀》一书的开头中曾说：“也许更重要的是，我希望本书能激起日本人的良知，承担该事件的责任。在该书的写作过程中，我的脑海里始终萦绕着乔治·桑塔亚纳的不朽警句：忘记过去的人注定要重蹈覆辙。”张纯如之母张盈盈说：“把历史真相公布于众，是中国人的使命，也是纯如的遗志。当然，我们也会一直努力下去。”从张纯如到陆川，视角和思考都有了一些变化，但其骨子里的精神没有变，这就是“忘记等于第二次谋杀”。

政府外交、经济商贸、民间文化心理，将来时、现在进行时、过去时，这些复杂元素纠结在一起，才构成了现今中日关系复杂的状态。我们现今所体验到的相关复杂情感，恰恰是这种复杂状态的真实反映。如果说第一层面代表着一个人的理智，第二层面代表着一个人的物质需求和欲望的话，那么，第三层面就代表着一个人的情感和审美心理世界。而情感和审美心理往往是最敏感、最活跃、最柔弱、最复杂的部分，“剪不断，理还乱”，“抽刀断水水更流，举杯消愁愁更愁”，“问君能有几多愁，恰似一江春水向东流”……她不会那样理智和冷静，也不会长久满足、沉溺在物质欲望的狂欢里，她往往难以走出历史的记忆，她会哀诉，她会哭泣……于是就有了张纯如，也有了陆川；于是，在有了“走得出去”的“面向未来”和“互补互惠”的同时，也就有了“走不出去”的“南京”。

草色遥看近却无：后小泉时代的“耻感文化”

一

2006 年 10 月，日本首相安倍晋三果断开展了访问中国的“破冰之旅”，使中日政治关系进入了“后小泉时代”。如同眼下东亚的自然气候，日本政坛上小泉时代凝结多年的寒冰开始融化。种种迹象表明，中日关系已开始全面转暖，尽管还有点“草色遥看近却无”的朦胧。这主要体现在，中日两国在各个领域的交流和对话增加，目前双方已经就温家宝总理 4 月中旬访日达成共识；此外，包括各政党领导人在内的日本各界人士频繁访华，据 2 月 21 日日本共同社的报道称，中日两国已经确认将互派共计超过 20 000 人的访问团进行互访。日本执政联盟的公明党代表太田昭宏和自民党国会对策委员长二阶俊博等日本政要陆续访华，中日两国的民间交流也更趋活跃。日本政府将今年定为“日中文化体育交流年”，将开展一系列文化和体育交流活动，以增进两国人民的相互理解。尤其值得注意的是，随着中日关系的持续改善，两国准备扩大军事交流，两国正在协商从 8 月开始由中国人民解放军海军与日本海上自卫队互访事宜。

吹面不寒杨柳风。

2007 年是中日关系敏感而关键的一年：卢沟桥事变 70 周年、中日邦交正常化 35 周年和“南京大屠杀”70 周年纪念日将先后来临。在两国关系全面转暖的大背景下拉开这一年的序幕，无疑还是令人感到轻松的。但由于从小泉的“参拜内阁”到安倍的“破冰内阁”的变化速度太快，让还沉浸在小泉“参拜阴影”中的中国人民余悸未消，疑惑重重。当然，改善关系与消解分歧都是积极的步骤，也有助于消除两国在政治关系上曾经存在的严重阻碍。但我们也必须清醒地看到：作为日本民族精神核心的一些东西并无实质性的变化。在事关重大的问题上，日本可以作出一些让步。如在“是否参拜”这一问题上，安倍放弃了以往的“首相一定要参拜”的强硬姿态，而采取了不置可否的“模糊战术”。其时，中日双方就安倍访华问题进行了紧锣密鼓的磋商。鉴于小泉“参拜”是造成中日首脑互访中断局面的元凶，中方要求日方消除这一“政治障碍”。安倍最终向中方表示将致力于“克服靖国神社等历史问题”，使其访华得以成行。但必须看清楚，这一行为的目的还是为了日本民族的根本利益和长远利益。日本民族经常表现出来的一些极端矛盾相悖的心理与行为，重新引发了人们对日本民族文化心理的关注和思考。

二

所谓民族文化心理，是指某一民族历久积淀而成的深层心理结构，它具有普遍性、稳定性、无意识性及群体内部同质性，属于群体心理的研究范畴。

对日本民族的文化心理，知识界已经有较为成型的概括，这就是著名的美国文化人类学家鲁思·本尼迪克特的“耻感文化”说。她认为，相对于西方的“罪感文化”而言，日本民族整体心理上具有“耻感文化”的特征，即荣誉和耻辱这一组范畴具有决定人行为的绝对权威。由于“耻”是出于外在的社会评价，而非内在的心灵自我拷问和自觉忏悔，所以构成了日本民族性格中的二重人格和诸多矛盾现象，而这些矛盾又构成了编织日本人复杂心理的纵横交错的经纬。菊和刀正好象征了这种矛盾。“菊花”是日本皇室家徽，象征着细致入微的美感；“刀”是日本武家文化的符号，象征着尚武精神。本尼迪克特以《菊与刀》命名此书，象征了日本人矛盾的性格和日本文化的双重性。她指出，日本人是既生性好斗而又温和谦让，既穷兵黩武而又崇尚美感，既桀骜自大而又彬彬有礼，既顽固不化而又能伸能屈，既驯服而又不愿受人摆布，既忠贞而又心存叛逆，既勇敢而又怯懦，既保守而又敢于接受新的生活方式。

在《菊与刀》中，她精辟论述了“罪感文化”和“耻感文化”的根本差别在于控制动力的一内一外：西方“罪感文化”主要依靠罪恶感在内心的反映来约束人的行为，日本“耻感文化”则主要依靠外部的强制力来约束人的行为。在“耻感文化”下，人的行为不是受内心罪恶感的约束，而是基于对“蒙受耻辱”的惧怕，其行为准则不是基于某种内在的自律的道德原则，而是基于外在的不固定因素。羞耻感将日本人牢牢地束缚在道德律令中，在日本人看来，知耻为德行之本。只有对耻辱敏感，才会实践善行的一切准则，“知耻之人”就是“有德之人”和“重名誉之人”的同义词。本尼迪克特说：“耻感在日本伦理中的权威地位与西方伦理中的‘纯洁良心’、‘笃信上帝’、‘回避罪恶’的地位相等。”同西方的“罪感文化”相对，日本形成了独特的“耻感文化”。在这种文化中，没有坦白忏悔的习惯。在日本人的日常生活中，有祈祷幸福的仪式，却没有忏悔赎罪的仪式。

耻感造就了日本人极端的自尊心，使他们对外来的嘲笑和批评极为敏感，哪怕是微小的或善意的批评也会被认为是对其人格的侮辱。受到嘲笑的日本人有两种选择：要么是化嘲笑为动力，不断自我完善，以此来消除外来的嘲弄；要么是在怨恨里自我折磨或折磨他人。自我折磨的最高表现就是自杀，如武士的剖腹。折磨他人又有不同的途径：一个是直接报复嘲笑他的人，为自己正名；一个是通过折磨第三者来发泄心中的怨恨。前者形成了日本社会竞尚复仇的风气，如武士间盛行的报仇之风；后者的表现如在日本中学里，高年级的学生经常欺侮低年级的学生，在军队里则是上级侮辱老兵，而老兵则想方设法侮辱新兵。无论老兵还是新兵都属于日本军队中的“弱势群体”，都受过不同程度的侮辱，因此就要把怨气发泄在更为“低级的”对象上。于是每个日本人都可能是受虐—施虐的复杂组合性格，这种性格为穷兵黩武的军国主义提供了土壤。对其他民族的侵略、折磨和破坏正是对他们那极易受伤的自尊心的补偿，平日在道德社会无形的压力下产生的耻辱感在迫害和折磨他人中得到了洗涤。

“耻感文化”所造就的民族文化心理主要表现为：极其强烈的自尊心，对外来批评极为敏感，视批评为对其人格的侮辱，拒不认错，普遍缺乏对自己行为的反思。小泉等参拜靖国神社，修改教科书事件，日本文学界对战争反思的集体失语，日本全民族对待战争罪行的暧昧态度，都是这种心理的外在表现。

三

与此形成鲜明对照的是：同为“二战”罪人和战败国，德国政府却表现出了惊人的勇气和彻底的反思精神。1970 年 12 月 7 日，在缔结苏德条约

3个月后，德国总理勃兰特访问波兰，签署了波德条约。签字前，勃兰特到华沙无名烈士墓前献了花圈，并在华沙犹太区，在全世界的注视下，当场为1942年被希特勒残杀的50万犹太人下跪致哀。这一赎罪姿势具有里程碑的意义，它不仅化解了这两个相邻民族的宿怨，更使全世界人民产生了对勃兰特本人和全体德国人民的深深敬意。德国思想家雅斯贝尔斯说过："从历史中我们可以看见自己，就好像站在时间中的一点，惊奇地注视着过去和未来。对过去我们看得愈清晰，未来发展的可能性就愈多。"除了道歉，德国政府还动员全社会进行深刻反思。为了避免重蹈覆辙，他们特别注意"从娃娃抓起"，把战争反思深入社会的各个层面。此外，一些德国思想家和作家还大量地著书立说，全方位揭露纳粹的罪恶，反思这个伟大民族所犯的错误，而德国的影视工作者更是制作出大量的影视作品，进行全民族的赎罪教育。而在德国人这种种行为背后，是西方基督教的"罪感文化"在起作用。

基督教在德国有着广泛的社会基础，在德国政坛上活跃的主要政党中，以基督教命名的就有两个，一为"基督教民主联盟"（基民盟），一为"基督教社会联盟"（基社盟），都很有影响。1947年，基民盟与基社盟结成姐妹党，1949—1969年成为执政党，1982年10月再度执政至今。2005年德国大选，基社盟与基民盟一起和施罗德所在的社会民主党（社民党）共同组建了联合政府。对于基督教德国来说，最重要的是在上帝面前认罪和忏悔，并因此获得心灵的自我解脱。这是由基督教的精神根基——"原罪说"所决定的。

据《旧约全书·创世纪》，上帝耶和华依据自己形象创造了人类的始祖亚当和夏娃，而后者偷吃了禁果，违背了上帝的戒律，被逐出乐园，受无穷的劳役和痛苦。于是，身为亚当、夏娃子孙的人类在出生之前就集体具有"原始罪孽"，即所谓"原罪"。此后，历代基督教徒以深刻的忏悔揭示了人类犯罪堕落的根性和无法避免的悲剧性。尽管宗教界和学术界对"原罪"真谛的解释纷纭复杂，但有一点是确定的，它指出了人是一种局限存在物，在全知、全能的上帝面前，人永远是无知的、错谬的、不完美的、需要制约的和需要忏悔的。摆脱或减轻"原罪"的途径之一就是祈祷和忏悔。勃兰特在"华沙之跪"之后在华沙电视台发表讲演，他说："面对百万受害者，我只做了在语言力不能及的情况下一个人应该做的事。……死难者撕痛着我们的心，对他们没有人能不悲伤。”这正是西方基督教“罪感文化”的具体体现。基于原罪之说，人人在上帝面前都是有罪的，上帝是唯一的价值源头，也是唯一的审判之主，人对罪孽的超越只能通过十字架上的真理与救赎。

为理解“罪感文化”的忏悔精神，不妨再分析一个个案——德国著名作家、1999 年诺贝尔文学奖得主君特·格拉斯对自己的无情剖解。2006 年 8 月 12 日，德国《法兰克福汇报》对年届 80 的君特·格拉斯进行了一次采访，话题是其即将正式出版的一部名为《剥洋葱》（*Beim Hautender Zwiebel*）的自传体回忆录。不想格拉斯在问答对话中竟自爆猛料，首次道出一个隐瞒了 60 多年的秘密：他 16 岁时曾加入过臭名昭著的德国法西斯精锐之师党卫军。此言一出，立刻在德国文化、新闻、出版界掀起了轩然大波。“二战”结束后，德国政府和人民一直通过追悔罪责和行善积德来消除纳粹的影响，摆脱历史的阴影，格拉斯恰恰就是其中功名显赫的重要成员。他不仅通过文学艺术创作来教育大众，还时常利用自己的声望涉足政坛，伸张正义，影响舆论，因而在德国上至官府下至庶民中，享有“民族的良心”和“道德法庭”的崇高美誉。以 1985 年德国总理科尔陪同美国总统里根参观比特堡的德国士兵公墓（该墓地埋葬着 49 具武装党卫军）为例，当时此举招致国际性的批评，格拉斯正是其中一个比较激烈的批评者。也正因为如此，他如今的自白才让德国社会难以接受，使得这位当代德国文学的形象代言人，今天不得不站在道德法庭上，面对公众的质问。《剥洋葱》的风波爆发以后，便有德国媒体嘲讽道，格拉斯本人也许就是墓地中的第 50 个党卫军。亦如德国文化部长贝尔恩德·诺伊曼所言，格拉斯一向将自己视为道德法庭，这下是咎由自取。而波兰前总统瓦文萨则要求格拉斯放弃《铁皮鼓》小说背景地波兰但泽市的荣誉市民身份，接着，德国最大的犹太人组织谴责格拉斯承认得太晚，甚至有人要求他放弃诺贝尔奖……

但也有相反的声音。

如身为犹太人的德国作家拉尔夫·乔达却认为格拉斯现在认错并不算迟，很多人到 80 岁或 85 岁才向别人透露过往的错误。“作为作家，也作为道德准绳，格拉斯在我眼里仍然是位英雄。”“他是非凡力量的化身，这一点是不会因为别人在其身上发现的一点瑕疵而被推翻的。”格拉斯的同行，约翰·艾尔文与萨尔曼·拉什迪纷纷如是说。在生命的垂暮之年，在没有任何外力的催逼之下，他敞开了自己充满耻辱感的心扉，这为他“引火烧身”，引发尖锐的批评与攻击，但这不会辱没他的人格之光芒，更不会辱没他在世界文学史与精神史上的崇高地位。德国著名文学评论家、学者瓦尔特·延斯说，“一名写作大师稍稍停顿，进行思索：生命的长河中忘却了什么？格拉斯这样做了，并因此赢得我的尊敬”。实际上，值得尊敬的远不止这种勇敢行为，而是这样做的理由。敢于“剥洋葱”源于对“洋葱”复杂结构的深刻认识。在一篇文章中，格拉斯勇敢地剖解了德国思想界的现状，他说，自由和民主，统统不是我们德国人争取来的，而是别人强加给我们的。或者说，是一种“被赠予的自由”（Donated Freedom）。他追问道，现在的德国，一下子冒出来那么多当年的反法西斯斗士，好像这种解放他们也功莫大焉。但是我们要问一问，如果本国的抵抗力量如此强大，希特勒的意志何以还能畅行无阻？“家丑一洗了之”（Dirty linen was quickly washed clean），格拉斯写道，“人们很快变得清清白白。造假者忙于赶制新的说辞，并大力传播。无条件的投降变成了‘崩溃’”。众多当年助纣为虐的国社党员，则摇身一变，继续在政界、商界和学术教育界呼风唤雨。德国人的集体罪行，则被表述为某个独夫“以德国人民的名义所犯的不义之举”。而他自己的经历，也是这“集体罪行”的组成部分；“剥洋葱”当然是一个痛苦的过程。但是，“这事令我心情沉重。我这么多年来的沉默是我写作本书的原因之一。这事必须讲出来，终于讲出来了”。可见，勃兰特的“世纪之跪”和君特·格拉斯的“剥洋葱”之间，有着惊人的内在精神联系。这就是“罪感文化”培育出的伟大忏悔精神。

四

而反观我们的东邻，朝野上下，能达到勃兰特和君特·格拉斯“集体罪行”、“全民忏悔”这种思想认识的人，几乎没有。对于历史问题这个辛辣刺眼的“洋葱”，他们不仅缺乏“剥”的勇气和精神，还极力模糊、掩盖甚至否认这个“洋葱”曾经存在。2007 年 1 月 21 日，日本媒体《产经新闻》刊登“独家”新闻称：“为了对抗美国拍摄的《南京》，以及中美英等国以美籍华人女作家张纯如所著《南京浩劫：被遗忘的大屠杀》为脚本联合拍摄的其他相关影片，日本保守势力准备制作一部名为‘南京的真实’的纪录片，借以表明‘南京大屠杀是有政治阴谋的凭空捏造’。”《产经新闻》援引日本卫星电视台日本文化樱花频道社长、电影导演水岛的话宣称，“把根本不存在的南京大屠杀作为真实历史，这是绝对无法容忍的”。这位导演还很“爱国”地称，“如果对此置之不理，就会导致日本的国际形象恶化”。令人感到可笑的是，这名妄图歪曲历史的右翼分子大言不惭地表示，他“希望由此开创纠正错误历史认识的道路”。据报道，该纪录片制作委员会将于本月24日成立，水岛呼吁各方进行“资金援助”。无独有偶，据新华社专电，2007年3月1日，日本首相安倍晋三及一些执政党议员以“没有证据”为借口，企图否定第二次世界大战期间日军强征“慰安妇”的史实。早在1993年，日本前内阁官房长官河野洋平发表谈话，承认“二战”期间日军强征“慰安妇”，“严重伤害了许多妇女的名声和尊严”，并对此表示道歉和反省。这段讲话基本代表了此后日本政府在“慰安妇”问题上的官方口径，安倍也曾于2006年10月表示在“慰安妇”问题上继承河野立场。但不到5个月之后，安倍出尔反尔。美联社报道说，作为对美国国会一项要求日本领导人在“慰安妇”问题上“正式承认、道歉并承担历史责任”的决议草案的回应，安倍在1日狡辩说，“事实上没有证据证明存在强迫行为”，因此“就在很大程度上改变了强迫的定义”。同日，据《读卖新闻》报道，以日本前文部科学大臣中山成彬为首的部分自由民主党成员也以“没有发现文件记录”为借口，辩称“军队和官方没有绑架”妇女充当“慰安妇”，怂恿政府改写相当于官方道歉的“河野谈话”。这些议员称“河野谈话”有损日本形象，“招致对事实的误解和对日本的恶意批评”。

在这种背景下，观察中日关系的全面转暖，颇有些“草色遥看近却无”的感觉，而这种“似有若无”的感觉，无疑来自日本民族的深层文化心理结构——“耻感文化”的一些基本准则，而掩盖或否认，则是“耻感文化”的鲜明特征。民族文化心理具有超强的稳定性和集体无意识性，期待它有较大的改变，还有很长的路要走。

（原刊于《书屋》，2007年4期，现有增改）

传播：思考留痕

《有闲阶级论》：富人的历史肖像

自 1776 年英国经济学家亚当·斯密《国富论》问世之后，从某种意义上，西方经济学可称为“富人经济学”，维护私有制、保护私有财产、赞美聚敛财富、呼唤百万富翁是其主流。如英国大学者斯宾塞（1820—1903）把富人产生的原因归结为财富生存竞争中的“最优秀的种类”，贫富差距形成是自然力无可避免的结果，富裕者之所以富裕，是他们高度适应环境的能力所带来的财富，富人不过是自身优越性的受益者。一个人之所以富有，是因为他比别人更强、更优越。至于穷人，则是生存竞争中被淘汰出局的失败者，帮助穷人，就等于要中止一切的社会进步。这一思想刺激了另一位经济学家威廉姆·萨姆勒，产生了这样的名句：“百万富翁是自然选择的产物……因为他们就是经过精选的，所以财富在他们手中会累积起来……他们可以被看作是选来担任某种特定工作的社会代理人，因此他们能获得高薪，生活奢侈。不过这种交易对社会是有益的。”而在这一片为富人喝彩的正统交响大合奏中，却出现了一种不太协调的声音，这就是美国学者托尔斯坦·凡勃伦 1899 年问世的《有闲阶级论》（*The Theory of the Leisure Class*）。

历来的社会休闲学著作，如瑞士天主教哲学家皮普尔的《休闲：文化的基础》，法国学者罗歇·苏的《休闲》，美国托马斯·古德尔、杰弗瑞·戈比合著的《人类思想史中的休闲》，都把《有闲阶级论》视为西方现代休闲学的开山之作与休闲学诞生的标志。若只看书名及表面内容，这样说不为无根之谈，但若深究其本原主旨、写作意图，则与凡勃伦真正想要说的话还有相当距离。现代休闲学的基本精神是：“以人的休闲行为、休闲方式、休闲需求、休闲观念、休闲心理、休闲动机等为研究对象，探索休闲与人的生命意义和价值，以及休闲与社会进步、人类文明的相互关系。”这一学科的核心观点是，劳动是人的本能，休闲也是人的本能，更是人的生命的一种状态，是一种“成为人”的过程，是一个人完成个人与社会发展任务的主要存在空间；休闲不仅寻找快乐，也在寻找生命的意义。而读完《有闲阶级论》，脑海里留下的却不是轻松的“休闲”印象，而是一幅“沉重”的充满讽刺意味的富人画像。

19 世纪末，美国工业发展的速度已超过其他资本主义国家，跃居世界第一。于是，美国代替英国，被称为“世界工厂”。与此同时，社会贫富差距加大，富人阶层崛起，傲视社会。这一时期，美国由农业和乡村社会向工业和城市社会快速转变。私有企业无序竞争，剧烈兼并，出现了权力巨大的工业巨头，如洛克菲勒的标准石油公司、卡耐基的钢铁业、摩根和范德比尔特的金融业等。其中洛克菲勒的标准石油公司控制了美国 90% 的石油市场。剧烈的兼并使原来处于中产地位的阶层逐渐边缘化，或者沦为贫困的产业工人。加上源源不断的新移民的冲击，美国社会出现了剧烈的两极分化，贫困、黑暗和不公正的现象到处泛滥。1906 年，“扒粪新闻”的一个著名记者艾德文·马克汉姆报道美国的童工现象时这样写道：

> 在希腊和罗马，主人和奴隶的孩子在同一托儿所生活。教师帮助他们健身，而不必顾及血统和财富。但我们的“基督教文明”多么不同啊！1 700 000 儿童在工作！……这是 1900 年的数字，而现在已经多出了数千数万。其中许多日夜工作 10 到 14 个小时，而只得到可怜的一角钱的工资。

乔治·特纳这样描写穷人移民的女儿们的境地：

> 就在（纽约）休士敦大街的北面，是一长排的标志。在那里，波兰和斯洛伐克的下女们在阴暗的雇佣机构中坐成直直的一排，等人领走去做仆人。这些不幸的、脸色苍白的村姑的运气要比（做妓女和舞女的）加利西亚的犹太姑娘好一些。她们像挂了标签的行李一样来到这里，挤在一排简陋的寄宿屋中，晚上是七八个人，早上给中介机构跑腿的人把她们和她们的小行李箱带走，然后坐下等待主妇来挑选。

美国的政治在彼时相当腐败。共和党和民主党的总统候选人都是在烟雾缭绕的密室中由党务大员确定，所谓的“初选”基本上是做秀：民主党总统候选人竞选只是在1968年民主党芝加哥大会时，由于民众通过暴乱性质的抗议，才被迫开始改革的，共和党的改革更晚。托克维尔的《美国的民主》描写的是乡村美国时期的政治图景。这就是凡勃伦写作《有闲阶级论》的社会大背景。①

《有闲阶级论》以一种冷静的讽刺视角对富人阶层进行了分析。他把两类制度作为研究的中心，一是财产所有权或金钱关系的制度，二是物质生活的生产技术或物质生活的工具供给；前者出自人类的虚荣本能，后者出自人类的工作本能，他们都是广泛存在的社会习惯。他把人类社会历史划分为：野蛮时代、未开化时代、手工业时代、机器方法时代。他详细论述了在这四个时代变迁的过程中，上述两类制度如何产生和变化。全书共9章，其核心在于从历史、制度、思想习惯、心理习俗对有闲阶级进行全新诠释。在第一章“绪言：有闲阶级的起源”中，凡勃伦就毫不客气地对富人财富的合法历史来源问题持怀疑态度，提出了富人积累财富的几大特征。

首先，生产与非生产的区别。凡勃伦认为，富人阶层起源于非生产性活动，文明初期，政治、战争、宗教、信仰和运动比赛这些非生产性业务，通归上层阶级掌握；而直接的生产性业务则由下层阶级担任。这种业务的差别是具有歧视性的，非生产性业务在习惯上被认为是光荣的、值得尊敬的。他认为，在原始的野蛮时代的和平生活习惯转变为坚决好战的生活习惯以后，侵占就成为日常生活中一个比较重要的因素，因而产生了侵占和劳役之间的职能分化和业务的区别，阶级区别也就产生和形成了。

其次，狩猎及掠夺性与侵占。在蒙昧时代，最重要的非生产类活动就是狩猎，狩猎是典型的非生产性掠夺式活动，在未开化时代的较低阶段，强壮男子的工作对维持群体的生活是必不可少的。但实际上，猎人的工作主要是抢夺、掠夺生命。在这一点上，他们的劳动也不同于妇女们的生产性工作。就是说，在这种情况下构成初期有闲阶级的男子们，必须习惯于

---

① 张巨岩．权力的声音．上海：三联书店，2004．

用武力或策略来从事伤害行为。在这样一个以掠夺为目的的狩猎者团体中，战争和打猎逐渐成为壮健男子的专职。妇女则从事于其他必要的工作，还有些不适宜于做上述男子工作的别的成员，在这一意义上与妇女列入同类。但男子的行猎与作战，大体上属于同类性质。两者都是掠夺性的，作战者和行猎者同样是强占他人的所有，同样是不劳而获。

再次，有生气与无生气。非生产性、侵占性、掠夺性的活动的主要特征是，其活动对象都是有生命的、活生生的事物，而生产性事物则相反，对象都是无生气的。生产活动——制作者施之于不作抵抗的（“死的”）素质的技巧、从事创造新事物、使之具有新用途的一种努力；而侵占活动，就其成果对活动者有效用这一点而言，是把原来由另一活动者导向另一目的的能力转变成适合于他自己的目的的努力。凡勃伦指出：“‘有生气的’（animate）所要表达的未开化人类观念，跟‘有生命的’（living）这个词的含义有所不同。前者并不包括一切生物，却含有许多别的事物。像这样一些动人的自然现象，如风暴、疫疠、瀑布，都被看作是‘有生气的’，而树上的果子、地上的青草，甚至一些不显眼的动物如鼠、羊、蝇、蛆之类，通常都不认为是‘有生气的’。”（《有闲阶级论》）在未开化民族看来，对于无生气的、自然所提供的事物的加工和利用固然是一种活动，但这种活动，跟他们应付有生气的事物和力量的活动，绝对不是处于同一水准的。要之，上层有闲阶级分化出来之后所从事的，主要是一种侵占性而不是生产性的工作。这里看重的是掠夺、侵占能力，而非吃苦耐劳。

最后，光荣与侵占、剥夺。凡勃伦尖锐指出，所谓光荣的行为，说到底实在没有什么别的意思，只是一件公认为成功的侵略行为，当侵略指的是对人类或兽类作斗争时，被公认为格外荣显的事业就是强大力量的保持。还有一层，在古老的天真朴素的习俗下，对一切力量的表现往往用“个人品性”或“意志力量”来加以渲染，这就格外加强了对强大力量的惯常重视。对习惯非生产性活动的有闲阶级来说，夺取生命——对于顽强的敌方（不论是人是兽）的杀害——是无比的光荣事业。屠杀这一高贵行为是行凶者占有优势的直接表现，因此一切杀伐，甚至在这类行动中所使用的一切工具及其附属物，都蒙上了一层迷人的荣誉光彩。武力是光荣的，因此武力的使用，哪怕是在田野间谋取最下等动物的生命，也是一种光荣业务。

生产工作则相对地被认为是可鄙的、丑恶的，在惯常的理解下，拿起生产工具从事操作，是有损于壮健男儿的体面的。于是劳动变成了惹人厌恶的业务。总之："列入侵占一类的业务是可敬的、光荣的、高贵的，而其他不含有侵占成分的业务，尤其是含有奴性或屈服意味的那些业务，是不值得尊敬的、低贱的、不体面的。关于尊严、价值或荣誉这类概念，不论应用到个人或应用到行为，对阶级和阶级划分的发展，都具有头等重要意义。"（《有闲阶级论》）

此外，凡勃伦还以"金钱的竞赛"（第二章）、"明显有闲"（第三章）、"明显消费"（第四章）、"金钱的生活水准"（第五章）、"金钱的爱好准则"（第六章）、"服装是金钱文化的一种表现"（第七章）、"工业的脱离与保守主义"（第八章）、"古代遗风的保持"（第九章）等为题对富人进行了讽刺性的历史描述。富人是社会的风向标，他们聚敛了大量财富，同时也意味着要承担更多的社会责任，因而注定会成为社会关注的焦点。

今天，中国正在逐步成为"世界工厂"，富人阶层也随之崛起，社会分层加剧，贫富差距拉大。因而如何看待富人，社会对这一特殊群体、特殊角色有何特殊期待，是一个敏感而急迫的大话题。如有文章就指出："诚然，与某些外国富人相比，中国富人在艰苦创业、勤劳致富方面也许并不逊色，但人们依旧有一种感觉：对于某些富人而言，在素质与修养方面似乎总缺失一点什么。"①所谓"两个排行榜"，"福布斯中国富豪榜"和"2005年中国大陆慈善家排行榜"是也。但值得注意的是，美国的富人并非天生热衷慈善事业，据悉，《有闲阶级论》发表之后，先是风靡学术界，而后传播至整个社会，祖先不光彩的积累财富的历史及其扭曲的生活方式，引起了富人阶层的强烈不安，于是富人开始尝试用财富创造尊敬和声望，一个人仅仅有钱还不能创造社会声望，世界上有一种比单纯凭财富所获致的东西更高的荣誉。一个人的尊严必须与音乐、艺术或慈善事业相结合。所以，富人除了钱之外，必须在某些领域创下相关成就，否则根本无法获得社会尊敬。可以说，《有闲阶级论》在提高美国富人自身素质、满足社会期待方面，起到了潜移默化的推动作用。今天，距离凡勃伦的《有闲阶

① 徐兆淮．富人的潇洒与爱心——读两个排行榜有感．今晚报，2005－06－07.

级论》出版的时代已过去了一个多世纪，这期间美国资产阶级自身的素质已发生了巨大改变，评价一个人光荣、声望、社会地位的标准也一直在改变。在当今美国，富人的荣耀必须与音乐、艺术或慈善事业相结合，除了钱之外，富人必须在某些领域创下相关成就，否则根本无法赢得社会尊重。这种局面的出现，若追根溯源，凡勃伦的《有闲阶级论》无疑具有里程碑的意义。

“懒人”哲学：给勤奋换一套时装

近来，一股“懒人思潮”在悄潜涌动，汇聚成流。其始作俑者无疑是德国作家海因里希·伯尔所著的《懒惰哲学趣话》，一个懒惰而聪明的渔夫，省略了奋斗，也无须勤奋，就可以直接在太阳下打盹儿，还可以眺览美丽的大海，享受白领阶层休假的愉悦，这连那个悻悻离去的哈佛 MBA 都不由生出一丝羡慕。如果要给“懒人哲学”寻找一个最传神的视觉表达符号的话，这位全身松弛、慵懒地享受西海岸阳光的渔夫似乎是最佳形象人选。在拼搏、勤奋、奋斗、努力占据主流大众社会心理的大气候下，在从火车到人才培养都大大提速的时代，敢于为“懒惰”呐喊，为“懒人”正名，确实需要一些勇气和睿智。其后，美国作家厄尼·J. 泽林斯基也加盟这一行列，其《懒人非常成功》第一章就开宗明义大段引用了海因里希·伯尔《懒惰哲学趣话》对那个渔夫的描述，足可见二者的渊源承传关系。在北京图书大厦，厄尼·J. 泽林斯基的这本《懒人非常成功》是放在“成功学”书架上的，一般来说，成功与“奋斗”、“拼搏”等如影随形，而与“懒惰”、“懒人”形同水火，将“懒惰”与“成功”挂钩，其中意味，颇值深思。

读罢全书可知，泽林斯基对海因里希·伯尔有继承，也有发展：继承的是渔夫敢于并善于省略“奋斗过程”的“懒惰”精神，发展的是已经将其列入“成功学”的必读书之列。值得一提的是，《懒人非常成功》在版式装帧上也彻底贯彻了“懒惰哲学”原则，唯有右页是正文，左页将正文的要点和精华以警语格言式的句子标出，冠名曰“懒人箴言”。这样，以牺牲了几乎一半篇幅为代价，读者可以用三种方法来阅读此书：一是右页和左页一起读；二是只读左页，即可了解全书的完整大纲；三是把左页作为全书的总结提要。市场反馈，这种“懒惰”非常成功。夏秋之交，《津门晚报》也先后发表了《我们能否都懒点》、《再说“我们能否都懒点”》的文章。以上这些，都可视为一个系列的产品，即“懒人系列”。

细读懒人系列文章，颇觉其醉翁之意不在酒，以逆反式的“懒惰”作为切入点，来吸引读者的眼球。懒人哲学想要表达的，与“勤奋哲学”追求的宗旨并无二致：一个懒惰的成功者无非是懂得用适度的勤奋获取最大化的幸福。在今天这样忙乱纷扰的世界上，如何做个非常成功的“懒人”，放慢脚步，减少无谓的精力浪费，摒弃低效，获得最大化的成功，过上悠闲而高品质的生活。篇幅所限，试以《懒人非常成功》作一分析。

（1）更高的效率。

泽林斯基在本书中所说的“懒人”，不是指那些无所事事、浑浑噩噩混日子的懒汉，而是指“有效率的懒惰”，指懂得用适度的勤奋获取最大化幸福的聪明人。他实际追求更高的效率。如诸葛孔明，可以运筹帷幄，决胜千里之外，却爱睡懒觉，有诗为证：“大梦谁先觉，平生我自知。草堂春睡足，窗外日迟迟。”但他的工作效率，无须多言。重复的勤奋与创造性的懒惰，哪个效率更高，不言自明；有效率却短暂地思维，与无效率却长时地忙碌工作，哪个价值更大，也无须争论。泽林斯基指出，懒人成功的核心秘诀只有一条，那就是高效率地工作，在四个小时完成别人十四个小时才能完成的任务。天才与庸才的最大区别，就在于前者知道什么时候需要勤奋工作、什么时候可以放松和娱乐。他不惜用大量尖刻的语言抨击社会上惯见的陀螺式的“工作狂”现象，一针见血地说“忙碌是低效和缺乏成就感之人的最后避难所”。身体机械移动的“虚假忙碌”，最终导致身心俱疲，效率降低。

（2）更大的思考空间。

空白、空间、闲暇，是思维的必要条件，很难想象终日忙碌会有时间去思考。智者如老子早就指出了这一点：“三十辐共一毂，当其无，有车之用。埏埴以为器，当其无，有器之用。凿户牖以为室，当其无，有室之用。故有之以为利，无之以为用。”物理意义上四肢停止移动，感官完全安静下来，是进入有效思维的必要生理前提。与更高效率相联系，泽林斯基提出了这样几条颇有见地的建议：第一，要少一些工作多一些思考，思考什么才是值得自己追求和适合自己能力的目标，思考成功对于你来说究竟意味着什么，思考实现你的梦想的最佳方案……总之，学会做一个头脑不懒的聪明工作者，而不是当一个四肢不懒的忙碌工作者。第二，要选择做自己擅长的事情，为自己喜欢的事情工作而不是单单为了追求一份高收入。只有热爱自己所从事的职业才可能有高效率的动力，也才能体会到真正的满足与快乐。第三，要具备创造性思维的能力。一个人的思维越具有创造性，就越不用完全依靠努力工作来取得成功，创造性是懒人成功的基本要素。泽林斯基提出了创造性的17条原则，可以作为读者在日常工作中锻炼自己创造力的指南。第四，认清金钱的真相，不要把赚钱当作人生的唯一目标。金钱只是帮助自己成功的一种工具，而不是目的，摆脱金钱的束缚可以解放人的创造活力。第五，要善于分配和利用时间，遵循“80—20法则”（即一切工作的效率的前80%来源于工作者时间和精力的前20%），寻找最有效的成功途径。

（3）更高的成功感觉度。

何为成功？成功，是否一定要以牺牲自身生活的快乐与幸福为代价？对此，泽林斯基有自己的诠释。他指出：许多被公认的“成功人士”，其实他们个人生活得并不快乐，长时间辛苦工作，很少享受家庭生活，精神和身体两方面都遭受痛苦等。作者指出，首先必须转换所谓的“成功”理念、跳出“成功”的误区。现在社会所定义的“成功”，均以“名望和财富”为标准，而这种成功往往需要人们在身心健康、家庭、社会生活以及个人自由方面付出远远高于你想要付出的代价。这样当你登上自以为成功的巅峰时回过头一看，常人轻易就能够享受到的那种丰富、轻松、快乐和富有创造活力的生活，自己却几乎一无所有。这究竟是成功还是失败呢？他认为，成功的定义应当因人而异，但总的来看，成功应该由所有能让奋斗者快乐的东西组成，这些东西可以包括有意义的工作、身体和精神上的健康、友谊、安全感、心灵平和以及大量的闲暇时间。这种“懒惰的成功者”，同时集轻松、从容、高效与成功于一身，才是世人应当效法的最理想的成功榜样。而要达此目的，必须具备四个方面的主动性：一是你一定要主动思考和决定对你来说什么是重要的，二是你一定要主动出色地完成那些重要的事情，三是你一定要主动放弃那些无关紧要的东西，四是你一定要主动放松和享受生活中所有有价值的东西。也就是说，不该懒的时候不能懒，该懒的时候则要懒，张弛有度，一切以效率为转移。恰如一位作者所说：“只要幸福指数是高的，哪怕懒点又有何妨。”

实际上，舍弃其具体手段不论，“懒人哲学”的目标与“勤奋哲学”的归宿并无本质差异——二者都在追求更高效、更精彩的生活，只不过路径不同，方式各异。就此而言，“懒人哲学”不过是给传统意义上的勤奋换了一套时装而已。在这看来十分新奇的视觉形象背后，存活的还是那个勤奋、追求高质量生活的现代人。“懒人非常成功”与“工作着是美丽的”殊途同归，本同而末异，不过是一个问题的两种表达方式而已。换言之，“懒人宣言”，不过是换了一种说法的“勤奋哲学”而已。“懒人哲学”，在最忙碌的季节适时地给勤奋换了一套时装。而这一换，就换出了卖点，换出了精彩，对所谓的“成功”提出了更高的要求。做一个“懒惰”的成功者，可以操劳少一些，休闲多一些；忙碌少一些，创意多一些。

（原刊于《今晚报》副刊，2004 年 9 月 27 日，现有增改）

另一种纪念：让思想化为电流

——纪念《如我们所想》问世60周年

在举世纪念反法西斯战争胜利60周年的日子里，有一篇文章很值得纪念。今年，它同“二战”胜利降临人间一样，也整整问世了60周年。这就是美国凡尼佛·布什博士的《如我们所想》（*As We May Think*）。

《如我们所想》发表于1945年7月《大西洋月刊》（*The Atlantic Monthly*），从“二战”进程看，1945年是上演一系列精彩压轴大戏之年。2月，苏、美、英三国首脑举行雅尔塔会议，共商最后打败德、日法西斯和建立战后国际新秩序的大计。4月，苏联红军发起柏林战役，希特勒自杀身亡。5月9日零时，在柏林郊区的卡尔斯霍尔斯特，德国最高统帅部代表正式签署德国无条件投降书。7月至8月，苏、美、英三国首脑举行波茨坦会议，中、美、英三国签署并发表《波茨坦公告》，敦促日本立即无条件投降。德、意、日法西斯败局已定，战争结束只是时间问题——《如我们所想》就是发表于这一时期。此时，作为美国科学研究与发展办公室（Office of Scientific Research and Development）主任，布什博士正指挥着大约6 000名杰出的美国科学家工作，把他们的智慧用于战争搏杀，在他的领导下，美国武器的开发是历史上最为成功的，包括研究原子弹的曼哈顿计划。而战争就要结束了，这些科学家的使命也就要结束了，“这些宝贵的智力将用于何处？人类在摆脱战争梦魇之后，又将向哪个方向迈进？”成为布什苦苦思考的问题。其思考结晶就是这篇文章。“如我们所想”，顾名思义，就是说人类要发明一种体外知识管理系统，它能够像人类思考问题一样来储存、记忆、组织、管理我们的知识。这种想象中的知识管理系统，被称为Memex，即记忆倍增器。

原因恰如布什博士所指出的：“我们面前有一座正在增高的科学之山，但是随着专业越来越细化，更多的证据表明我们正深陷泥潭。对他人的发现与结论而言，研究人员们从没有时间去了解，更不用说记住了，他们就在这种情况下蹒跚前进。……这种灾难无疑在我们身边重复着，大量真正有意义的成果由于没有后续积累而丧失了。问题似乎在于，我们并不是因为人们巨大和多样的兴趣而过度地印书，而是出版物已经大大超出了人们使用它们的能力。人类的经验正以惊人的速度增长，而我们从由此而来的知识迷宫中取得重要信息的方法却还和诺亚方舟时代一样。”（《如我们所想》）布什博士坚定地认为，应对这种人类深陷其中的“信息爆炸”的困境，就是人类知识未来努力的总体方向。他预言：“这个世界已经进入了一个可靠性高而又便宜的复杂设备的时代，而某种事物就要从中诞生了。”他鼓励科学家们改变他们的工作重心，使人类正在增多的知识得到更为充分的利用。布什博士认为，只要进行适当的开发，就应该出现一种新型工具，可以帮助人们方便地接近并占有世代积累下来的知识，使这种和平的工具变得更完美，应是“二战”之后科学家们最重要的事情。

更为重要的是，《如我们所想》并未停留在“空想电子社会”的阶段，而是首次提出了关于信息记录、存储和检索利用方面的一些可操作性设想。首先是照相和缩微技术，其次是自动检索技术，以及当时十分成熟的打孔卡片技术。就是在这几种技术的基础上，布什博士提出了关于“Memex”机器的原创性构思：它使用缩微平片，可以自动检索，并可以随时进行插入和制作新胶片。

布什博士的这些奇思妙想并非天外之音，它是美国当时科技水平的思想性表述。早在1943年，美国军方为了解决计算大量军用数据的难题，成立了由宾夕法尼亚大学莫奇利和埃克特领导的研究小组，开始研制世界上第一台电子计算机。1946年2月14日，第一台电子计算机问世。它由17 468个电子管、6万个电阻器、1万个电容器和6 000个开关组成，重达30吨，占地160平方米，耗电174千瓦，耗资45万美元。这台计算机每秒只能运行5 000次加法运算，仅相当于一个电子数字积分计算机。但布什博士的高明之处在于，他从这种当时应用范围很窄的技术中看到了未来的趋势，认为：“科学将形成一些途径，通过它们，人们可以制作、存储以及在外部世界中，所有形式的知识，不论是声音还是光线，都被转换成变化的电流在电路中进行传送。”尤其是他对未来“知识存储器”的描述，更是充满了天才的气质：

> 考虑一下未来个人使用的设备，它将是一个机械化的个人图书馆。它需要一个名字提醒人们注意，Memex 就可以。Memex 是这样一种机械化设备，人们可以在其中存储他所有的书、记录和信件，同时可以很高的速度和极强的灵活性完成检索。作为辅助设备，它是人脑的无限扩大。它由一张桌子构成，大概可以远距离操作。桌子上有一个倾斜的半透明的屏幕，资料可以投影到上面进行阅读。还有一个键盘，一系列按钮和把手。除此以外，它就是一张普通的桌子。

为方便检索，布什博士又提出了“链接”这个新概念。他论述了将数字计算机引入信息处理系统的可能性，预言了自动化信息处理时代的开始。因此，布什博士又可被称为“超媒体”思想的开创者。同年，他又发表了《科学：没有尽头的战线》（*Science：the Endless Frontier*）一文，描述了美国科技的新目标，对美国科技政策产生了巨大的影响。

实际上，严格地说，世界上第一台电子计算机不是诞生在美国，而是英国。1943 年 3 月，为破译德军经“洛伦茨”加密机加密过的密码，获取德军大量高级军事机密，英国人开始研究“科洛萨斯”计算机，1944 年 1 月 10 日，“科洛萨斯”计算机开始正式运行。从时间上看，比美国人整整早了两年零一个月。英产“科洛萨斯”计算机呈长方体状，长 4. 9 米，宽 1. 8 米，高 2. 3 米，重约 4 吨。它的主体结构是两排机架，安装有 2 500 个大小形状如同电灯泡的电子管。它利用打孔纸带输入信息，由自动打字机输出运算结果，每秒可处理 5 000 个字符，耗电量为 4 500 瓦。尽管英、美都出于军事目的研究电子计算机，但英国没有抓住由此所引发的技术和产业革命的机遇，而美国却抓住了这一历史机遇，鼓励发展计算机技术和产业，从而崛起了一大批计算机产业巨头，大大促进了美国综合国力的发展。这不仅仅是技术的差距，更是思想的差距，其突出标志就是以《如我们所想》所代表的美国人的思维触角已经延伸到比英国人更远的地方，所以美国人走得更远。

60 年后的今天，布什博士的天才预言已经变成了现实，当我坐在被他称为“人脑的无限扩大”的“一张普通的桌子”前，用电脑敲击这篇文章的时候，更感觉到《如我们所想》问世60周年同样很值得我们纪念。如同“二战”胜利的意义在于终结并开启了一个时代一样，《如我们所想》也终结并开启了一个时代。如果说，世界反法西斯战争胜利主要是从军事、政治格局上结束并开启了一个时代的话，那么，《如我们所想》则主要从知识和思想上为人类社会的发展指明了方向，开启了我们今天生活在其中的互联网电子时代的智慧之门。而从某种意义上讲，知识、思想、教育惠泽人类社会的程度，远比军事、政治要长远和深刻。

“新闻娱乐化”背景下针对北大女生的假新闻

2007年7月，中国部分媒体报道了一起针对北大女生张颖的假新闻事件。4月初，名为“中国女留学生在北欧户外全裸行——为慈善活动募捐”的帖子出现在天涯和猫扑等国内大型论坛上，其所贴的图片中，一名年轻亚裔女子未着寸缕，在国外街头漫步，旁边还有外国人观望。帖子称，女子叫张颖，是北京大学新闻传播学院2002届学生，裸行的目的是为慈善活动募捐。其后，此帖子在网上广泛流传，引发了网友的热烈讨论。网友认为女子此举“有辱北大”，甚至“有辱国格”。该帖迅速成为热门文章，被千余家网站转载。随着影响扩大，网友怒火升级；随着搜索进行，越来越多关于其身份和隐私的信息被网友挖掘而出。例如张颖高中毕业于天津，她当年的高考分数，她的毕业院校和所学专业等。张颖今年27岁，1998年以高考状元身份从天津耀华中学考上北大。2003年，考入北大新闻传播学院读研，2006年毕业，前往加拿大萨省大学深造，攻读生物化学博士学位。4月6日，当事人张颖偶然浏览网页时发现了此事，甚为震惊，遭受精神世界和现实生活的双重打击，于是被迫休学，中止在加拿大的留学生活。7月初，张颖断然回国维权，准备向造谣者及传播此消息的网站索赔。目前，此案正在调查审理之中。

这不由使人想起了几年前另一起针对北大女生的假新闻。1999年入夏以来，国内数家媒体竞相登载一篇报道，名为“北大的超短裙风波”，内容如下：

近期，北大特别风行超短裙，而且一个比一个短。校领导见了认为极不雅观。贴出布告严厉禁止。谁知布告一出来，就掀起

> 了轩然大波。最先作出反应的是中文系的女生，她们在宣传栏的报眼位置写了一首打油诗："几千师生齐争吵，只因裙子太短小。具体情况怎么样，宣传栏里有报道。"待中午休息，各系也纷纷表明了自己的观点。美术系写道：维纳斯证明适度的缺少会更加美丽。法律系写道：法律禁止的只是原告由超短裙萌发的邪念，而非被告所穿的超短裙。经贸系写道：不管校方对所有男生推销有色眼镜，还是给所有女生推销黑色长袜，我们都想入股。生物系写道：人与猩猩的根本区别不是裙子的长短，而是看见长裙与短裙能否作不同的想象。政治系写道：从长裙到短裙，再到超短裙，这恰恰是民主集中制最有力的体现。公共关系系写道：看低谈判对手的目光，这正是我们4年寒窗苦读所追求的。①

而经调查核实，该报道内容纯属子虚乌有，是一篇假新闻。实际上，该篇文章出自大学生们在BBS网站上杜撰的一个笑话。据分析，作者很可能是一个调皮捣蛋的学生。他（她）以北大女生为对象，从美学、法治、商业、心理、民主、公共关系学等不同角度虚构一些不无智巧的评论，无非想表明北大学生们对事物的不同看法。但就是这篇子虚乌有的东西，被一些不知内情的记者当作真实的新闻资源，以讹传讹。

两起假新闻，相隔8年。二者相同之处在于，都是北大，都是女生，都是与身体有关。而不同之处也很明显：首先，假新闻的攻击对象从较为模糊的一个群体转移到了具体的有名有姓的个人；其次，假新闻的内容从"超短裙"的局部裸露扩大到了身体的全部裸露，所谓"北欧户外全裸行"；最后，事情发生的地点从国内移到了国外。而这几点不同的共性只有一个：追求一种吸引眼球的猎奇效果。

分析这种现象当然有许多角度，其中之一无疑是和新闻传播的生态环境变化有关。近10年来，包括西方在内的世界传媒界的最大变化之一就是"资讯娱乐化"或"新闻娱乐化"现象的出现。"新闻娱乐化"是英文Infortainment的中译。而翻遍现有英文辞典，查不到"Infortainment"这个

---

① 梁知音，龚晓犁．一条"超短裙风波"的假新闻引发了人们思考．中华新闻报，2000-01-17．

词，因为它是 information（信息、资讯）和 entertainment（娱乐）两个单词的组合。所谓“新闻娱乐化”，就是用娱乐化的态度去对待和处理新闻，在传统的新闻传播学精神中，新闻的首要功能是监督或守望环境，为人们的行为决策提供信息服务。所以，在新闻价值的取向上以“重要性”作为首要标准；而在当今席卷世界的“新闻娱乐化”潮流中，新闻的首要功能则变成了娱乐。所以，在新闻价值的取向上，“趣味性”上升为首要标准，表现在媒体内容上，就是严肃新闻大幅下降，而休闲性的“趣味新闻”大幅上升。据业内人士披露，1998 年年底，美国新闻工作者协会和 Medill 新闻服务局合作研究《纽约时报》、《华盛顿邮报》、《今日美国》、《洛杉矶时报》美国四大报 1977 年到 1997 年这 20 年间新闻报道的状况，结果发现头版新闻的内容构成发生很大变化：①硬新闻从 1977 年的 60% 下降为 1997 年的 30%；②以丑闻为重点的新闻从 4% 上升到 12.5%；③有关生活质量的报道从 4% 上升到 8.3%；④对稀奇古怪事物的报道从 0.5% 上升到 5%。综上所述，软新闻从过去的 8% 上升到 25%，占新闻总数的四分之一。除《今日美国》外，其余 3 家报纸都是美国领导舆论的严肃高级报纸。可见，Infortainment 的主要特征就是大砍硬新闻，大兴软新闻。新闻的取舍标准成为：女人 + 名人 + 血腥。警匪冲突（血腥）、明星名人轶闻（星）、男女关系（性）成为新闻的常规品种。煽情、炒作是 Infortainment 常用的手法，或是硬新闻软包装，在硬新闻中寻找趣味作为“卖点”。Infortainment 发轫于 20 世纪 90 年代，三大标志性事件掀起了“新闻娱乐化”的狂潮：1994 年，美国的前橄榄球明星辛普森杀前妻案，这是明星 + 两性 + 血腥；1997 年，英国戴安娜王妃之死，这是名人 + 两性 + 血腥；1999 年，美国克林顿和白宫实习生莱温斯基的绯闻案，这是名人 + 两性。这三大故事曾长久占据美国、英国乃至世界各大媒体的主要版面和荧屏。如美国各大报对戴安娜王妃之死的报道，除《纽约时报》外，各大报的版面比“二战”胜利结束报道的版面还多；莱温斯基则在 3 个月之内成为媒体曝光率最高的人物。

了解了这样的背景，对于前后相隔 8 年针对北大女生的假新闻就不会感到奇怪了。“覆巢之下，安有完卵?”整个新闻传播的生态环境在恶化，这是世界范围的，在此背景下，假新闻具体伤害到什么人，却有一种看似偶然、实际必然的规律。在这两起针对北大女生的假新闻事件中，其中的几个要素非常符合“新闻娱乐化”的取舍标准：女人 + 名校 + 身体裸露。“新闻娱乐化”是对新闻功能的异化，假新闻是一种信息谣言，是一种比假商品危害还要大的社会公害。这是因为信息消费与商品消费有着根本的不同：一般的商品消费具有私人性和一次性，其消费过程呈现递减率，故其危害面积有限；而“新闻”则属于信息类产品，信息的最大特点就是非私有性、可分享性及可多次消费性，一则新闻一旦产生，就如同一个语言单词一样，不会属于任何私人所有，并且可以多人分享，无数次地被人们的精神所传递、所“消费”，而信息或思想本身却不会因为这种“分享”与“消费”而损耗、衰减，而是呈现不断递增的趋势，像雪球一样，越滚越大。“新闻娱乐化”是对新闻功能的异化，是值得每个公民尤其是新闻人警惕的，这里的底线就是：任何“娱乐”都不要建立在他人的痛苦之上。

（原刊于《今晚报》副刊，2007 年 8 月 28 日，现有增改）

从《红楼梦》看曹雪芹的新闻价值观

所谓新闻价值观，就是新闻工作者在新闻实践中确定什么是新闻、如何选择新闻的基本准则。美国《纽约太阳报》主编查尔斯·达纳曾指出，所谓新闻就是“使社会上大部分人感兴趣并且从未引起注意过的任何事情”，而“人类真正的趣味”是衡量新闻好坏的“绝对标准”。他手下的本市新闻版主编约翰·博加特说得更为明白：“狗咬人不是新闻，人咬狗才是新闻。”即是说，反常性和趣味性是构成新闻价值的要素。长期以来，尽管西方新闻界对新闻价值的定义五花八门，但还是达成了一些基本共识，主要有：①影响力；②及时性；③接近性；④显要性；⑤异常性，亦称新异性、反常性；⑥冲突性；⑦趣味性。

新闻传播是一种普遍存在的社会交往现象，恰如传播学大师施拉姆所说：“传播是社会得以形成的工具。‘传播’一词与‘社区’一词有共同的词根，绝非偶然。没有传播，就不会有社区；同样，没有社区，也不会有传播。人类与其他动物社会的主要区别是人类传播的特性。”（《传播学概论》）新闻价值观主要在西方形成，不等于其他民族群体没有对新闻传播价值的认识，只不过其区别在于，前者是学理化的、抽象的、概念分析性的，而后者则是生活化的、形象的、直观感悟性的。对此，看一看曹雪芹的新闻价值观，或许有助于我们理解。

查程甲本一百二十回《红楼梦》，“新闻”一词共出现了 13 次，其中前八十回出现了 12 次，后四十回 1 次。由于学界基本认定后四十回为程伟元、高鹗续补而成，所以若讨论“曹雪芹的新闻价值观”，只能以前八十回出现的“新闻”为依据；而在这 12 次中，有两次属于同义互见，一为第二回“贾夫人仙逝扬州城　冷子兴演说荣国府”所载，二为第四十八回

“滥情人情误思游艺　慕雅女雅集苦吟诗”所载。所以，严格地讲，在曹雪芹笔下，使用“新闻”一词共有10次。对比国际新闻界公认的新闻价值观，一一剖解这10次“新闻”词汇的运用，可以说，尚处于传统时代的曹雪芹已经朦胧地形成了自己对于新闻价值的看法。

关于新闻欲。第一回“甄士隐梦幻识通灵　贾雨村风尘怀闺秀”载：“当下雨村见了士隐，忙施礼陪笑道：‘老先生倚门伫望，敢是街市上有甚新闻否？’士隐笑道：‘非也。适因小女啼哭，引她出来作耍，正是无聊的很，贾兄来得正好，请入小斋，彼此俱可消此永昼。’”这里涉及新闻作为一种信息产品的原始心理需求——“新闻欲”的问题。先辈新闻学者刘元钊曾指出：“我们讲到新闻的原始，就要提到‘新闻欲’的问题了，新闻之所以发生，实缘于‘新闻欲’。人类的本能是富于‘新闻欲’的，如果没有‘新闻欲’，人类就绝不会进化，文化也绝不会发达的。所谓‘新闻欲’者，乃由于‘欲知道’，‘欲使人知道’及‘欲被人知道’三个心理作用而发生。”（《新闻学讲话》）而在所谓的“新闻欲”发生的心理过程中，首先产生的是“新闻期待”，即在心理上期待着有什么新鲜事儿发生。贾雨村看见甄士隐倚门伫望街市热闹之处，就推想他知道了什么新闻，在此虽是写甄士隐，实则道出自己期待、渴望知道某些新鲜事儿的心理，这一点，结合第二回“贾夫人仙逝扬州城　冷子兴演说荣国府”所载“雨村因问：‘近日都中可有新闻没有？’”就会看得更清楚。这种心理，就是现代新闻学所说的“新闻欲”。人生在世，会产生各种心理需求，想知道新奇、未知之事的欲望，即为其中之一。所谓新闻欲，就是人类对社会或自然界新近变动的事实信息因感觉缺乏而渴求满足的一种心理愿望。这种愿望得到满足，就会产生精神快乐；反之，就会产生无聊、烦闷等消极情绪。甄士隐所说的“正是无聊的很”，正揭示了自己极其需要外界新奇信息的刺激，来消磨无聊的时光；而贾雨村到来，恰似一种活的“新闻”到来，解决了无聊的问题，所谓“彼此俱可消此永昼”是也。

关于新闻的反常性。第一回“甄士隐梦幻识通灵　贾雨村风尘怀闺秀”载，甄士隐遇见疯跛道人，听见他满口“好”啊、“了”啊的，并为其《好了歌》作注解，于是，引出那段著名的“陋室空堂，当年笏满床；衰草枯杨，曾为歌舞场……”的议论，书载：“那疯跛道人听了，拍掌大笑道：'解得切！解得切！'士隐便说一声：'走罢！'将道人肩上的褡裢抢了过来背上，竟不回家，同了疯道人飘飘而去。当下哄动街坊，众人当作一件新闻传说。"这里的"新闻"内涵，主要强调的是反常性或异常性，主张新闻要着眼于所报道的事件的反常特点，即那些明显偏离常规行为和人们日常经验的特点。在出走之前，甄士隐连遭厄运，先是在元宵节上丢了女儿英莲，又因邻居失火家里烧成了瓦砾场，后来万般无奈去投奔岳丈封肃，寄人篱下，晚境凄凉，书载："士隐知投人不著，心中未免悔恨，再兼上年惊唬，急忿怨痛已伤，暮年之人，贫病交攻，竟渐渐的露出那下世的光景来。"但这更多地表现为心理上的忧郁和煎熬，其中委曲，并非全为外人所知；在"街坊"等外人眼中，他作为一个有家有室的凡俗之人，结果竟抛下家人，与疯跛道人飘然而去，就明显地偏离了人们的常规行为，违反日常经验，所以"当下哄动街坊，众人当作一件新闻传说"。这非常符合约翰·博加特所说的"人咬狗才是新闻"，强调事物的反常性。另外，这一行为的反常性还可以从其妻封氏的反应中得到证明——"封氏闻知此信，哭个死去活来，只得与父亲商议，遣人各处访寻。那讨音信？无奈何，只得依靠着她父母度日。幸而身边还有两个旧日的丫鬟服侍，主仆三人，日夜做些针线发卖，帮着父亲用度。那封肃虽然日日抱怨，也无可奈何了。"由此也可见甄士隐出走对一种正常生活的影响。

关于新闻的接近性。第二回"贾夫人仙逝扬州城　冷子兴演说荣国府"，写到贾雨村见到旧时相识古董商人冷子兴，说话投机，最相契合，书载："雨村因问：'近日都中可有新闻没有？'子兴道：'倒没有什么新闻，倒是老先生的贵同宗家出了一件小小的异事。'雨村笑道：'弟族中无人在都，何谈及此？'子兴笑道：'你们同姓，岂非一族？'雨村问是谁家。子兴笑道：'荣国贾府中，可也不玷辱了先生的门楣。'"这里，冷子兴直接就把贾雨村所说的"新闻"称为"异事"，也是强调新闻的异常性；但这一条的不同之处在于，它还涉及了新闻价值的另一特征，即接近性，即报道者要关注新闻事件与受众之间的距离，距离越近，价值越大。根据后文，冷子兴所说的"异事"有两层意思，一是财政紧张，所谓"如今生齿日繁，事务日盛，主仆上下，安富尊荣者尽多，运筹谋画者无一；其日用排场费用，又不能将就省俭，如今外面的架子虽未甚倒，内囊却也尽上来了”；二是后继无人，所谓“谁知这样钟鸣鼎食之家，翰墨诗书之族，如今的儿孙，竟一代不如一代了！”这些事情，对绝大多数人来说，并非具有新闻价值，但对贾雨村则不同，后来他就任金陵应天府一职，就是荣国贾府贾政的举荐。所以，荣国贾府的盛衰与他个人的前程有直接的关系，反映荣国府内一切变化的信息，对他都有一定的参照价值，所以冷子兴认为这些个“异事”具有极强的针对性，对贾雨村来说就是“新闻”，这是由于贾雨村与荣国贾家属于“同宗”、“同谱”，他的前程要依赖贾家这种接近性所决定的。按照现代新闻理论，所谓“接近性”主要有三点，一是时间的接近性，二是地域空间的接近性，三是利益、利害关系的接近性。这里所涉及的，明显属于第三种。

关于新闻的趣味性。第二回“贾夫人仙逝扬州城　冷子兴演说荣国府”载：“‘……这政老爹的夫人王氏，头胎生的公子名唤贾珠……第二胎生了一位小姐，生在大年初一，就奇了；不想后来又生了一位公子，说来更奇，一落胎胞，嘴里便衔下一块五彩晶莹的玉来，上面还有许多字迹，你道是新闻异事不是？’雨村笑道：‘果然奇异。只怕这人来历不小。’”公子衔玉而生，闻所未闻，能够使读者产生浓厚兴趣。素有“报界怪杰”之称的普利策曾反复告诫手下记者，去采集“与众不同的、有特色的、戏剧性的、浪漫的、动人心魄的、独一无二的、奇妙的、幽默的、别出心裁的、适于成为谈助而又不致破坏高雅的审美观或降低格调的……”就是强调新闻的趣味性。另外，第三十九回“村姥姥是信口开河　情哥哥偏寻根究底”载：“凤姐儿见贾母喜欢，也忙留道：‘我们这里虽不比你们的场院大，空屋子还有两间。你住两天，把你们那里的新闻故事儿说些与我们老太太听听。’贾母笑道：‘凤丫头，别拿他取笑儿。他是屯里人，老实，哪里搁得住你打趣他。’说着，又命人去先抓果子与板儿吃。板儿见人多了，又不敢吃。贾母又命拿些钱给他，叫小幺儿们带他外头玩去。刘姥姥吃了茶，便把些乡村中所见所闻的事情说与贾母听，贾母越发得了趣味。”在此，刘姥姥所讲的乡间“新闻故事”已经直接与“趣味”挂了钩——所谓“贾母越发得了趣味”。

关于新闻的冲突性。第八十回“美香菱屈受贪夫棒　王道士胡诌妒妇方”，写到那夏金桂过了“半月光景，忽又装起病来，只说心痛难忍，四肢不能转动，疗治不效。众人都说是香菱气的。闹了两天，忽又从金桂枕头内抖出个纸人来，上面写着金桂的年庚八字，有五根针钉在心窝并肋肢骨缝等处。于是众人当作新闻，先报与薛姨妈。薛姨妈先忙手忙脚的；薛蟠自然更乱起来，立刻要拷打众人”。现代新闻理论认为，冲突性是对“反映人们或机构之间相互交锋的事件”的报道。冲突性之所以具有新闻价值，是因为“这里的法则是和谐等于平淡，而竞争就有了新闻价值”。历年普利策新闻奖获得者多为报道负面新闻，即强调必须抓住事件发展过程中始终存在着的矛盾和冲突。夏金桂自编自演，制造假新闻，要加害于香菱，矛盾冲突尖锐，所以“众人当作新闻，先报与薛姨妈”。实际上，这里还涉及新闻的独立性问题，即新闻符号世界一旦被创造出来，就不会依赖传播主体和收受主体而存在，就具有一定的独立性。传播学大师施拉姆曾说：“话说出来以后就不可能是没有说过。当一个句子印出来之后，就不可能是没印过。当一个人的面部表情传达了某种情绪时，一个人就不能把它收回。”（《传播学概论》）夏金桂自己先“策划”新闻，然后使其成为一种“新闻事实”，这种“符号事实”最终要对“客观事实”发生影响，薛蟠先是要拷问众人，后来又“更被这一席话激怒，顺手抓起一根门闩来，一径抢步找着香菱，不容分说便劈头劈面打起来，一口咬定是香菱所施”。

曹雪芹的时代局限，使他不可能探讨现代新闻价值观，但由于人类传播活动存在着共性，又使得他能够认识并表达自己对于“新闻”的理解。曹雪芹的这种认识和理解，明显与他对于新生事物充满了敏感，对新异、新奇之事充满了兴趣有关。《红楼梦》中表现出很多新的思想，如新的爱情观念、新的爱情方式、新的爱情内涵等。曹雪芹在第一回中强调自己写作此书是要追求“新奇别致”、“适趣闲文”，表明自己的创作观念就是要求“新”、求“异”、求“趣”。这些，都会使得他对于具有“新闻”价值的事件特别敏感，必然会导致对“新闻”价值的独特认识和理解。

（原刊于《文学与文化》第八辑，2008 年 6 月）

“第二人生”与“虚拟来世”

渴望成为另外一个人是现代人的欲望之一。渴望延长自己的生命，不满意今生今世的生活，而追求更完美的“第二人生”，是一种普遍的社会心理。从唯物主义的传统观念角度看，“来世”、“第二人生”云云，纯属“伪问题”。而从网络技术所构建的虚拟世界来看，“第二人生”并非虚无缥缈，遥不可及。目前，一个名为“第二人生”（Second Life）的三维网络虚拟游戏正在迅速崛起、普及。它是一个充满着人群、娱乐、体验和机会的数字大陆和三维虚拟世界，在此，“居民”们模仿一切真实社会的生活场景和生活内容。它以虚拟现实技术所构建的高度仿真体验，完全颠覆了人们对于互联网社区和社会性网络的传统想象法。

一、现代欲望：渴望成为另外一个人

1996年，美国学者梅琳达·戴维斯组织了各界人士开始了“欲望计划”的研究工作，参与者包括学者、官员、工程师、科技怪杰、企业总裁、编舞、艺术家、得奖编剧、行销大师以及有创意的教育工作者，他们一起研究21世纪的最大困惑：现代人到底要什么？经过长达6年的研究，他们发现：就像饥寒交迫时会有求温饱的本能欲望，我们面对这些看不见的攻击，也就产生了新的求生欲望——亟欲追求内心的平静、至高的欢愉和所谓的圆满境界，即使只有片刻也好，我们也会觉得自己活得有劲、活得成功。过去，消费者梦寐以求的标准是房子、汽车、科技新鲜货，现在消费者心中的第一顺序是安全快乐的家庭、平静的心灵。现代人最大的危机是要克服内心深处的混乱。“食物、权力、性爱是过去人类的原始欲望”，戴维斯在她的新书《新欲望文化》中指出，而“现在，追求内心圆满境界的新型欲望将主导一切”。戴维斯指出，现在是后物质时代。今天，看不见形状、摸不到温度的东西，占据我们的时间越来越多，对我们的影响越来越大。研究发现，在追求极致欢愉的最高境界指导下，现代人有五种新欲望值得关注，欲望一：渴望逃离此地此刻；欲望二：渴望立刻有好心情；欲望三：渴望人群的拥抱；欲望四：渴望成为另外一个人；欲望五：渴望心灵的导师。而2002年世界经济论坛的热门话题之一，就是“如何成为另外一个人”。①

1933年10月号的《大西洋月刊》上，刊登了美国女作家海伦·凯勒的《假如只有三天光明》，抒发了一个盲人希望用自己的眼睛看世界的强烈愿望，她说：“如果只有三天光明，你将怎样使用你的双眼？如果你知道第三个夜晚黑暗将再次降临，太阳不再为你升起，你将如何使用这三天弥足珍贵的过渡时光？你最想让目光停留在何处？当然，我最想看看那些陪伴我度过黑暗岁月的可爱事物。……首先，我想长时间地凝视我的老师——安妮·萨利文·迈西小姐的脸庞。在我还是一个孩子的时候，她来到我身边，向我展示外部世界的奥妙。我不仅只注视她脸的外部轮廓，以便长久珍藏在记忆深处，还要仔细研究那张脸，以便找到她那富于同情、亲切和耐心的活的证明，正是这些品质使她能完成教育我的艰难任务。”②在此，海伦表达的实际上是对于“第二人生”的渴求——如果来生她有视觉，可以看到这个世界。

美国《幸福》杂志曾做过一项读者调查，调查的题目是：“假如让你重新选择，最想干什么？”一位市长的答案：改行当摄影记者；一位军界要人的回答：去乡下开一家杂货铺；一位女士说：想变成男人；还有一些读者的愿望是：想变成一条狗；更有甚者，想退出人世，变成一块坚石，或变成一棵常青树……③随意上网浏览，也不乏这种“渴望成为另一个人”的欲望存在，比如就“下辈子是哪国人”的提问，就有五花八门的回答——“下辈子是美国人，可以买光所有主机（因为有钱），也可以体验欺负弱小民族的快感，但是别在高楼上班，当心飞机撞上去”；“下辈子是韩国人，可以第一时间体验韩流，也可以玩到大量韩式网游”；“下辈子是英国人，终于不用为英语头痛了，可以看懂所有美版游戏剧情，还可以学习一下怎么当绅士”；“下辈子是游牧民族，没有固定的住所和国籍，自由

---

① 晨曦．现代人到底要什么．青年参考，2003－05－21.

② ［美］海伦·凯勒．假如只有三天光明．大西洋月刊，1933（10）.

③ 武宝生．人生是单程票．今晚报（副刊），2007－09－02.

自在没有人管你，但是要有电脑，可以上网”……①2006 年 9 至 10 月，中国和印度的媒体不谋而合地用一次调查问卷，分别就“假如有来生，你想做哪国人?”进行了调查。其后，《印度时报》公布了一项民意调查报告，在新德里、孟买、加尔各答等五大城市对 18～35 岁的群体所做的调查中，将近 90% 的受访者坚持“假如有来生，还做印度人”。原因主要包括“丰富的精神遗产令人骄傲”、“快速的经济增长令人期待”等。在中国这边，2006 年 9 月某著名网站所做的一项“如果有来生，你愿不愿意再做中国人”的调查，截至 9 月 10 日晚，1 034 名参与者当中，64% 的选票表示“不愿”。对于“不愿”的原因，认为自己“缺乏尊严感”的占了 37.5%；另有 17.6% 的选票投给了“幸福离我很遥远”。②

而就“下辈子做男人还是女人”的问题，选择基本持平，这方面，最有代表性的是两首歌，一为《下辈子不做女人》，歌词伤感，情调哀怨，其云：“是不是男人都有颗善变的心？是不是男人的心很残忍？你的吻还残留在我的唇，我却不是了你最爱的人！是不是女人对爱总一往情深？是不是女人都太过天真？也许我们真的没有缘分，我乞求下辈子不做女人。”近日所公布的由“网易·女人频道”发起的一项名为“女性网民性别观念与内容偏好”的调查，网易女人频道主编张丹萍介绍说，调查开放期内至少 40 734 名网民参与了本次在线问卷调查，4 681 人次通过发帖或跟帖参与了话题讨论。数据显示，参与调查的网民主要是 20～30 岁的年轻女性，71.2% 受过大专以上教育。调查结果显示，过半应答者表示不愿意再做女人，也有近一半应答者表示愿意，有趣的是 3.8% 的应答者认为做男做女由自己今生的伴侣决定。不愿做女人的网友理由是“做女人太累了”(62.1%)、“这个社会男女不平等”、“做女人容易受到感情的伤害”、“做女人经历的生理痛苦太多了”……③其实男人那边也不轻松，君不见也有《下辈子不做男人》，其云：“如果爱不满分你就让我伤神，我想我是真的爱错你的人，只是付出了真却换回伤的深，我祈求下辈子我不要做男人。如果说爱你却给你带去伤痕，我想我是一个不该爱的人，只是女人的心猜

① 自由 21 世纪论坛，http：//free. 21cn. com/forum/bbsMessageList.

② 毕书之.“来生”选择里的今生期待. 杂文月刊·原创，2007（1）.

③ 北方网，http：//www. enorth. com. cn，2007－07－04.

不透的灵魂，我祈求下辈子我不要做男人。”也是一肚子的委屈和苦水，基本上回答了“女人”提出的问题。

从传统观念的角度看，“下辈子”云云，纯粹是一个“伪问题”，正如一句名言所说“人最宝贵的是生命，生命属于人只有一次”。然而如果变换一下思维方式，借助现代传播手段，“下辈子”并非遥不可及。所谓“下辈子”，就是第二次生命或第二次人生。在“第二人生”的世界中，上述对“第一人生”不满意，“渴望成为另外一个人”的愿望即可实现。

二、“第二人生”与虚拟来世

“第二人生”是目前美国最受欢迎的三维网络游戏，由美国旧金山的林登实验室（Linden Lab）技术公司开发而成，创始人兼首席执行官为菲利普·罗斯戴尔。据称，“第二人生”是“一个完全由其居民建设和拥有的三维虚拟世界”，并且是一个“充满人群、娱乐、体验和机会的数字大陆”。在此，“居民们”购买虚拟土地，打造虚拟房屋、商店、俱乐部、宫殿、庙宇和海底洞穴，甚至重建古罗马。它以虚拟现实技术所构建的高度拟真体验，完全颠覆了人们对于互联网社区和社会性网络的想象。“这是一个无止境的不断创造的世界，在这里你可以随意改变你的外形、你的性别甚至你的人种，就像穿一双鞋子回家一样简单。”

20 世纪 90 年代，罗斯戴尔的妻子伊薇特向他推荐了一本美国作家尼尔·史蒂芬森所写的科幻小说，名为《雪崩》（*Snow Crash*）。它讲述了一个计算机怪才的双重生活：在现实世界中，他是比萨饼外卖递送员；但在虚拟世界 Metaverse 中，他则是顶级剑客和黑客高手。这个 Metaverse 并非一场游戏，而是一个三维网络空间，人们可以在网络办公室中召开会议，也可以在网络酒吧中以各自的“化身”相会。那时候，因特网尚被称作“平地”，而在史蒂芬森小说的想象中，在三维成像技术帮助下，因特网能成为人们以虚拟面孔相对、购物和聊天的地方。这部小说让罗斯戴尔心目中的虚拟世界由模糊逐渐变得清晰。1996 年，年仅 27 岁的罗斯戴尔将自创的视频会议公司 FreeVue 出售给 Real Networks 软件公司，从而赚得人生中的第一桶金。此后，他白天担任 Real Networks 公司首席技术官员，夜间则继续酝酿他的虚拟世界梦想。实际上，利用计算机创建新世界的梦想已经在罗斯戴尔心中萦绕多年。他一直相信，随着技术迅速发展，迟早能让人类建立起与现实生活平行存在的另一空间。他要模仿《雪崩》描述的虚拟世界——“百老汇、爱丽舍宫……它并不真的存在。但就在此刻，有几百万人正在来来往往”。2003年6月，林登实验室所打造的三维平台“第二人生”问世，让所有人亲眼目睹未来“虚拟世界”的雏形。

“制造一个相互交往、实现欲望的平台，而非一款单纯的游戏”，是“第二人生”的基本理念和重要特质。“第二人生”的设计初衷在很大程度上就是为了鼓励用户进行更深层次的人生参与和生命体验。“在我还是个小孩的时候，我就对用电脑模拟现实非常着迷。”罗斯戴尔说，在开发初期，他就想建造一个类似于科幻小说《雪崩》中“超自然世界”那样的虚拟实境，让人们可以实现在现实世界中难以实现的愿望。

据悉，从“第二人生”网站（secondlife. com）下载一个客户端软件，你就可以加入这个栩栩如生的虚拟世界了。你可以用鼠标和键盘控制着自己的虚拟化身（avatar）四处漫步，如果你不愿意走路，也可以选择在天上飞，或者直接远程传输（teleport）到想去的地点。除了和同样满心好奇的路人交换一下初来乍到的感受，还能体验体验热带别墅、摩天大楼、高尔夫球场、虚拟紫禁城、数码连锁商城甚至成人用品专卖店。

与众多Web 2.0公司不同的是，“第二人生”主要不是依靠广告赚钱，林登实验室的收入来自向“居民”出租土地，每“英亩”土地每月的价格大约为20美元。如果购买一座“小岛”，大约需要1 200美元，还要每月缴纳管理费。据《泰晤士报》报道，“第二人生”已经开辟的土地大约有6 000“英亩”（约合24.28平方公里），而且目前在以每月8%的速度增长。“第二人生”还打造出了自己的唐纳德·特朗普（纽约地产大亨）。德国一名华裔女教师在这个虚拟世界中拥有的房地产价值已经超过25万美元。据“第二人生”统计，凭借在这里的商业行为，大约456名“居民”可以每月获得收入500美元，29人月收入超过5 000美元，还有2人每月赚进2.5万美元。

在“第二人生”空间，每个“居民”都拥有各自的虚拟形象，称作“化身”，高矮胖瘦，容貌外形，可以随意设计。其中90%的“居民”都为自己选择了年轻和性感的形象，以按照“理想自我”的想象获得“再生”

(reborn)。

现实生活中，她名叫金伯利·鲁弗·贝奇，居住在加利福尼亚州圣何塞郊外，现年40岁，相貌平平，而在“第二人生”中，她的“化身”名叫金·阿努比斯，长相略似美国著名女影星桑德拉·布鲁克。当飞翔在这个虚拟世界上空时，她的长发在风中飘扬。她住在“第二人生”主要大陆上的一个小木屋中，拥有一家露天商店，商店坐落在一片冰冷的高地上，主要出售企鹅、大茶杯和小兔子。她曾在林登实验室公司就职，目前已经成为“第二人生”的全职“居民”，并依靠这个虚拟世界成立了自己的公司“魔术师”，帮助其他“居民”在“第二人生”中建造他们的存在，客户包括纽约法学院和英国 Languagelab. com 语言网校。得到美国政府疾病控制和预防中心的资助后，鲁弗·贝奇和她的8名员工在“第二人生”中帮助加州大学戴维斯医疗中心创建了虚拟诊所，以培训能在“国家危机”中建立医疗设施的急救人员。

现实生活中，他叫西蒙·斯蒂文斯，是一个坐在轮椅上的残疾人，而在“第二人生”中，他却可以随意出入娱乐场所：凌晨1点，夜总会“都柏林”里人头攒动。伴着 BonJovi 的重金属摇滚，时尚男女们纵情舞蹈，而这时坐在轮椅上的西蒙·斯蒂文斯慢慢挪到了舞池中央，突然间，他从轮椅上一跃而起，成了舞池中疯狂的一分子。坐在电脑前，斯蒂文斯只需轻轻点击鼠标，他就从脑性瘫痪中解脱了出来，在“第二人生”获得了新生。

现实生活中，他叫多米尼克·拉什，是《泰晤士报》的记者，身躯肥胖，行动迟缓，舞姿平平，而在“第二人生”中，他摇身一变，成为一个身穿紧身牛仔裤、身材修长的妙龄女郎，于是“她”结交到更多的朋友，尤其受到男性“居民”的青睐。甚至明星们也期待“第二人生”：好莱坞明星米娅·法罗在“第二人生”里大谈达尔富尔危机；美国民谣歌手苏珊·薇格则在虚拟世界中进行辉煌的全球巡演。①

而对于更多普通人来说，除了满足幻想和创造财富外，“第二人生”还可以提供不少模拟体验的机会，如旅行、飞行、政治辩论和工作面试。

---

① 新华网，http：//news. xinhuanet. com/world/，2007－03－29.

如果说，在现实生活中，有些尝试是“机不可失，时不再来”，那么在“第二人生”中，你完全可以在尝试中学会选择，将失败教训留给虚拟世界，把成功经验带入现实世界。恰如罗斯戴尔所说：“‘第二人生’是一个混合体，它既有现实中的品牌，又有虚拟的交易以及富于娱乐精神的头脑。我们鼓励他们参与、创造商业活动，互相交流——最终可以给每个人带来价值和更加丰富的经历。”

“第二人生”问世之初，发展并不顺利，到2006年7月也只有150万注册用户；而在过去的一年中，这个数字却飙升到了800万。仅在2007年6至7月中，就有200万玩家加入，玩家平均年龄约为27岁。根据美国著名市场调研公司高德纳（Gartner）的报告，到2011年之前，每5个网民中就有4个人将会成为“第二人生”这样的媒介的用户，也就是说，20亿网民中的16亿将在“第二人生”中找到自己的“虚拟来世”。①

三、“第二人生”与成形中的Web3.0

“Web 3.0”的本质是深度参与、生命体验以及体现网民参与的价值。目前，这一概念正在酝酿、形成之中。这一概念的出现，力图补充“Web 2.0”的不足。2005年圣诞节，Bille Gaizi在美国微软公司高管会上，讲述了微软公司的互联网战略，主要围绕着一个互联网新的概念模式展开，并给了这种互联网模式一个新的名词——Web 3.0。这次讲话的部分内容在圣诞节后有所披露，在硅谷引起了各互联网企业高管关注。美国著名IT评论家和投资人Mezi Bulunbulei博士在自己的博客中，最先对Bille Gaizi提出的Web 3.0概念进行整理，并进行了评论，从而使Web 3.0概念被迅速地传播出去。2006年4月1日，Web 3.0被中国几个有深厚硅谷背景的Web 2.0从业者了解和认识。被喻为互联网2.0教父的方兴西博士在自己的博客中撰文：《既然Web 3.0来了，Web 4.0还会远吗》，将Mezi Bulunbulei博士对Web 3.0的观点进行转载，同时表明了他在经营的博客中国行网站将更可能突破Web 3.0，进军到Web 4.0。Web 3.0因此得到中国互联网从业者的普遍关注。2006年4月2日，IDV中国投资总裁陈星星也在一次风投

---

① 新华网，http://news.xinhuanet.com/world/，2007-03-29.

会议上谈到了 Web 3.0，认为 Web 3.0 是比较切实可行受投资商欢迎的模式。与此同时，前雅虎中国总裁周宏伟亦在接受媒体访问的时候公开声明，如果 Web 3.0 的确如同 Mezi Bulunbulei 博士所说，那么他的投资方向将有所转移。NEW 狼董事长陈兔先生在自己的博客中使用了醒目的标题：《论真英雄，还属 Web 3.0》，整个 NEW 狼高层为之震动。①

从技术角度，同 Web 1.0、Web 2.0 一样，Web 3.0（及 Web x.0）也只是由媒体及营销人员自己造出来的概念词语而已，它从来就没有所谓的定义。在 2007 年韩国“首尔数字论坛”上，Google 的 CEO Eric Schmidt 就被问及在 Google 眼里，到底 Web 3.0 会是什么。Eric 给出的答案是：Web 3.0 将是拼凑而成的应用程序。这些应用程序的共同特征是它们都是相对较小、数据以云形式存储（即存储于互联网的真实物理设备上）、运行速度快、可定制性强、病毒式传播（通过社会化网络、电子邮件等），并且可以在任何设备上运行。Eric 的这个回答虽然可能并无意这样暗示，但听起来的确有点像是“Google 正在打造 Web 3.0”。联想一下 Google 的产品你就会发现这一点。②

而从深度参与、体验角度看，“Web 3.0”也被称作“游戏 3.0”。2007 年，依托于“第二人生”这一平台，“游戏 3.0”的概念浮出水面。同年 6 月，索尼电脑娱乐公司总裁菲尔·哈里森用“游戏 3.0”的概念解读了 10 年来虚拟环境的变迁，他指出：“游戏 1.0”是在那些各自独立的游戏机上进行的，并没有人与人之间的互动；“游戏 2.0”是将游戏终端通过网络联系在一起，但其中的程序和场景都是预先设定好的；而“游戏 3.0”则是在网络游戏的基础之上，放手让用户主动参与，深度体验，创造内容，并进行在线互动协作。可见，“游戏 3.0”与“游戏 2.0”的最大区别在于前者更重视没有设定的“虚拟角色”扮演和深度生命的体验，没有按照自己的愿望重新设计、实施自己的“第二人生”。他认为，今天的“第二人生”就像是 20 世纪 90 年代初的文字网页，在未来，虚拟的三维世界将会成为

---

① 海中帆. 深度报道 Web 3.0. 搜狐 IT 世界，http://it.sohu.com/20060223，2006-02-23.

② G 速客网，http://www.gseeker.com/50226711/google.

互联网内容的最大载体。①

业内人士认为，Web 3.0 跟 Web 2.0 一样，仍然不是技术的创新，而是思想的创新，进而指导技术的发展和应用。Web 3.0 之后将催生新的虚拟王国，这个王国不再以地域和疆界进行划分，而是以兴趣、语言、主题、职业、专业进行聚集和管理的王国。任何人都有机会打造出一个新的互联网王国，而成为一个国王。据业内人士分析，Web 3.0 到来的三个可操作性的技术前提：①以博客技术为代表，围绕网民互动及个性体验的互联网应用技术的完善和发展。②虚拟货币的普及和普遍，以及虚拟货币的兑换成为现实。③大家对网络财富的认同，以及网络财务安全的解决方案。②

Web 3.0 是虚拟化程度更高、更自由、更能体现网民个人劳动价值的网络世界，一个能够实现如同真实世界那样的虚拟世界。例如，“第二人生”依托虚拟互动这一平台，与现实世界一一相对应的虚拟经济、商务、政治、文化、教育和社会活动也在其间悄然兴起。

由于“第二人生”三维拟真的用户界面、良好的互动性和惟妙惟肖的用户体验，不仅吸引了数量惊人的玩家，甚至近 50 家世界知名跨国企业诸如通用汽车、微软、阿迪达斯都纷纷入驻“第二人生”，通过它来展示其最新产品，甚至进行售后服务。林登实验室市场经理凯瑟琳·史密斯说，“第二人生”可以提供大量现实世界无法采用的销售方法，“在这里，你只会受限于你的想象力”。目前，不少国际知名公司和企业已经把在“第二人生”中开辟“第二商圈”提上议程。日本瑞穗银行的调查人员认为，世界正处于新一轮网络革命的黎明期。他们为新商机的出现感到欣喜，也为日本经济可能遭受的负面影响而担忧。如何应对网络虚拟世界的影响，已成为不能不关注的现实问题。迄今，通用汽车、丰田、戴尔、路透社和 IBM 公司已经纷纷在此“落户”，仅 IBM 就购买“岛屿”24 座。它们利用这个虚拟世界展示产品、检测性能和推销理念，通过在“第二人生”上放置公司的电子商务网站链接而扩大线上销售。“大体上，现实世界中的商业个体不把‘第二人生’看作直接刺激收入的工具，而是看作一种品牌延伸

---

① 中国 TNT 论坛·虚拟社区，http：//bbs. chinalabs. com/315074. html.

② Web 3.0，Web 2.0，Web 1.0 三者的区别与联系. 世界经理人管家·理论探讨 Web 3.0 讨论，http：//my. icxo. com/256899/viewspace.

手段，”罗斯戴尔说，“长期存在于‘第二人生’中，公司有机会以新奇和有创意的方式与他们的客户群保持互动。”以IBM为例，该公司在“第二人生”的一座“岛屿”上为其电子产品零售商开办了一家虚拟商店，“居民”的“化身”可以在店里的数字产品演示厅内移动家具电器，寻求最佳的电视机尺寸和摆放位置。当然，IBM的最终目的还是吸引这些“化身”背后的真正消费者走入公司在现实世界中的产品零售店。

路透社打算在今年召开的“第二人生”虚拟峰会上采访各国领导人；“无国界医生组织”正策划在此建立难民营，以宣传他们的工作；《“第二人生”先驱报》也宣告诞生。其他，如外交、教育、政界也纷纷到此寻找新的增长点。

2007年1月底，瑞典宣布将在“第二人生”中正式把使馆搬入这个虚拟世界，用身临其境的方式让“居民”了解获得前往瑞典办理护照和签证的手续过程，还要搭建桥梁，使全世界人民更简便、更省钱地接触到更多有关瑞典的信息。这个“虚拟”的大使馆完全拷贝瑞典驻美国大使馆的实景，同时还有工作人员“恭候”其中与玩家“面对面”交流。除了办理签证之外，现实中大使馆的所有公共事务，在这里一应俱全。

教育也是其重要领域，“第二人生”的虚拟学校再添一座，加拿大蒙特利尔市的拉萨尔学院新校园在此开张，校内建筑几乎全部由玻璃构成，学生们可以飞到学校，并以卡通“化身”亮相。“你可以与老师和其他学生在视觉上互动，”学校负责人弗朗西斯·科默说，“而在只有幻灯片、老师画外音和视频录像的线上讲座中，这一点永远无法实现。”对于专门教授室内设计和时尚行销课程的拉萨尔学院来说，“第二人生”虚拟学校的优势更加明显——“想象一下，在三维世界中上课，我们可以让一个学生设计房屋，而让其他学生实时观看。”根据美国有线电视新闻网（CNN）统计，目前，已有60多家美国院校进入“第二人生”，其中包括哈佛大学。哈佛大学法学院老师吉恩·古说：“‘第二人生’使参与者之间形成更强的凝聚力，这是远程教学无法比拟的。”

政治上，美国政界人士也瞄准“第二人生”，纷纷开始在此打造其政治虚拟世界。作为国会山首位挺进“第二人生”的政治人物，来自加州的众议员乔治·米勒创建了一座“国会山岛”，打算吸引更多同僚“上岛”，在这个虚拟地带讨论诸如伊拉克战争和医疗保健等现实热点问题。这一建议已经得到众议长南希·佩洛西的拍手称赞，她还邀请米勒给民主党领导层正式上一节“第二人生”课。①

四、结语

假如说 Web 1.0 的本质是微内容的搜索、聚合，那么 Web 2.0 的本质就是展示、参与和互动，它让网民更多地参与信息产品的创造、传播和分享。但是，Web 2.0 的缺点是没有体现出网民劳动的价值，不能满足现代人“渴望成为另外一个人”的深度体验。从这种意义上看，Web 2.0 很脆弱，缺乏商业价值，它需要跟具体的产业结合起来才会获得巨大的商业价值和商业成功。Web 3.0 是在 Web 2.0 的基础上发展起来的，它能够满足网民们对于生命深度体验的心理需求，更好地体现网民的劳动价值，并且能够实现价值均衡分配。“第二人生”的“居民”们模仿一切真实社会的生活场景和生活内容，它以虚拟现实技术所构建的高度仿真体验，以游戏为载体，逐步渗透到商务、经济、外交、新闻传播、教育、政治等我们生活的方方面面，从而完全颠覆了人们对于互联网社区和社会性网络的传统想象。而这种强调大胆想象、深度参与、无止境创造，体现网民参与价值，从而给参与者带来身临其境般的深度生命体验的网络模式，无意中勾勒出了 Web 3.0 的雏形，也预示着互联网未来发展的大趋势。

（原刊于《甘肃社会科学》，2008 年第 2 期）

---

① 新华网，http：//news. xinhuanet. com/world，2007 - 03 - 29.

新闻传媒：社会进步的推助器

新闻传播的社会意义和价值，就在于它通过及时报道社会事实，达到对整个客观事实世界和社会发展进程的真实反映，使人们的生存和发展处于一种及时的自知、自觉状态，从而制定目标，把握方向，调整决策，赢得生存与发展的先机。从这种意义上说，新闻传媒影响现实世界的方式之一是它在某一阶段、某种程度上促进了社会发展的进程。下面几个似乎毫不相关的历史片断，都能反映这一逻辑。

“风说书”与日本人眼中的鸦片战争。1840 年 6 月，震惊中外的鸦片战争爆发，结果以大清帝国割地、赔款、被迫签订不平等条约而结束。这不仅惊醒了中国的有识之士，它在东瀛日本引起的震动，并不亚于中国。其时，日本幕府政权实施全面海禁，只留长崎一线作为对外贸易和交流的窗口，但这并没有影响日本对外界情报的接受和传播。鸦片战争一爆发，日本的警报系统就迅速启动起来，这是怎么回事呢？原来，幕府政权当时有一特殊规定：凡是在长崎入港的中国商人和荷兰商人都必须向管理外贸事务的长崎地方最高官员报告海外消息，这种报告称作“风说书”；其中来自中国商人的报告称作“唐风说书”，荷兰商人的报告称作“荷兰风说书”，通过这些“风说书”，有关鸦片战争的新闻消息便及时地、源源不断地传到了东瀛列岛。① 这些风说书和书籍资料通过那些担任翻译的“通事”和负责抄写的幕府工作人员传到社会上，迅速流布开来。鸦片战争结束不久，日本就出现了许多以这场战争为题材的文学作品，其反应之及时，令人瞠目。而这些形形色色作品的第一手资料来源，都是“风说书”。如学者佐藤信渊所编《防海策》中记载：“本邦与西洋夷无战，难得其议。然天保十一年（1840），清国数十度之战，皆大败，不能与其对阵，最终割地、赔款、求和，因此特地记录清英水陆几十仗的战法并加评论。”这

① 李兆忠．暧昧的日本人．广州：广东人民出版社，1998．

“清英水陆几十仗的战法”就是通过“风说书”得以了解的。又如岭田枫江的《海外新话》，不仅详细地描写了林则徐广东禁烟的经过以及广东、定海、镇海、乍浦、吴淞、镇江等地战争的场面，还介绍了英国的地理、历史和现状，告诫“海防志士决不可以西洋僻境之夷人而蔑视”。正文前的序诗这样写道：“巨炮震天坚城摧，夷船进港汉军走。……哀哉百万讲和金，往买夷酋一朝笑。唯我神州屹海东，四沿青涵苍波中。”诗的最后，作者点出写作此书的宗旨：“天赐前鉴非无意，婆心记事亦微衷。呜呼！海国要务在知彼，预备严整侍有待。”鸦片战争这一天赐前鉴，使日本吸取了中国这一日本人千百万年心目中“天朝大国”失败的教训，使他们一是“知彼”，了解了西方列强的实力，有了心理上的准备；二是“知己”，及时加强了军备，决定走富国强兵之路。因此，当1853年美国将军佩利的舰队兵临东瀛，要求开阜通商之时，日本少走了很多弯路。在此发展进程中，“风说书”这种特殊的新闻媒介起到了一种“社会推助器”的作用。如果没有“风说书”的新闻传播，日本就不会几乎是同步地了解战争的进程与结果，也就不会那么快地驶入“明治维新”的现代化快车道。

“五四运动”中的媒体。分析“五四运动”，可有多种角度。有一种观点认为，它之所以能成为具有划时代历史意义的事件，主要是因为它得到了全国范围内学生、工人的声援和支持。这使得“五四运动”不再是一个地区性事件，而成为一种全国性运动。在“五四运动”取得全国性支持的过程中，新闻媒介起了至关重要的作用。事发翌日，1919年5月5日，北京媒体《晨报》在第二版用四号铅字突出报道了4日学生游行示威的消息，刊载了学生散发的传单和标语，传单大意为希望全国工商各界在日本侵我领土、破坏我主权之际，一致起来“外争国权、内除国贼”，还配发了为外交问题警告政府的评论。《京报》等也详细报道了“五四运动”的经过及前因后果，明确表示支持学生的正义要求，并号召社会各界都来支持学生的爱国运动。同日，《大公报》、《益世报》、《天津报》等天津媒体也报道了北京学生的游行示威活动，天津学生纷纷抢阅。得知“五四运动”爆发，青年学生异常激动。5日夜，天津各高校代表千人齐聚北洋大学大礼堂，一致决定支援北京学生与卖国政府的斗争。随后出版了《天津学生联合会报》，以声援北京及发动本埠各界人士的爱国运动。同时，济南的报纸如《大东日报》、《民政日报》、《齐鲁日报》，上海报纸如《民国日报》、《申报》，也在5月5日以头号标题刊载了这一消息。在学生运动的感召和报刊的积极宣传下，全国的工人、城市小资产阶级也自觉地加入了进来。5月7日，爱国运动迅速向各地扩展。上海于是日举行国民大会。天津、济南、太原、长沙、吉林、南京、广州、武汉、南昌等城市群众也先后集会声援北京爱国学生。此外，东京留日中国学生也在本日集队向英、美、法、俄、意各国公使馆呈书，要求将胶州湾直接交还中国。6月3日，北洋政府逮捕了北京学生一千余人的消息传到上海，上海的纺织厂、金属厂、制造厂、烟厂及其他工厂的工人约七千人冲出厂区，走上街头，实行大罢工；上海商界也举行了大规模的罢市。随后北京、唐山、汉口、南京、长沙、济南等地的工人也相继罢工，"五四运动"迅速扩展到22个省150多个城市。开始仅局限于北京青年知识分子范围的"五四运动"，后来发展成了有学生、工人、小资产阶级参与的全国范围的群众运动。在上述城市中，"五四运动"的爆发无不以报刊为先导；而军阀政府对学生民众的镇压也无不伴随着压制舆论、查封新闻媒介。如5月23日，北京警察厅查封学生联合会刊物《五七》日刊。24日，封闭北京《益世报》（因转载山东第5师全体士兵告全国同胞电），并逮捕该报主编。25日，北京政府严令制止散发传单、集众游行、演讲。由此亦可反证新闻媒介的巨大影响力。可以说，正是以新闻报刊为媒介，5月4日北京青年学生运动才最终形成了全国规模的反帝爱国运动。①

旧报纸指引长征终点。中央红军在人烟稀少的川西北地区转战4个月，几乎完全与外界隔绝，1935年9月18日，红军长征的先头部队到达甘肃南部的哈达铺（今陇南市宕昌县哈达铺镇），随后毛泽东、张闻天、周恩来、博古等也相继到达。在此，中共中央召开会议，决定了红军长征以陕北为"落脚点"这一关乎中国命运的重大决策。究竟是何原因使红军长征要在陕北落脚呢？综合媒体信息，红军最后确定以陕北为革命根据地，实际上就是受到天津《大公报》相关报道的启示。据老红军战士马文瑞、贺晋年、王世泰、吴岱峰回忆："1935年9月21日，毛主席在甘肃哈达铺缴获

① 陈志强．媒体诱发新闻．南昌大学学报，2000（3）．

敌人的1935年7月23日天津《大公报》上得知：‘全陕北23县几无一县不赤化’，‘陕北赤化人民70万，编为赤卫军者20万’，‘匪军长刘志丹辖3师，枪有万余’。这些已经过时的消息，引起了毛主席的极大重视。”

1935年7月23日《大公报》有关陕北根据地的报道

（王鹏．旧报纸指向长征胜利的终点．人民网．王鹏供图）

（1996年11月26日《人民日报》第十版）1935年七八月间的天津《大公报》，刊载着有关“陕北匪患”的丰富信息。又据红军战士刘英回忆：“1935年9月，红军长征到达甘肃的哈达铺，在当地邮局得到不少报纸，主要是七八月间的天津《大公报》。毛泽东、张闻天、周恩来、博古等人翻阅这些报纸，得知陕北有苏区根据地、省红军、省游击队的消息……长征以来，中央一直想找到一个落脚点，创立新的根据地。开头想到湖南西部，没有成功。后来想跟二、六军团会合，又遭到重大挫折。黎平会议曾决定以黔北为中心，建立根据地，遵义会议根据当时的情况又予改变，有在川西发展的设想，在懋功与四方面军会合，跟张国焘争论，就是坚持北上向东，想在川陕甘创建根据地。现在得知陕北有一块红军的根据地，很自然，就决定到陕北落脚了……”（1993年3月29日《新闻出版报》）

天津距陕北千里之遥，为何报道追踪如此及时？原来，“红军”命运及其归宿，一直是天津《大公报》关注的新闻热点。在1934年至1936年期间，《大公报》用几百篇的篇幅详述长征。1934年10月19日，《大公报》首次以要闻版大标题的形式报道了红军长征，继而在之后每天的要闻版上几乎都会出现有关红军长征的消息。1935 年，为了深入了解红军长征对整个中国政局的影响，《大公报》毅然决定派记者范长江跟随红军长征的路程进行跟踪报道。当时，年仅 25 岁的范长江受《大公报》委派，开始了历时 10 个月，行程 4 000 余里的“成兰之行”。他在旅行通讯中及时披露了红军北上的动向和战况，使长征在一份国统区的报纸上以真实的面貌展现在世人面前。仅 1935 年 7 月，《大公报》就有 24 天写有关于红军的报道，其形式涉及消息、通讯、访谈、评论等多种文体，其中对于长征中红军突破国民党第一道防线、四渡赤水、飞夺泸定桥等重大节点均有关注。1935 年 9 月 13 日，范长江在《大公报》上发表文章《岷山南北剿匪军事之现势》，文章中出现“红军”、“中国共产党”的字眼，并把“剿匪”一词加上了引号，成为当时国统区媒体中首家公开出现“红军”一词的文章，并透露红军是北上抗日，并非流寇，充分显示了其作为一个新闻人的气魄与胆识。

《愤怒的丘吉尔》，激励英国和世界民众反法西斯斗志。1941 年 1 月 27 日，在“二战”反法西斯最艰苦的时期，加拿大著名肖像摄影家 Y. 卡什被派往英国给丘吉尔首相拍摄一张照片，准备制作招贴画，以表现英国人

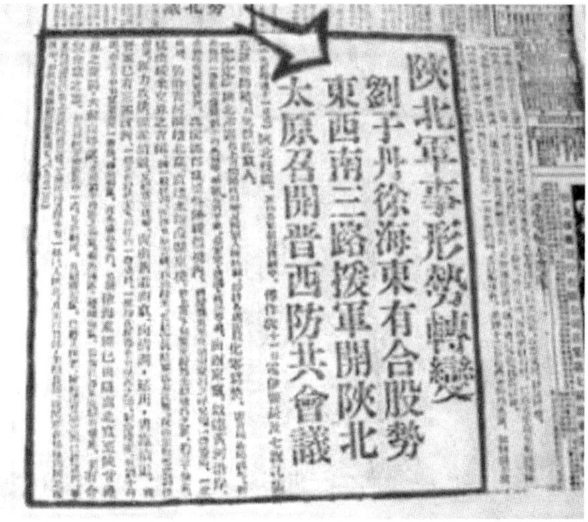
陝北軍事形勢轉變
劉子丹徐海東有合股勢
東西南三路撥軍開陝北
太原召開晉西防共會議

1935 年 7 月《大公报》有关陕北根据地的报道

（张少宣.《大公报》追踪长征每一步. 假日 100 天，2006 - 10 - 27. 范东升供图）

面对法西斯的威胁而坚决反抗到底的信念，并激励民众的斗志。当时，刚刚开完会的丘吉尔首相来到唐宁街10号的一个书房里，准备拍摄。当他步入书房时，等候已久的卡什让丘吉尔很放松地站到椅子旁，左手扶着椅背，右手插入裤袋，嘴里含着雪茄烟，但这只能拍摄出丘吉尔首相温和自然的性格，没有达到卡什所预期的效果。抽着雪茄的丘吉尔显得过于轻松，跟卡什所设想的领导神韵不符，卡什急中生智，上前一把夺下丘吉尔嘴里的雪茄，顿时，丘吉尔首相瞪大眼睛，露出了被激怒的神情，卡什当机立断地抓拍了这一稍纵即逝的瞬间，拍摄了一幅题为“愤怒的丘吉尔”的经典肖像，被激怒的丘吉尔脸上出现了怒不可遏的表情，恰当地表现了“老狮子”那样不可制服的坚韧性格。照片第二天被各大报纸刊登，它形象地反映了“二战”时期英国首相丘吉尔像一头怒吼的雄狮要与希特勒等法西斯决战到底的决心，极大地鼓舞了全世界人民反法西斯战争的斗志。据说，这张招贴画印发了数百万张。在那英国首都和其他大城市遭到狂轰滥炸的

《愤怒的丘吉尔》，1941年1月27日，卡什摄于唐宁街10号

黑暗年代里，这张充满阳刚之气的照片在英国人民英勇的反法西斯斗争中起到了不可忽视的作用。

直布罗陀于1995年发行的50镑纸钞背面是英国首相丘吉尔的一张非常有名的肖像照片，由加拿大摄影师卡什拍摄于1941年。

（纸币文化网，http：//www.gbnotes.com，2006－09－25.）

卡什是一位有国际声誉的肖像摄影家，1908年生于亚美尼亚，1924年移民到加拿大，从此开始了长达60年的摄影艺术生涯，并以拍摄世界名流的戏剧化肖像而著名。他继承了朱丽亚·玛丽特·卡梅伦的一些传统，注重刻画政治家、科学家、音乐家、艺术家和作家等的内心活动，他的人像摄影创作以善于刻画被拍摄人物的内心品质、独特个性而著称，力图在照片中传达人物最核心最本质的个性，而围绕这一个性，在摄影创作中渗透进摄影师本人特有的艺术风格，以独创式的构思、完全出新的形式进行创作。他一生拍摄过的名人有毕加索、爱因斯坦、伊丽莎白女王、尼赫鲁、铁托、艾登以及美国总统，成为闻名世界的摄影家，作品现收藏在国际摄影艺术中心。在表现手法上，他十分喜欢通过戏剧化的、好莱坞式的低调光线来营造气氛。卡什的肖像作品十分注意对光线的运用，使用几只闪光灯表现被摄者的头和肩膀，从而产生丰富的质感和纹理，他还经常有意将被摄对象的手在画面上形成构成因素以表现人物的个性，并吸引人们对其脸部的注意，更强化了刻意经营的浪漫色彩，产生一种雕塑般的效果。这张《愤怒的丘吉尔》也是如此。

神现凡身：一幅使日本国民清醒的新闻照片。1945 年 9 月 17 日，盟军总部迁至东京，有人向麦克阿瑟建议：可否把天皇叫到总部来，显示一下盟军的权威。麦克阿瑟说："这样会使日本的人心产生反抗，把天皇看成殉教者。我不叫他，等他来。过几天，天皇会亲自来见的。"果如麦氏所料，裕仁通过吉田外相问询他是否可以来拜会麦克阿瑟。10 天后，9 月 27 日，日本天皇裕仁亲自来到美国大使馆拜见。

此时，日本宣布无条件投降已逾一月，美军顺利在日本登陆，天皇的忠实臣民已开始抢购《日美会话手册》，这本只有 32 页的小册子畅销 360 万册，创造了战后出版史第一奇迹。裕仁正在为自己的命运惶惶不可终日，极想摸清盟军对于处理他的态度。两人交谈 35 分钟，合影留念。麦克阿瑟随意选择了土黄色军服，开着领口，没有表示军衔的装饰或徽章。他直盯着镜头，脸上毫无表情，一只手随意地插在口袋里，另一只手搭在臀部；裕仁在他身旁，只有将军的肩膀那么高，他穿着燕尾服，笔直而僵硬地站着。高大的麦克阿瑟一身便服，没有系领带，身穿大礼服的天皇站在他一边，扬着小胡子，又瘦又小。拍照之前，天皇都说了些什么？麦克阿瑟回忆："给天皇点烟时我发觉他的手在颤抖。天皇说：'我对国民进行战争时在政治、军事两方面采取的所有决定及行动负全部责任，为此来拜访，把自己交给你所代表的诸国裁决。'一瞬间，我觉得面前的天皇是日本最好的绅士。"麦克阿瑟从此对天皇改变态度，不同意追究其战争责任。

当日本车队驶离美国大使馆，麦克阿瑟向妻子琼感叹："我是个天生的民主主义者，从小被培养成一个自由主义者，但是我想告诉你，当我见到一个曾经那么高高在上、一手遮天的人如今被降到这种地位时心里还是很难过的。"从美国人的角度，约翰·内森解读这张照片，"麦克阿瑟似乎要强调照片中所暗示的令人惊讶的权力差异，他（麦克阿瑟）对《芝加哥论坛报》说，'日本已沦为第四流的国家。再也不可能东山再起、成为世界强国了'"。

而从日本人的角度来看这张照片，升味准之辅承认，"对日本政府和国民是一个强烈的冲击"——这张照片先由盟军总部发给各报社和通讯社，并登于各报的头版通栏。日本内相闻讯，立即下令禁止各报发行，但盟军总部指示日本内相收回了禁令。在天皇通过广播发布投降的声明后，这张合影为什么会令日本内相如此紧张？权力差异固然是因素之一，但约翰·内森的解读是，“无法想象的是，（这张照片）进一步证明了那个令人迷惑的想法：裕仁天皇也是个平凡人”。

在日本人心目中，天皇不是凡身，而是十分神秘，其音、其形、其身都是一种想象中的神圣存在，不可能被凡人直接感知。1945 年 8 月，大江健三郎当时还只是一个十多岁的孩子，后来回忆在山区村庄听天皇宣布日本投降时的情景，“大人们围坐在收音机四周，哭着。孩子们集中在外面积满灰尘的路上，低声说出他们心中的疑惑。最令我们困惑和失望的，是天皇居然用人的声音说话……就在某个夏日，那令人畏惧、无所不在的可怕力量突然变成了一个普通人，叫我们怎么能够相信呢?”比大江大三岁的石原慎太郎，听到天皇以凡人的声音在广播中讲话，反应跟大江差不多，“战争中，他们教育我们，为天皇而死是光荣的；可接下来我所知道的全是忏悔、民主和美国相处等。大人们显得既肤浅又虚伪”。①

以这种“玉音”震惊的方式启幕，已经预示着未来的日本无可逃遁地将挣扎于天皇是人/神两极之间的虚无地带。8 月，广播已现天皇凡人之音；9 月，照片又现天皇凡人之形，而且二者对比鲜明，照片上的麦帅高大、威武，而裕仁矮小、拘谨，看上去就像是他的贴身男仆。日本国民心目中的“天皇神圣”被彻底打破。独领战后思想界风骚的丸山真男说，日本人在报纸上看见这张照片，彻底失去了自信。3 个多月后的 1946 年 1 月，天皇下诏，宣布自己不是神，而是普通的凡人。而在此启蒙过程中，这幅新闻照片功不可没。

上述 5 个不同的历史片断，发生的时间分别为 1840 年、1919 年、1935 年、1941 年、1945 年，它们所涉及的历史事件，分别是鸦片战争、“五四运动”、红军长征、反法西斯战争、抗日战争；今天，这些名词已经成为人们耳熟能详的近代史常识。它们对近代中华民族的生存和发展所产生的消极的和积极的影响，无论怎样评价，都是重大而深远的；而新闻媒介在其

---

① 李鸿谷．中国—日本 110 年的若干片断．三联生活周刊，2005 - 08 - 30．

麦克阿瑟将军与昭和天皇

国际在线，http：//gb. cri. cn，2005－11－04.

中的表现，对其发展进程的影响，似乎也不是无足轻重的。新闻传媒影响社会，可以有多种层面和视角，而对社会历史进程的推助和促进，无疑是特别有魅力也是值得关注的一个层面。

（注：此文为综合各类材料编写而成，引文均已出注。）

邦乔妮与新闻传播的“事实思维”

如果问，新闻传播人是否有自己独特的思维方式？如果有，它又是什么？对此，可一言以蔽之曰“事实思维”。所谓事实思维，简单地说，就是“运用事实来进行思维”，即把社会生活中发生的一个个“事实”作为“阅读文本”及基本的思考对象，来进行思维活动。这是介于形象思维和逻辑思维之间的一种思维活动。根据教科书的思维分类，除了凭借实际动作来解决问题的动作思维之外，人的思维形式可分为形象思维和逻辑（抽象）思维，分别被人脑的右半球和左半球所控制。形象思维借助形象和“图画”来认识和反映世界，它重直觉、讲顿悟、善联想、多跳跃；逻辑思维又称抽象思维，是思维的一种高级形式。它借助概念、判断、推理来认识世界，以分析、综合、比较、抽象、概括作为思维的基本过程，从而揭露事物的本质特征和规律性联系。

一个从事新闻传播的人，当然要有基本的形象思维和逻辑思维的能力，但更重要的，是他对“事实”的敏感和领悟，以及以此为基础的思维能力，即“事实思维”的能力。事实思维有自己的独特性，这个独特性就是“事实”和“思维”的组合，它是一种介于形象和抽象思维的中间地带。如前所言，事实思维的基本特征是“用事实进行思维”，这使得它既具有形象思维的特点，又具有逻辑思维的特征。因为，任何事实都会以形象的方式，即感性、表象、图画的形式出现，这是形象思维的特征；而事实思维并没有在披露、陈述、再现“事实”这一环节面前止步，而是上升到了思维间接、概括、抽象的层面，而这明显又是逻辑思维的特征。所以说，事实思维兼具二者的特征——这，就是它存在的理由或曰独特性。

试以美国专栏作家萨拉·邦乔妮的《没有“中国制造”的一年》为例。在本书中，邦乔妮“试图证明‘中国制造’并不能影响其生活的方方面面，但事实证明并非如此”这一道理。在此，邦乔妮想证明的道理无疑属于逻辑判断，因为判断是肯定或否定事物之间的关系的思维方式，属于

美国专栏作家萨拉·邦乔妮

思维的范畴。但是，她“论证”或证明这一点的方式既不是“形象思维”，也不是“逻辑思维”，而是基于自己家庭一年“不买中国产品”这一“事实”的一种思维方式，即“事实思维”。

首先，“事实思维”把事实作为触发创新意识的起点。有较强事实思维能力的人，对一些能够揭示本质的“事实”十分敏感，而这种敏感又会成为一种触发创新意识的起点。试看“事情源于2004年的圣诞节。在节日庆典过后，准备清理家居的邦乔尼突然注意到一个不容辩驳的事实——‘中国制造’正在占领她的家庭：桌子上的电视机、门边的球鞋、圣诞树上的彩灯、地板上的洋娃娃，屋里随处可见中国制造的产品。‘中国’在DVD里散发着蓝光，在缠绕松树的灯泡里闪烁，在斑纹袜子里挠我痒痒…… ”这些，引起了长期从事新闻工作的邦乔妮的注意，于是，她家中无处不在的“Made in China”就成为触发她思考问题的一个起点。

其次，“事实思维”用事实来作为创新意识的延伸。接着，“邦乔妮把家里所有的用品分‘中国制造’和非中国制造两类进行了一次盘点，结果发现总共39件用品中，‘中国制造’25件，非中国制造14件，也就是说，64%是中国产品！美国的圣诞节简直已经成为中国人制造出来的节日！”于是邦乔妮突发奇想："如果把'中国'关在门外，日子会怎么样？"她略施小计，外加苦口婆心地劝说，把丈夫也争取了过来。于是，从2006年元旦开始，她家开始了为期一年的拒绝"中国制造"的日子。她想看一下，中国产品到底在多大程度上渗入了普通美国人的生活，完全放弃的话到底需要花费多少时间和金钱，以及会带来多少不便。在此，邦乔妮在注意到家里有64%的中国制造之后，没有就此停止，而是进一步延伸自己的思维——如果没有"Made in China"又会如何？

另外，"事实思维"用事实来完成思考或思维过程。试看"不要中国玩具，不要中国电子产品，不要中国服装，不要中国电视……"邦乔尼说服了她的丈夫，作出了一个决定，从第二年的元旦开始，一直到年底，整整一年都不再购买新的中国制造产品，她甚至还说服了凯文，不要一切标有"中国制造"的塑料、金属、木制产品……她决定把中国货关在家门外。然而，此后的一年，以前再简单不过的小事，包括买一双新鞋、一盒蜡烛、修理家具，都变成了对邦乔尼一家痛苦的折磨，都变得非常麻烦。例如，为了给儿子买一双非中国产的新鞋（只需10美元），邦乔妮伤透了脑筋，除了挑款式，还得仔细看目录、阅读标签。经过两周的奔波，疲惫不堪的她最后咬咬牙，花68美元给儿子买了一双意大利进口的运动鞋。为了给丈夫的生日蛋糕买蜡烛，邦乔妮开车去了6家杂货店，都没有买到非中国产的。家里的一个抽屉拉不开了，邦乔妮的丈夫在商店里找到了修抽屉用的工具，结果发现工具上贴着"中国制造"的标签，他只好又把它放回了货架。家里的搅拌器和电视机坏了，也只能让它坏在那里，因为维修用的零件都是中国制造的。邦乔妮得到了一个教训，很多标榜"美国制造"的商品，零件其实都来自中国。

还有，"事实思维"用事实形态作为最终的思维成果。结论是思维的最终成果，在"事实思维"中，结论不是通过逻辑推理获得的，而是通过"事实"得来的。作为路易斯安那州巴吞鲁日的一名商业记者，邦乔尼报道国际贸易已有10个年头。她说："我曾看过美国商务部的贸易统计数据，和中国的贸易额常常是以数十亿美元计算的，但总觉得那和我自己一点关系也没有。"但这"没有中国制造的一年"的经历，让她重新思考"中国和我之间的距离"，她很想通过这个试验知道，美国人对中国商品到底有多大依赖，需要多大的代价和多久的时间才能达到放弃购买中国产品的习惯，以及这样做会带来多少不便等等。在该书上市前的一次访谈中，她说：“我希望这本书是友好的、不带任何价值判断。我想通过它说明，普通人是如何与全球经济发生联系的。”“在把中国推出我的生活之外后，我得到一个‘中国已经深深介入我们生活’的结论。”但这样的结论，不是通过逻辑推理来实现的，而是自己亲历的一个个活生生的“事实”。

最后，把“事实”与学理结合起来。“事实思维”强调从基本事实出发，但并非没有学理性，其实，“思维”二字本身就在强调它是一种思维方式，而思维方式最终都要和理论挂钩。当然，这种带有点理论性的文章并非是从抽象概念出发的，而是注重从日常生活的细节中挖掘、提炼有价值的东西，这是因为，许多有价值的“学理”往往潜藏在日常生活之中。恰如本尼迪克特所说，一个没有受过文化人类学训练的研究者，“往往会忽视许多日常生活的细节甚至人们对琐事的固有看法，这主要是因为他把太多事情都视为理所当然。他不明白正是这些习惯和普遍接受的说法深层次地渗透了这个民族的民族性格，影响着这个民族的未来。它们的作用已远远超过了外交官所签订的各种条约。人们只有高度重视一个民族中普通老百姓的日常生活琐事，才能充分理解人类学家提出的理论前提的重大意义：不论是最原始部落还是最先进的开化民族，普通老百姓个人的处事方式都是从日常生活中学来的。不论他们的行为是如何怪异、思想是如何的偏激，个人的感觉和思维方式往往总是与个人的经历有关的”。（《菊与刀》）所谓“日常琐事”，所谓“个人处事方式”，所谓“个人的经历”，都是在强调日常生活中藏有更为深刻的东西，善于观察生活细节和琐事，从中找出事物间的联系，成为本尼迪克特的一种卓有成效的工作方法——“我越是对日本人的某种行为迷惑不解，就越认为在日本人的日常生活中一定是有某些最平常的细节和琐事造成了这种奇特行为的产生。我的研究越深入日本人的日常生活小事中，我的研究就越容易出成果”。（《菊与刀》）这种思路对我启发很大，我将其概括为“日常生活学理化，学理日常生活化”，即在表面的日常生活细节和较深刻隐蔽的学理之间达到一种互动，并将其作为指导我思考和写作的一种方法。可以说，这是一种长期指导我写作的原则和基本方法，使我从中获益匪浅，本书内许多文章的写作，遵循的就是这种原则。于是，就有了《爱丁堡寻房记》、《字典蒙尘与视窗文明》、《读己与“人内传播”》、《“抱客”现象与陌生人社会》、《裸风劲吹与“重新部落化”》等文章。

从把事实作为触发创新意识的起点，到用事实来作为创新意识的延伸；从用事实来完成思考或思维过程，到用事实形态作为最终的思维成果，邦乔妮的《没有中国制造的一年》除了给社会提供了一本思考中美关系和地球村的畅销书之外，还提供了一种典型的新闻传播人的思维方式——事实思维。今天，她的故事虽然已有些陈旧，但翻阅旧闻，触发新意，故事虽旧，但其所启示的思维方法还是不无新鲜因素的。希望读者，尤其是对新闻传播学感兴趣者，能从中受到启发——此中有真意，欲辨已忘言。

后记

2003年，由于组建新闻传播学系的需要，笔者面临着又一次角色转型：从古代文学思想史和先秦思想史研究转向新闻传播学的教学和研究。众所周知，二者在学科类型、研究对象、时代环境、思维方式等方面均有很大差异。刚到传播学系，面临着一个尽快适应新学科的问题，以前感觉自己天天看新闻，日日在传播，生活和新闻传播密不可分，很快适应这一学科应无问题。但深入了解后才发现，每一学科都有自己的学科特征，诸如学科体系、学术框架、概念范畴、研究对象之类，新闻传播这一学科并不简单：如果泛泛而言“新闻传播”，似乎每人都能说上几句，而要深入了解其内在的逻辑结构和知识学理，那人云亦云的几句就显得有些肤浅了。若要尽快进入角色，只能尽快转换视角，还要“恶补”。于是开始大量购买新闻传播类的书籍，以适应新岗位的需要，一年之内，将近百本。而就在这一年中，才对这一新学科有了点“感觉”，大约两三年之后，开始发表学术论文，基本完成了角色转换的“初级阶段”。

在研究和教学的具体实践中，感觉新闻传播学是一门年轻的学科，其最大的特点就是极为贴近时代，基本与时代同步，其研究对象不是已经成型的历史文献，而是正在发生的“社会事实”，具有极大的流动性。在具体讲授新闻学、传播学课程的过程中，又发现其中有很多趣味性很强的故事，这些故事既有较强的学理性，也有一定的趣味性，距离普通人的生活很近。在授课中穿插这些故事，课堂效果很好。于是不觉手痒，就顺势写了一些传播类的文章，陆陆续续发表在《今晚报》、《天津日报》、《世界文化》、《书屋》、《凤凰周刊》上。在此，也借这个机会感谢这些报纸杂志的编辑们，正是他们的宽容和接受，才鼓励我不断地写下去。聚沙成塔，集腋成裘，弄墨既久，积少成多。于是就自然想到，能否以社会上的普通读者为对象，把这些传播学的故事整理出来，并结合自己的体会以及常见的生活现象，策划一本学理性、知识性、趣味性俱佳的书籍，让更多的人在轻松欣赏的过程中学到新闻传播学的有关知识。“传播：故事与思维”几个字不由跃上纸面，经过一番努力，就有了面前的这本小书。

有熊培云先生作序，为小书增色不少。培云虽是我的同事，但求序之前，很有点忐忑，因为知道他很忙，一直很忙——几年内他推出了像《思想国》、《一个村庄里的中国》、《重新发现社会》这样几部有分量的著作，社会反响很大，他还是几家报刊专栏的主笔之一，活跃于新闻界、舆论界，其繁忙可知。培云知我意，欣然应允，拨冗走笔泼墨。培云和我同在传播学系，在专业、思想上时有沟通，互动之中，思维碰撞，相互激发，相互补充，尽享思维的乐趣……每有会意，欣然忘时，几次拿出纸笔，录下电光石火，深感获益匪浅。交谈中，感觉对于传播，尤其是政治和社会传播，培云的感悟很多，对其《集中营是用来干什么的》、《不要活在新闻里》、《传播时代的人质政治》等文印象尤深，所以，请他作序，恰得其人，因为他懂新闻，懂传播。

特别值得提到的是，夫人许建喜欢户外活动，酷爱摄影，时有佳作，本书中有些照片就是由她拍摄并提供的，尤其是那些摄于爱丁堡的照片，给我们留下了珍贵的记忆，为本书增色不少。在此，特致谢意。

小书即将杀青付梓之际，还要再次感谢暨南大学出版社的编辑们——这“还”和“再次”是说，继接受了我的旅韩文集《走读韩国》之后，他们又紧接着投入到这本书的编辑工作，速度之快，很有点“两岸猿声啼不住”的感觉。当然，还要借此机会，感谢南开大学文学院及其传播学系，给了我一个宽松的环境，可以自由地思考、写作。

在几乎“人人都是作家”、电子媒介大有取代纸质媒介态势的时代，写文章、出版纸质书籍，其本身就是在冒险。因而，笔者此时的心情是诚惶诚恐、如履薄冰，一是担心这本纸版书的命运，二是对自己是否向读者奉献了他们所需要的精神食粮，心里没底。如果读者在繁忙工作之余，捧读此书，有了些感受，有了些收获，那么，笔者的惶恐则会减轻一些。

屈子有言：青黄杂糅，文章烂兮。虽不能至，心向往之。

刘　畅

2012年4月22日

于南开大学文学院传播学系